新田勲【編著】

足文字は叫ぶ！

全身性重度障害者のいのちの保障を

現代書館

はじめに——『足文字は叫ぶ！』をつくるにあたって

この本は全身性重度障害者の自立の歴史とそのいのちと生活を踏まえてつくりました。

私は全身性重度障害者の二四時間の介護保障がないと、社会の中で自立生活をして生きていくことができない重度の障害者です。言語も介護者を間に入れないと会話すらできない人間です。ですので、会話については床に〝足文字〟を書いてその〝足文字〟を書き取ってもらいます。そのようにしてこの本の文章については一切、私が書きました。

私は戦中の一九四〇年生まれです。二歳のときに百日咳という病気にかかり、高熱が長い期間続き、それがもとで全身の機能を失って脳性マヒという障害者になりました。それ以降、家族の複雑な貧困生活のなかで学校にも行けず、一九歳まで一切、他人とは接触もなく、家に閉じこもるような生き方をさせられてきました。一九歳のときに栄養不足で結核にかかり、危篤の三日前に結核療養所に入り、そこではじめて他人と接触をもち、そこに四年間入院しました。ある程度治り、家に戻りましたが、すでに私の居場所もなく、家の複雑な争いのなかでその二年後に施設に入れられました。さらにその二年後に重度障害者だから手が焼ける、世話が大変ということで犬猫のように他の施設に移されました。それが府中療育センターという施設です。

府中療育センターでいろいろあったすえに、それに関わっていたボランティアの協力を受けて社会の中に自立していきました。全身性重度障害者が地域で生きるための在宅保障もまったくないなかで、東京都の福祉局や厚生省（当時）という行政に対して、その保障を働きかけてきました。

三〇年以上、死にものぐるいで動いてつくり、ある程度の在宅保障が確立されたとたんに石原都政になり、せっかくつくってきた全身性障害者介護人派遣事業やその他の福祉制度がどんどん廃止されて切られていきました。社会福祉基礎構造改革が叫ばれ、その挙句、小泉政権になってからは国家予算の逼迫ということを口実として、国民に対して「痛みを分かち合う」などという巧みな言葉を使い、国民はその言葉にだまされて、それを認めてしまいました。小さい工場や会社はどんどんつぶされていき、同時に厚生労働省（以下、厚労省）は全身性重度障害者に対する介護保障を勝手に押し付けてきたのです。支援費制度、グランドデザイン、また、障害者自立支援法などと制度が予算の都合でどんどん転換されて、厳しい締め付けや枠組みのなかで介護保障そのものが資本主義の経済の流れに乗せられて、肝心の介護人が生活できないほど介護料の単価が縮小されてしまいました。そういうところで、国民そのものが生きていけないような格差社会となってしまったのです。

二〇〇八年には経済危機のなかで「派遣切り」が広がり、失業者の多くがホームレスとなる現実が生まれました。このような状況であるにもかかわらず、福祉は切り詰められ、生活保護のなかの老齢加算は二〇〇六年に廃止され、二〇〇九年には母子加算も廃止されました。これが今の福祉の現実なのです。

福祉、それは明日はわが身の問題です。福祉が危機に瀕していることを強く訴え、「ともに生きる」社会をつくって行くために、この本をつくりました。

私は二〇〇八年三月、同じタイトルの『足文字は叫ぶ！』を四〇年間付き合いのあるあらばき協働印刷から自費で出版しました。「障害者の介護制度と介護保険との統合反対」「介護の事業所中心の派遣ではなく人間関係づくりを」などを訴えたこの本は予想以上に反響が大きく、印刷した部数は発売してすぐにほぼ完売しました。以後も購入の問い合わせが絶えないなかで、この訴えをもっと広く強く発信していかなければならないと考えました。今回、現代書館さんがこの仕事を引き受けてくださり、さらに内容を増補しての出版となりました。読者のみなさんがそれぞれの立場で私の訴えを受け取って、考え、行動してもらえればたいへんうれしく思います。

目指せ！　プロ障害者

橋本　操（日本ＡＬＳ協会前会長）

皆さんは、新田さんの足文字をご存じでしょうね？ご存じの方には、彼に出会ったときの私の衝撃をご想像頂けると思います。

私は日本ＡＬＳ協会会長（当時）としては相当なハミダシ者で、新田さんに遭遇（？）した場所も障害者団体の集会でした。

驚きました。

思わず、同行の介護者に「見てっ！」と伝え沈黙したものです。


ＡＬＳ（筋萎縮性側索硬化症）のコミュニケーションも特殊ですが、介護者のみの声と動きなのでイマイチ迫力がありません。

たとえば私の場合は、一般に（?.?）口文字盤と呼ばれる方法ですが、電話口で時に先方が激怒します。

●「ぷ」を伝える場合

私：口型で母音を伝える→介護者：段を読み上げる→
私：音、濁点、半濁点をまばたきで伝える
「ぷ」を伝える
1．発信者：口の形で母音を表す「う」
2．受信者：母音の段を読み上げる「う　く　す　つ　ぬ　ふ」
3．発信者：Ｙｅｓのまばたき。さらに一回まばたきで濁音。さらに二回まばたきで半濁音の「ぷ」決定
先読みはしない。先読みすると「最後まで、人の言うことを聞きなさい」と注意される。

＊口文字盤を選択するときの注意点
介護者が五十音表を読み上げる方法と言っても、その方の運動障害の状態、好み、生活スタイルによって、方法が少しずつ違ってくると思います。

こんな感じなので、呪文のようだと言われます。

振り返ると、私は活動も呪殺めいていていて陰湿ですが、新田さんは明快に殺すタイプですね。

とにかく、新田さんには戦闘民族でいて欲しいと願います。


たしか二〇〇〇年だったと思います。

バイパップのＩさんがか細い声で、「気管切開すると声が出なくなるから嫌！」と苦悩しながら亡くなりました。


新田さん。私たちはもっと努力しましょう。

都庁でハンストまでしたＩさんのような女性の命を、声と引き換えにしてはいけないのです。

そのためにも、足で広く発信し続けて下さい。広く！強く！

障害者は生きているから障害者なのです。

足文字は叫ぶ！＊目次

装幀　渡辺将史

第一部　障害者運動と介護保障

第一章　全身性重度障害者として生きる
――パーソナル・アシスタンス／ダイレクト・ペイメントの原点

一　人間のいのちを最優先にした福祉を――真の自立生活とは

四〇年かけてつくってきた日本の福祉、弱者が命がけでつくってきた日本の福祉。それがこの五～六年の間に、福祉学者や有識者の意向や論理の方向のなかで、日本の福祉がまったくダメになろうとしています。

まず、福祉学者や有識者の福祉という論理の立て方は、人間のいのちというものを外に置いて、経済、社会情勢を基本として、そこから福祉という方向を出して、有識者によって進められていきます。私の福祉のあり方の立て方は、社会情勢やその経済の現状を脇に置いて、まずは福祉が最優先にするのは人間のいのちです。そこから入り、そこに置かれたいのちがどのような扱いをされているか、そういう状況を現実に目で見て、身体で直接触れ合い、それを体験するなかで、福祉の方向を立てて現実のものとして進めていきます。社会情勢や国家財政を先に置いて、そこを基本として福祉政策の方向を出していったら、そこでは福祉の保障なんて一番後回しにされて、弱者のいのちは殺されていくのです。今の日本の資本主義国家の流れのなかで、そんなことは当たり前の論理になっているのです。

今、障害者の自立の根本は、一切、全身性重度障害者の自立の発想からではなく、学者や有識者や行政の発想から出たものによって、全身性重度障害者の自立とその介護保障は握られてしまいました。障害者の介護保障については、パーソナル・アシスタントが基本だと自立障害者は誰しもわかっていても、施設では施設職員におんぶに抱っこの介護を受けていたので、施設から社会の中に自立したとしても、事業所のヘルパーに同じようにおんぶに抱っこの介護生活に変わっただけなのです。

また、家族からの自立といっても、家族の中で保護された介護から、事業所のヘルパーにその保護という介護の中身が変わっただけなのです。そういうところでは、全身性重度障害者が社会の人々と密接な関係をもったり、全身性重度障害者の様々な障害疾病を人々に深く理解してもらうという関係はまったくできてこないのです。

介護にあたるヘルパーとの関係においても、その介護料は行政から事業所に下りて、障害当事者とは関係のないところで、事業所がその介護料を勝手に使います。そういうところで、自立障害者に事業所からヘルパーが派遣される関係のなかでは、ヘルパーと少し雰囲気が悪かったり気に入らなかったりすると、事業所にヘルパーの交代を申し出て、次々と自分に都合のいいヘルパーに依存するという、自立とは名ばかりの「自立」生活になっているのが今の事業所の現状だと思います。

自立障害者への介護を派遣する事業所は、ヘルパーの人員を確保し、そのヘルパーを様々な障害者に対して派遣しなければなりません。そういうところで、確保したヘルパーに介護の仕方を研修してからでないと、ヘルパーを自立障害者のところには派遣できません。そのヘルパーの賃金を行政から事業所があずかって、ヘルパーの派遣を責任をもって行う以上、自立障害者の介護に対して責任を持たなければなりません。そういうところで、自立障害者は事業所の苦労とは関係なく、ヘルパーとの関係は使い捨てという接し方になり、また、ヘルパーもそのような意識で、この仕事を時間とお金で割り切ってこなしていきます。このような事業所と障害者との関係でやっているところがほとんどだと聞いています。

これを自立生活と呼ぶことができるでしょうか。私の言う自立生活とは、障害者と介護者双方がお互いを思いやる関係のなかでつくられていくもののことです。そして、そこでは自立生活を支えるために行政が障害者に対して直接、介護料を支給する仕組みが大前提になります。すなわち、介護という人間関係と介護保障という制度とは深く結びついているのであり、自立生活はパーソナル・アシスタンス／ダイレクト・ペイメントでなければならないのです。

前述したように、現在、この全身性重度障害者の自立生活が破壊されようとしています。「破壊されようとしている」とはつまり、私たちがつくり上げてきた自立生活とは本来、パーソナル・アシスタンス／ダイレクト・ペイメントが基本であったはずが、福祉学者の立てた制度によって人間関係そのものまでズタズタにされていっていることを言っているのです。

私たちの自立生活とそれを支える介護保障制度は、私たち自身がつくり上げてきました。そのことを忘れて、学者、有識者と行政が一方的に福祉制度を押し付けてくることを、これ以上、許してはならないのです。

障害者自立支援法などというものができる数十年も前から、私たちは介護保障制度をつくり上げ、そのなかで介護者と関係を結びながら（パーソナル・アシスタンス／ダイレクト・ペイメントのなかで）生きてきました。本章では、このことを確認します。

二　障害者運動と介護保障の歴史

①戦後すぐの状況

戦中、戦後一〇年というと、人びとの暮らしの一番混乱期です。個人個人がその日を生きるのに必死です。そういうところでは、「弱者」という言葉もなく、そこで残された子どもは戦争孤児院という施設に送られて、障害者については家族や社会に殺されていくのを待つしかなかったのです。そういうなかで生きてきた子どもや障害者は、良いか悪いかは別にして生きるのに貪欲で、その強さはそこで放り出された自由な環境の中で生きていくすごいパワーをもっていました。というのは、学校教育にしても、就学通知が送られてきても、当然、社会の動乱のなかでは、親が学校に連れて行くゆとりなどまったくなく、学校そのものが障害者を受け入れていく体制も、そのような教師もいませんでした。

養護学校（現・特別支援学校）というと、東京でたった一つ世田谷に光明養護学校があり、地方から金持ちの家族がその養護学校のそばに引越しして、その養護学校に入れるという状況でした。その頃生きてきたほとんどの障害児は学校にも行けず、無就学の生き方、生活を送っていました。そういうところで、学校に行かない分、たっぷりと考える時間や夢想する時間、できないまでも何かを自分で考えてやる時間がありました。親元にいるので、親が「だめ」と言ったことも隠れてやったり、好きな時間に自分の意向どおりに生きて育った環境というのが身についています。

福祉政策が少しずつ進んでいくなかで、障害者の生活の場として施設が少しずつつくられて、また、障害者の教育権として養護学校がつくられていきました。養護学校については、健常児と区別して障害児の就学先として養護学校をつくることが学校教育法で定められましたが、そういう声は障害当事者の声ではなく、まず親、行政、教育学者の意向で進められて行きました。

施設に入れられた障害者は、団体生活、施設管理というひとことによって、その障害者の意向が全部押さえ付けられていきます。養護学校も同じです。そこで自分の意向を出せば叩かれて、意向を出せないように締め付けられていきます。養護学校時代からの障害者については、健全者におべっかを使うことに長けていますが、健全者に対して自分の生き方を、そこでけんかして逆らっても貫いてやる意識の強い障害者はつぶされて、腑抜け同然にされてしまったのです。だから、家族介護、施設介護から、たんに介護者が替わっただけの事業所から派遣されるヘルパーの介護で暮らしていけるのです。

②介護保障が存在しない時代——国家による介護保障は無理という「青い芝」の意識

今から四〇年前は、全身性重度障害者の自立なんて健全者社会の情勢や国家予算の仕組みの中では、そのいのちの自立そのものが、まったく無駄として健全者社会、国家財政の中で相手もされず、振り向きもされませんでした。その当初は、脳性マヒ者の「青い芝の会」（全身性重度障害者団体）の意識そのものが、全身性重度障害者は地域で自立することは不可能、まして二四時間介護の必要な重度障害者に対して、国家予算でその介護料を保障するなんて、日本経済は持たない、国は出しっこないというものでした。そういう東京「青い芝の会」の代表の意識は二四時間介護の必要な障害者については施設、それ以外の介護の少ない夜間介護のいらない障害者については、夜間の介護のいないケア付き住宅、それ以外ほとんど介護のいらない障害者については、軽度施設またはそれぞれ団地に住むか、または家族と住んで介護の必要なところを家族の手を借りて生きていこうというものでした。そういうところでは、「青い芝」の中では、全身性重度障害者の二四時間の介護の保障を国家予算で出させて自立していくなんて考えられないという意識でした。だから私は「青い芝の会」を脱退し、それを二五年くらいかけて、二四時間介護保障については、弱者のいのち、生活をまずは基本とした福祉活動の動きのなかで、国家予算で二四時間の保障まで認めさせてきました。

また、片方では家制度のなかで介護を担わされてきた女性の社会進出が進み、「介護の社会化」を求めて女性団体が動き、福祉学者や有識者の論理と意向のなかで、厳しい認定調査という仕組みをもつ介護保険ができました。介護保険については福祉学者や有識者が方針を出して進めていったので、肝心の弱者のいのちや生活は守られず、介護労働者となった女性の人権までなくすような、女性の最低賃金労働として進んでいっている状況です。

③府中療育センター闘争

さて、今から四〇年以上前は全身性重度障害者が入る施設は、日本全国でも三カ所くらいしかなくて、親きょうだい、親族の中で障害者は生きていました。高齢者の親も、健全者の子どもが世話して看取るというのがあたりまえのことでした。しかし、そのなかでは全身性重度障害者となると、疲れて親が殺したり、親族の中で虐待されたり、障害者の意向というものがまったくなくて、ただただ黙って殺されていくのみでした。

そういうところで、脳性マヒ者を抱えている親が「私が元気なうちは世話ができる。しかし、私が倒れたり死んだりしたらこの子の行き場はない」と結束して、親が死んでも障害者が生きていけるようにと、地方にその子たちが生きていける施設をつくっていこうとしました。その資金集めの一つとして、映画会社が施設づくりの運動をする親たちの動きや脳性マヒ者たちの生活の記録を映像に撮り、『しいのみ学園』という映画が制作されました。その映画が社会の人々や障害者をもつ親に好評で、少しずつ施設づくりが始まったのです。

当然、行政や議員も関心をもっていくなかで、美濃部都政がどんどん施設をつくっていくという方針を立て、青い芝の会や共産党が行政に働きかけ施設をつくろうとしていました。行政のもう一つの意図としては、どうせ障害者に無駄な予算をつぎ込むなら、その予算が無駄にならないように、障害者の生きた人間を実験用のモルモットにしていく施設をつくろうということがあり、そうしてつくられたのが、心身障害者発生予防の研究施設としての性格を基本とする府中療育センターでした。施設というものは生活の場、障害者が生活をするところであるはずです。ところが、「日本一」というふれこみでつくられた府中療育センターは、生活の場ではなく医療の場だったのです。

ただ、設立当初、五階建てだった療育センターの一階部分は都の民生局が管理し、その他の階を衛生局が管理していました。ですので、一階は福祉の観点から、入所者の生活の場として運営され、その他の階は医療的な場所として運営されていました。

しかし、一階から五階までをすべて医療の管轄の場とし、向こうのやり方で障害者を実験用のモルモットとする扱いを始めようとしていました。そういうところを追及したとたんに、運営から民生局をはずして衛生局に一本化してしまったのです。もともとの在り方と違って、衛生局管轄だから医療の場なのだとしてしまえば、障害者の生活も意向も無視できることになります。職員と少し親しくなると、その職員はすぐに異動させられてしまいました。そこでは障害者自身の生活そのものがどんどん侵されていきました。そうした背景に加えて、医療の場ということで、職員も障害者と同様に部屋に隔離される生活となっていきました。そういうところで、精神的な苦痛から職員に腰痛が頻発しました。

そんななか私を含めた四人がハンガーストライキを行ったのです。ハンストは「慣れた職員を異動させるな！」というところから始まり、そのなかで腰痛問題も明らかにしていきました。

センターのほうからハンストをやっている障害者の親に圧力がかかり、ハンストをやめさせないと施設から出すと脅しがかかり、親は飛んで来て障害者を説得し、それでも聞かない障害者はいったん家に戻されてしまいました。そうして、次々とハンストから抜けていきました。確か、四、五日だったと思います。私の親は、説得しても私が聞かないとわかっていたから、あまり来ませんでした。結局、センターの回答が出るまで九日間ハンストを続け、回答が出たのでハンストを終えました。

この職員の異動問題・腰痛問題は在所生、療育センターの職員組合、外の支援者など、さまざまな人を巻き込んで大きな問題となっていきました。次に掲載する資料はその経過を詳しく知ることができる当時の資料です。

ここには、いまだに解決されることのない施設の問題、福祉そのものの問題がすでに書かれています。

ハンスト闘争を行ったことで、施設内のさまざまな問題を浮き彫りにすることができました。しかし、組合内の意見の不一致から、療育センターのあり方そのものに、「医療の場から生活の場へ」と変更を迫ることはできませんでした。ハンスト闘争は、施設とはこのようなものなのだと痛感することになった出来事です。この闘争の状況を知ることのできる資料をここに再構成し掲載します。

■資料一　〈討議資料〉一階職場代表委員

十二月一日付け勤務異動についての職場討論と問題点

一階では十一月二十六日、二十七日の二日間、一、二病棟合同で勤務異動について話し合いの時間をもちました。多くの意見が出されましたが、大きく分けて①今回の異動について本人または仲間からの疑問、不服などの意見、②今回の異動も含めた定期異動に対する疑問・意見にまとめることができます。以下、話し合いの内容を報告します。

一．今回の異動についての意見と結論

異動対象者と状況

対象者　一階勤務年月　　移動先の階　本人の意見

A　四三年六月　四の二
B　四三年六月　四の二
C　四三年六月　二
D　四三年六月　五の二　希望せず
E　四五年五月一日　三の二　希望せず
F　四五年五月十六日　五の二　子供の病棟に異動希望
G　四五年四月一日　三の二　婦長より「今回の異動に希望を出さないか」と詰問され一階以外ならどこでもいいと返事

一階における七名のうち三名は一階での勤務年数は七カ月前後であり、そのうち一名は子供の病棟勤務の希望を出しているが、その際婦長と副科長より、その希望がわがままであるという者はいない。腰痛症で二カ月の休養と診断され、二七日から病欠のAと妊娠中のBの両名は主に身体的な条件を引き合いに婦長より希望を出すように事前にいわれており、Aについては今年の九月、腰痛のため軽勤務のできる三階へ手伝いに出すということが婦長より出されたが、三階勤務が決して一階に比べ身体的、精神的に楽でないという意見が本人及び職場で出された結果、取りやめになった経過がある。C、Gについても事前に希望を出すよう促している、D、Eについては事前のそうした促しはまったくなかった。以上のような状況から次のことを討論の結果確認した。

（確認事項）

期日の迫っているなかで今回の異動にかんして疑問を残したまま、十二月一日付の異動がおこなわれてしまわないよう問題が解決するまでは今回の異動（問題のない希望の人を除いて）は保留にすること（採決　出席一六名　賛成一五名　反対一名——時間的にやむをえない）。

二．今回の異動を含めた定期異動に対する疑問・意見

○現在おこなわれている年三回（四月、八月、十二月）の定期異動は回数も多すぎるし、八月、十二月は夏休み、冬休みとぶつかって時期的にまずい。

○交代の時期に個人希望を出すことができることになっているが、実際にはその希望が認められることはほとんどない。なんのための「希望」なのか。

○異動が業務命令ということで本人の意思をまったく無視し、一方的におこなわれているのはおかしい。事前に組合に内示され協議の余裕があって当然である。

○異動の基準が明確でない。一応の目途とされている二年が実際には破られている。古い人の中にも動く人は何回も動かされ、動かない人は全然動いていないというアンバランスがある。肉体的に大変な病棟への勤務者からの希望に対する配慮ということも考えられているなら、一階から二階、三階へやらされるのは何故か。

○婦長による事前の操作により、本人から希望したわけでも

ない者が結果的に希望の形で処理されている。
○一年位前には患者が重くて疲れるとか、口をきけるので精神的な負担が大きいといった理由から一階から他の階への異動を希望する人が半数以上いたが、現在ではその希望者がかなり減っているわけで、その間の事情や、状況の違いをはっきりさせたらどうか。科長には以前の希望の多かった状況が頭に残っているのではないか。
○初めの頃に希望を出させた時、助手だけで一八名いたが、その時は誰も対象にならず、四階開設の時、前の希望者の中から順番ということで三〜四名異動した。しかし、その後希望を出しても、ほとんどの人が通らないため、結局（希望を出しても通らない）ということで、出さない人が多くなった。
○腰痛などが各病棟で多く出てくるなかで、どこにいっても身体にはつらいし、大変だということがわかってきた。
○現在では年三回の異動が（いつかは動かされるもの）として、自分たちにとってなんのためにどのような目的でおこなわれるのかも曖昧なまま、あきらめられて受け止められている。もう一度、どういう理由で必要なのかを考え直す時期なのではないか。
○マンネリ化を防ぐという意味があるのなら、異動だけが最上の解決であるとは思えない。ひとつの病棟に長くいて、慣れるということは決して悪いことではない。
○腰痛者に対する対策のひとつとして重い患者の多くいる病棟から、軽い患者の多くいる病棟への異動が利用されているが、異動後の勤務軽減の問題等があわせて考えられていない現状では、かえって安易な対策として管理者に利用されるだけになるおそれがある。

以上のような意見が出され方向として、今後、異動のやり方、是非の問題など引き続き話し合い、理事者側に疑問の点を明らかにし、四月の交渉自体を再検討する必要があるのではないかということが確認された。

さいごに、各病棟においての話し合いと、一階における確認事項の支持を要請します。

以上

一九七〇年十一月二十九日

■資料二　今回の不当勤務異動に対する抗議ハンスト宣言

今回十二月一日付で一階においては七名の職員がその対象となっておこなわれようとしています。

しかし、この勤務異動に対して私たちは大きな疑問を抱かざるをえません。つまり、七名の内二名は一階を出る意思を持っておらず、他の人たちの多くも半強制的に希望を書かされて出ることになっているのです。そもそも、日頃、職員は患者と親密にかかわらなければならないと強調しているにもかかわらず、年に三回もの勤務異動をすること自体問題に感じているのです。このことだけでも、大きな問題であるのに「一階で勤務をしたい」意思を表明している職員たちを、それも強権的に異動対象に加えることは、彼女たちが、私たち在所生のことを、よく理解してくださる人たちであることともあわせて、私たちは許すことはできません。

以前にも、今回のような不当な勤務異動がなされたことがあり、私たちは個人的に管理者に抗議をおこなったことがあったのですが、「あなたがたが、口を出すような問題ではない」と簡単に切られたことを忘れはしません。なんと私たちを侮辱した言葉でしょうか。いったい、職員あっての私たちなのでしょうか。職員の勤務異動は、決して私たちと無関係なことではありません。

ともかく、今回の異動対象に「一階で勤務したい」と言う人たち、それも私たちにとって離れて欲しくない貴重な人たちが含まれていることに対して、怒りの表現としてのハンストを今日から実行いたします。このハンストは次の点について、管理者側から納得のいく回答がなされるまで続行することを宣言します。

○今回の勤務異動にかんして、「希望」していない職員の通告撤回ならびに、一階の職員の有志によって勤務異動についての問題提起ならびに、討論をなさっていることに対して、心から敬意を示すと同時に、一階の多くの職員、そして、在所生の多くが賛同の意思を示してくださることを期待しています。

一九七〇年十一月二十九日

一階在所生有志
大山文義
小野広司
名古屋足躬
新田　勲

■資料三　職員の勤務異動に関する問題への一階障害者のハンストをどのように受けとめるか？

――私の考え――　W・S

三十日（月曜）朝出勤して、私は職員の勤務異動反対で一階障害者がハンストをやっていることをはじめて知りました。庭では青い芝の会のビラを受け取りました。

そして、問題が私たち職員が基本的にやらなければならないことなのに、障害者たちがハンストという生命を賭けた闘いで支援してくれたことについて、ものすごいショックをうけました。というのは、私は過去二年半にわたり、労働者として組合運動にかかわってきたわけですが、自分たちの労働者としての権利の確立のための様々な要求運動において、これまで私じしんの生命を賭けてやろうなどと考えたことは一度もなく、さらにいえば、むしろそんなことはやればやるだけ面倒臭いことだからストにしても何にしても適当にやっていればいいやぐらいの気持ちでやってきたからです。

センターが開設され、組合ができてから、これまで一―四の二病棟開設反対運動・特勤手当要求運動・一階病棟などの異動反対運動など、これまで特にセンターのなかの問題で運動が起こってはつぶされ、起こってはつぶされるという状態のなかで、私は組合運動についての疑問と怒りと不信の念のほうを大きくしていたのです。

こうした態度は昨年度の私の執行部辞任問題でも明らかに出ています。

誰に対しての不信でしょうか？　それは私たち労働者の権利を押しつぶそうと管理・抑圧してくる管理者だけでなく、正当な労働者としての要求を受けとめてくれることのない、内外のいままでの組合の幹部の姿勢に対する不信でもありました。そしてさらに、恐いことにセンターという特殊な場で働いている仲間に対する不信でもありました。こんな人間として恐いことがあるでしょうか？　このビラを受け取るあなたを私は信じられなくなるようにされているのです。誰によってでしょうか？　管理・抑圧機構を運営する人たちによってなのです。私たちはセンターという場でみんな人間として働く仲間としてつながっているように見えます。でも私たちはそれはちがうと思います。私たちはこのセンターでは、各職種や所属病棟により、時間的にもまったくひとりひとりが分断され、意思が通じなくされているのです。あなたは生理でおなかの痛いとき、職場から離れてトイレにいるとき、上役のことや障害者たちのことが気になって気になって仕方がなくて、つらいけれどまた立っていて勤務をしているのではありませんか？　そして、そのことを仲間のみんなに公然といえないような状況にあるのではありませんか？　そんなとき、自分の身体のことを考えるだけで精一杯ではないでしょうか？　障害者がそんないつかいってくればはねつけたくなる気持ちになったことはないでしょうか？　私は障害者の人たちにはうらまれるかもしれないけれど、そんな気持ちで働いていることも多いのです。二年半たって、みんな多かれ少なかれ腰が痛くなってきました。でも腰が痛いことを仲間のみんなにいって、本当にそうだとみんながいってくれて、いろいろと援助し、管理者に対しても交渉していけるような雰囲気でしょうか？

どんな小さなひとりの個人のつぶやきをも受け止めて、ともにどうしたらよいのか悩み考え、お互いに解決の方向で組織的に戦うのが本当の組合運動だと私は信じています。それが受け止められないのなら、それは労働者の組合運動ではなくて、管理者のやっていることと結果的には同じことではないでしょうか？

私はあなたを信じたいのです。お互いにどんな小さな要求でも、たったひとりの要求でも素直に話してわかりあえる人間であることを信じたいのです。

ハンストをやっている障害者たちだって、私たちと同じ気持ちでいるのではないでしょうか？　でも、彼らと私たちは同じ管理抑圧機構の中でお互いに別々の人間（障害者が人間であると認められるということはどういうことなのでしょうか？）としてわけられて存在させられていると私は思います。

彼らはつねに私たちより劣っている人間であるということを前提として、私たちは仕事をしてはいないでしょうか？ そんなことは彼らにはできるはずはないと、頭の先でまず考えて、毎日働いている私たちではないでしょうか？ もし私たちがそういう気持ちで他人から見られているとしたら、私たちはその人を信じられるでしょうか？ 私たちは信じられません。どんなばかげた失敗をしても、それから自分の力で立ち上がるのを温かい目でゆとりのある態度で見ていてくれる人を私は信じます。そんなゆとりのある気持ちになれるような、私たちの職場でしょうか？ 人数も縛られ、トイレに行くのも気にしながら、やっているような状況では、そんな態度はとれません。そうさせているのは何なのでしょうか？ 誰なのでしょうか？ このビラを読まれるあなたとともに考えていきましょう。

今回の勤務異動反対の運動は基本的には私たちがやらなければならない問題です。彼らがハンストという行動に出たことを、まったくばかげていると私たちはいえないはずです。なぜなら私たちがやるべきことを彼らは生命をかけて守ってくれているのです。私たちは彼らがそうした直接行動に出たことの表面的な姿を捉えていくのではなくて、なぜ彼らがそういう行動をせざるをえなかったかを、ここで彼らとかかわっているひとりの人間として労働者として彼らと話し合い、彼らに感謝しつつ私たちの反対運動をやっていこうではありませんか！

また、ある人はハンストは人間の生命にかかわる、人道的な問題であるから、彼らにハンストを止めるよう管理者から働きかけるべきだという人がいます。けれど私はこうした考えには偽りと怒りを覚えます。いったい、人道的とはなんでしょうか？ そして少なくともこうした管理・抑圧機構のなかにあって管理者からも、そして私たち労働者からも抑圧されている彼らの行動に対し不当にも管理者から働きかけるということは、障害者をますますがんじがらめにおいやる状態にしてしまうことになるのをわからないはずはないと私は思います。ハンストで私たちを守ってくれている彼らの本当の要求は何なのでしょうか？ そして、彼らがそれを要求していく過程で私たちが労働者として発言行動の自由を奪われているのと同じ状態が彼らにもあるのではないでしょうか？

このビラを読まれるみなさんに訴えます。彼らはもう体力の限界に来ているのです！ 彼らが疲れきってしまわないよう、彼らにこれから管理者から加えられる攻撃に対して立ち上がれるよう、私たちはすぐ支援体制を組もうではありませんか！

■資料四　看護科異動に関する経過報告3

センター分会執行部（一九七〇年十二月二日水曜日）

（一）十二月一日の要望書をもった申し入れ（五：三〇〜六：三〇）

看護科長、山県Dr出席↔分会長、書記長出席

山県Drとしてはハンストの事実は知らないと言明、話し合う余地があったのに、入所者のほうは話しかけてこない。組合が入所者の動きを先導している、いっしょにやったのだと感情的にいう。

これに対する執行部の話に対しては、あくまで組合とは見解の相違であるとはねのける。

（二）二日執行部は引き続き、上記の件を検討、院長に話し合いを申し入れる（一〇：一〇）

（一〇：四〇〜一一：三〇）院長と看護科長に対し、執行委員九名出席。

執行部申し入れ事項↓昨日の申し入れに引き続き、人事異動の問題に関してはあくまで白紙撤回の回答を早急に（三日と出してはいるが）出して欲しい、入所者のハンストの状態もますます緊迫しているし、この点について院長の見解を明らかにして欲しい。

〈院長の見解〉

回答は三日までであり、関係者と十分協議したい。院長個人として回答してもしょうがないことだ。一階有志の文章から見て、組合と関係があると見た。一階の人は組合員なのか。最終の責任は院長としてのぼくにある。病棟に対しては担当医、婦長、主任がおこなっているのであり、これらの人たちと十分話し合いたい。彼らを信頼しているから。ハンストについては関係者と双方を聞かなければならない。病棟から具体的に報告を聞いていない。時間とチャンスがない、院長としてそれを求めている。保留もひとつの解決である。事態の対処に対しては山県Drが〇〇いるかもしれないが、ぼくとしてはその事の経過を聞いていない。身体的に放っておけるかどうかは山県Drによく聞きたい。月曜日ににぎりめしを食べているということを情報としては受けているが個人的な名前はあげられない。手をこまねいているわけではない。責任がないとは思っていない。もちろん真剣にとらえている。私個人としての考えはあるが、ここでいう必要はない。逼迫している状態だとは誰も思っていない。行動しかない。だからぼくに時間をくれ。

〈看護科長〉

上司と相談して指示に従う。それしかいえない（後は無言、退席）

（三）拡大職場代表委員会（一二：四五〜三：一〇）

この討論内容については職場代表委員から各職場に流されているので、省略する。

(四)　四人の入所者と話し合う（三：二五）
・名古屋、大山、小野さんの三名から申し出あり、次の理由で午後でハンストをとくが、今後引き続き要求をしていくことがあるので、その点は続けて行きたい、と伝わる。①自分たちの意志はある程度伝わったものと思う。②身体的にはこれ以上もたない。
・新田さんは明日の回答の次第によって考えたい。それまでは続けていく。
このことについて各職場にＴＥＬ連絡する。

(五)　(三：五二）院長に連絡するが会議中にて話し合いもてず。回答が出たらすぐ組合に知らせて欲しい旨を申し入れる。

■資料五　〝腰痛〟対策に対しての申し入れ

当センターにおける腰痛者は日毎に増えており、長欠者（腰痛による退職者も含めて）十数名に達しており、欠員の補充さえつかないなかでは病棟運営すら維持できないところがでてきている。とりわけ、我々が腰痛で重視しなければならないことは腰痛は進行することはあっても、完全な治癒はなく、よくて悪化しないところである。症状が重くなって治療を受けた者のなかには、現在の職場への復帰が不可能である、と診断を受けた者もいる。

症状の程度の差はあれ、看護科職員のほとんどがなんらかの痛みを訴えており、現在の勤務状態では遅かれ早かれ全員が腰痛になることは明らかである。

東洋一の近代的設備を集めてつくられたといわれている当センターにおいて労働者が安心して療育に専念できないということ、また今日、明日の健康すら保障されていないという実態に対し、当局、組合執行部（要求の出しっぱなし、組合員への情報不足）はあまりにも無策であるといわなければならない。

公務災害対策委員会として、人員要求をはじめとした要求を交渉事項として昨年、〇月段階から出しており、具体的な取り組みの要請を行い、その後対策委員会開催ごとに要請を繰り返してきたが、十分検討されていないのである。一方、腰痛による欠勤者の増加と、腰痛を訴える者は続出しており、実態は一刻の猶予も許されていないところにきているのである。

ここに現在まで交渉事項として執行部に対し、出してきた項目をまとめて文章で提出するので、執行部として要求獲得のための具体的方針を提示されたい。

一．人員要求について
①欠員補充について
②定員訂正について（一対一・五を一対一に）
③労働条件の引き上げについて

（四八手当特勤手当などの増額、労働時間の短縮——四四時間勤務）

夜勤日数の軽減——一〇日を八日に

二．腰痛者に対する勤務保障について

①腰痛者の勤務軽減の統一化（現在は病棟の独自性に任されている）

②公務災害対象範囲の拡大と認定の迅速化

③長期欠勤した場合の賃金保障（一般病棟とは別扱いにする）

④腰痛者が職場復帰したさいの勤務内容（病棟での一般事務は困難）

以上

一九七一年二月九日

公務災害対策委員会

府中療育センター分会執行委員会宛

■資料六　二度と同じことを繰り返すな!!

在所生　新田勲　二月十二日

私たちは今のセンターの状況を黙って見てはいられません。十日の院長の回答（一．他職種の応援体制、二．一階の病棟の主任、婦長夜勤を病棟夜勤へ、三．パート採用）は、あなたたち（職員）の一時的な慰めの回答に過ぎません。たとえ、いま、人員が増えたとしてもあなたたちとおなじように犠牲者を出すばかりです。

すでに、このセンターが立つ以前から腰痛問題のおこっている施設がある。その施設ではいまも腰痛がすごい。そのことは、ここの管理者は知っていたはずです。国でも福祉対策としては、それに対して何の対策もたてず、ポカンとバカでかい建物を立て、名前だけは日本一といっても、こんなに犠牲者を出していて、どこが「日本一」の「療育」の場か!!

組合としてもはじめの腰痛者が少数の内になぜ、管理者へ圧力をかけなかったのか。組合としても管理者のいいなりになって、腰痛者が部品のように他の階に移されていることは気がつかず、ごまかされてきた。

私も障害者のひとりです。私にも親兄弟はいます。障害者として「腰痛者」という障害者を出すことは、私にとっては、いたたまれない程つらいことです。とくに若い人を、結婚もできない子どもも産めない身体にさせておいて、管理者として、組合として黙って見過ごす気なのか。

私は今こそが、あなたたちの決断力の必要なときだと思います。それによって少しでも日本の福祉対策を変えねばなりません。あなたたちの障害者に対する「情愛」は、このさいきっぱり捨ててください。そうでないと、今の状態のままの福祉対策が推し進められていくことになる。

だからといって、障害者も人間です。センターにいる以上、介護の手を減らしては困ります。介護人がいないからといって、食事と排泄物の世話さえしていればよいというものではありません。いままでに何度も手を減らす案は出されてきました、実現している階もあります。それで、労働者として、人間として、人間を扱う仕事として満足なのでしょうか。

今の福祉対策では障害者が機能に応じて分担されていることも、ひとつの原因だと思います。

また、施設ができると親たちは障害者のゴミ捨て場のように、われ勝ちにと障害者を施設に入れたがるのも、この体制をかたちづくるひとつの原因である。私には家庭におかれた障害者の現状はわかっています。だからといって、施設ばかりが障害者の生きる場でしょうか。それで親たちは障害者の将来性を考えているといえるのか。センターは親のわめきから立てられたというが、施設ばかりが障害者の生きる場ではないと、私には、はっきりいいきれます。「施設」ではない障害者が真に生き生きと生きていける場をつくっていけるのは、親と施設労働者と障害者自身しかいません。いまの体制では施設に入れて、それを施設労働者が全面的に世話するということも体制自身からくる状況です。

この腰痛問題こそ障害者を左右する大きな問題なのです。いまの状態のまま、人を増やしても問題はうやむやにされ、犠牲者を出すだけです。あなたたちが私たちの生命を預かっているという言葉はうれしく思いますが、問題を明らかにしないかぎりお互いに苦しい羽目におちていくのです。私たちはもし家庭に戻されたら、どんな羽目になるかわかりません。そして私は、死んでもあなたたちを犠牲にしたくはありません。いまのこの福祉対策は障害者が死んでもいたしかたのないようなものだと思います。（ハンスト関連の資料、以上）

ハンスト闘争は当事者と施設労働者が一体となって福祉を発展させていこうという障害者運動の原点であったといえます。とくに、ハンスト闘争の過程において明らかになった腰痛問題は、その訴えを通して腰痛を労働災害として認めさせていくきっかけになりました。介護につきものの腰痛を、障害者だけの問題ではなく、健常者だけの問題でもない、ともに考えていかなければならない問題として提起したのです。府中療育センターでのハンスト闘争は介護を関係のなかから、お互いを思いやるものとして取り組んでいこうとする、障害者運動の原点であるといえるのです。

施設づくりという行政の方針や、心身障害者を医学のモルモットにすることに対して、歯止めをかけたのが府中療育センターの生活の場での闘いであり、都庁前でのテント座り込みなのです。施設づくりについてはそこで歯止めをかけて、全身性重度障害者の地域自立、介護の保障、生活の保障という意向に行政の方向を転換させました。しかし、障害者をモルモットにする意向については歯止めをかけることができませんでした。そのあとの経過については以下の新聞記事の報道の通りです。

(11)　3版▲　昭和43年(1968年)6月1日　土曜日　朝日

重障児たちに愛の基地

最新の設備で開所

治療訓練に専門家も

都立府中療育センター

重い複雑な障害を持つ人たちを収容するわが国、初の大規模な重症重度心身障害児（者）施設「東京都立府中療育センター」＝府中市武蔵台二ノ九ノ二、白木博次所長＝が、一日開所した。緑の木立にかこまれた武蔵野の一角で一日でも早く、薄幸の人たちを復帰させるのが目的。最新の設備で治療訓練を進め、将来は研究所も併設し、心身障害者対策の基地にしようというのが都の考えだ。

すでに四月開所した「都立心身障害者福祉センター」＝新宿区戸山町、障害者の社会復帰を進める施設＝と合わせ、これでやっと都の心身障害者対策は軌道に乗ったわけだ。

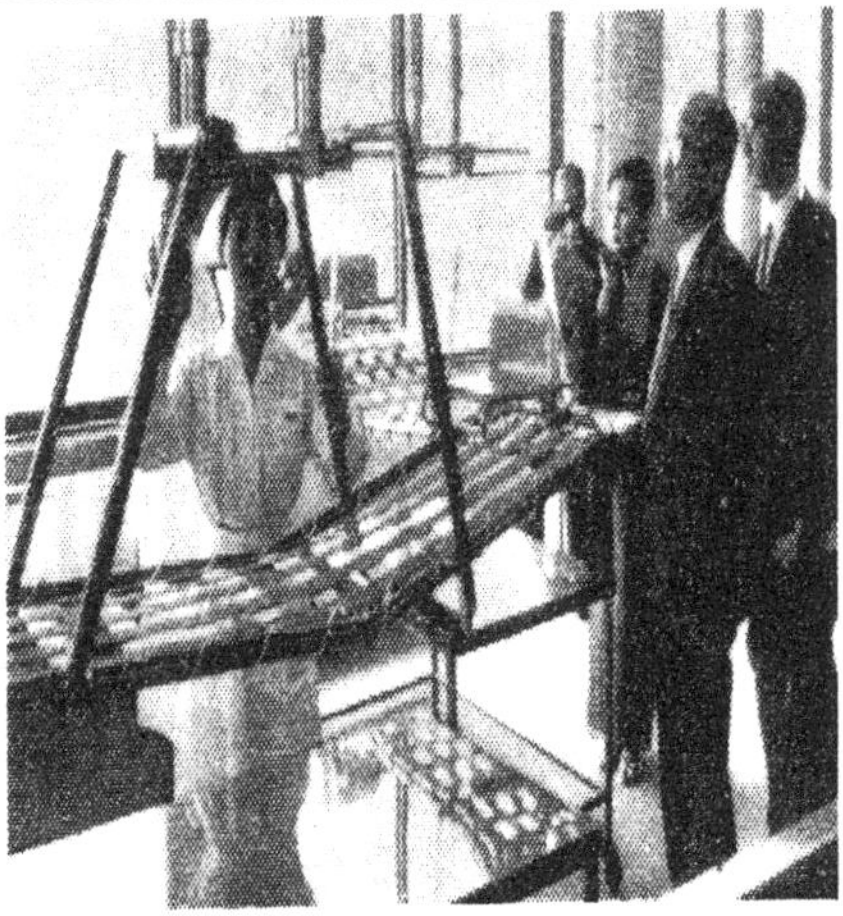

ベッドのまま入浴できる都立府中療育センターのロータリー・リフト

開所式であいさつに立った美濃部都知事は「ことし中に都内の身障者の全面的な実態調査をし、都としての対策を科学的にたてる。都療育センターは、いわばパイオニア。イバラの道の開拓者になってほしい。私も協力と援助を惜しまない」と関係者を励ました。

同センターは四十一年十一月から七億四千万円の工費で鉄筋コンクリート五階建の病とうを中心に、看護婦、医師宿舎も併設された近代的な施設。当面は二十一人の医師と百八十九人の看護婦、保母などが整形外科、脳神経外科、精神科など八科に分れ治療に当る。また日常生活の動作、言語などの指導や訓練をする部屋や、そのための専門家もいる。

四百ベッドは重症心身障害者二百人、重度精薄児、重度身体障害者、重度精薄者各五十人に開放される。しかし、選考に手間取っているため、第一陣の入所は十日ごろ。

都が計画している「心身障害等総合研究所」は来年度中に同センター内に建て、センターの臨床経験をもとに心身障害についての研究調査を行う。

小児ガンの子を守る会発足

わが子を小児ガンでなくした親たちの呼びかけで、ことしの二月発足した「がんの子供を助ける親の会」が、二日午後一時半から東京・紀尾井町の上智会館で開かれる定期総会で発展的に解消し、財団法人「がんの子供を守る会」としてあらためて発足する。

「親の会」は、はじめ不幸な体験をもつ親たちの会として出発したが、その後小児ガンとは直接関係のない会員も次第にふえてきた。一日現在、会員数三百九十八人。

また毎年一億円ずつ、向う十年

（1968年６月１日付『朝日新聞』夕刊）

「重度身障者も人間です」

切々と訴える文集

府中療育センター

「都は私たちに生活の保障をしてくれる代りに、人間としての権利、自由を奪っています。これでは動物園のオリにはいっているのと同じです。これが重度障害者の生きる場所ですか。私たちは、人間としての生活がしたいんだ」（新田勲）

「こういう人たちを各家庭に分散しておくより、集団として扱った方がはるかに社会的に経済であるという。確かにうなずけると思う」（センター事業年報から）

都立府中療育センター

監視…まるでオリの中

「親切な職員」配転でハンスト

東洋一の偉容を誇る都立府中療育センター（府中市武蔵台、大島一良院長）で、新田勲さん（三〇）ら四人の脳性マヒの在所生が、自分たちの気持を理解してくれる職員が配置転換させられたことに抗議して、十一月二十八日から四―九日間のハンガーストライキをした。「非人間的な施設にも、自分を人間として扱ってくれる人が少数でもいた。それだけが救いだったのに……」。ハンストは、言葉も行動も思うにまかせない彼等がともした唯一の抵抗の火だった。しかし、それも「不満なのは彼らだけだ」という当局側の態度で、吹き消されてしまった。ハンストにはいった新田さんらの心の内を、彼等がしたためた文集やパンフレットから拾ってみると――

野犬　はいって三日間、個室に入れられ、いろいろ検査をし、一歩も外へ出ることができません。三日目に出された大室、それは野犬のように大勢の人を閉じ込め、病室から離れると、直ぐに連れ戻され、一人で居ることも、静かに手紙を書くことも、読書をすることもできず、プライバシーに関したことは一切できません。ある職員が一夜、私たちと同じベッドに寝ました。そのあくる朝、笑って「こんな所に三日寝たらおれまで障害者になってしまうよ」といいました。

IQ一〇〇　ぼくなどのころ感じていることは、どうして自分の意志で外出外泊が許していただけないのかということです。いくら手足が動かないからといっても、その手と足になってくれる人がいれば、ふつうの人と同じに外に行くことも許されるべきではないでしょうか。右も左もわからない人なら別ですが、不幸にもIQが一〇〇程度あるので、こんなことを考えてしまいます。どうして二十歳をすぎたものに親の許可がいるのですか。親でないと外へ連れでってもらえないのですか。

精神病院　「飛出したら世の中の反逆者として精神病院へいれる」とある職員にいわれた。私が生きるっていうことは、自分の好きな形をとっても自由である。それによって破滅して死んでもいいではないか。私は体全身を打ち投げて自分一人で生活がしたい。

日記　▽六時以後、このドアから出るなという張紙を守らず七時ごろまで出ていたら、しかられた。「アブナイから」という。廊下にいて、なにがあぶないんだといいたい。

▽看護助手が話している。「結婚するんだって……。へえ、ふざけてるよまったく……。寝たきりでなにもできないくせに……。なんのつもりでいってるんだろう……」。こういう人が世話してくれてるということは、本当に情けない。

▽六時すぎ、[illegible]しゅうをやったら指導員が見学者とともに来て、私たちの目の前で説明している。「設備がよくととのっていまして……。結局、社会復帰は考えられない人で……」聞いていてハラがたつ。ここは社会ではないのか！

▽便器でするなんていやだ！大変だし、人手がないからどいう。でも私はいやだから、がまんしてしまう。そうするとおなかが変だ。二、三人ぐらいトイレでやったっていいじゃないか。

▽くやしい。本当にくやしい。どうして、こんな扱い方をされなきゃならないの。この世で一番不潔なものをいじるような顔、態度をとる。（生理の始末をした後）手を洗いながら二人は「きたない。いやーね、まったく。どこかへ行こうかな」と話していた。こんなことは母にはいえない。私さえがまんすればいいんだから。

主体性　重度障害者の問題は、障害によって物理的社会的に失われた主体性を社会的な手段を用いていかに補い、回復させ、人間としての諸権利を確立させるかという問題だと規定しても過言ではありません。すべての施設はこのような方向で運営されるべきであり、専門家の知識や技術はこのような障害者の主体的な権利の行使を助けるために用いられる場合にのみ意味があるのです。

大島一良院長の話　当センターは、患者三人に対して看護者二人がつくなど、現在の日本では最高の治療、社会復帰を図っている。今度の問題も率直にいって組合、患者側の動向を含めて真意をよく理解できない。特定の医師、看護者と特定の患者が必要以上に親密になることは、臨床医学的にも病院管理上からも正しくないと考えている。

府中療育センター　四十三年六月一日、重症心身障害者、重度精神薄弱者、重度身体障害者を収容する施設として発足した。建設費七億四千四百万円。現在、職員約三百七十人、在所者約三百人。寝たまま入浴できる装置などのほか床が冷たくないように温水パイプを張りめぐらすなど日本一デラックスな心身障害者総合施設といわれている。

（1972年12月14日付『朝日新聞』）

9日　火曜日　朝日新聞

民間への移転は追出し

府中療育センターの障害者

「都が私たちを追出そうとしている施設のまわりは、ガケと林と坂道。これでは、完全に外部の人たちから隔離され、世間から見捨てられることになります」——こんな訴えをかかげて、都立府中療育センターの重い脳性マヒの人たち二人が、ボランティアの学生十七人に支援され、十八日朝から都庁正面玄関の真前にテントを張り、徹夜態勢で車イスの座り込みを始めた。同センターから民間施設へ移されることへの抗議だが、「福祉の美濃部都政」に対するこの〝告発〟に、都の関係者は大あわて。夜遅くまで、担当課長らが説得に当ったが……。

テントを張り、すわり込みを始めた脳性マヒの人たち（18日、都庁前で）

抗議の座り込み

都の方針「公立には重症者を」

四十三年発足した府中療育センターは、重い身体障害と精神薄弱のダブル障害を持った「重症者」と、身体の障害は重いが、頭脳は普通人と変らない「重度者」がはいっている。ところが昨年暮れ、都は「都の中期計画の一環として」重度者を民間施設へ移転させる方針を打出した。

「施設にはいりたいのに行くことのできない重症者が、まだ都内に三百八十人いる。この人たちをセンターに入れてあげたい。重度者には、適した生活の場として、都の費用で施設をつくり、民間に経営を委託し、そこへ移ってもらう」。都は、重症者をかかえて泣く家庭のあることを強調し、今月末にも移転を強行するかまえだ。

これに対して、移転をいい渡された五十人ほどの在所者のうち六人（このうち二人が座り込みにはいった）は強く反論をとなえた。

「重症者の施設が足りないのは、私たちの責任ではない。それなら新しい重症者施設をつくるべきだ。一度入れたものを、方針が変ったから出て行け、とは福祉都政の言葉とは思えない」

同センターは東洋一の設備、人手を誇っている。が、入所した人たちの話だと、管理が厳しく、プライバシーもほとんどない。居心地も悪い、という。「全治が期待できる病気ではない。せめて人間らしい生活の場がほしい」。かれらはパンフレットなどで、しばしば社会に訴えてきた。「都は、要するにこの『文句をいう障害者』がうるさいんでしょう。このことが、私たち重度者を追出したい本当の理由ではないか、と思うのです」と、六人の障害者らはいう。

移転先に決っているのは、都が八王子市大塚の山林を切開いて建物をつくり、財団法人多摩緑成会に運営を委託した「多摩更生園」。

「都の予算で運営するのだから、センターの処遇と変らない。百草団地にも近いし、人里離れた、なんてスジが通らない。施設はもともと足りないのだから、ぜいたくはいえないはずです」と都は強調している。

しかし、たとえば都立同センターの食事は材料費に一日三百二十円かけているが、民間施設では二百四十七円と差がある。

また、介護人は入所者一人に対して一・五人と、センターも施設も規則は同じになっているが、看護者不足を反映して多摩更生園の人手は規則通りに集っていない。

「本当に福祉に力をいれるなら、民間に委託しないで、なぜ、センターのように都営でやらないか」という座りこみの人たちの訴えに、都は「経営を手なれている法人にまかした方が、うまくいく」と主張して意見は平行線だ。

都立保健大学を設置へ

準備調査会が発足

都は作業療法士、理学療法士、看護婦の優秀な人材を発掘するため「都立保健大学」をつくる意向で、その設置準備調査会が十八日発足した。

従来の日本の医療は、すべてが医師中心で、その下に看護部門が従属する形になっている。また、作業療法士など病人の機能回復や社会復帰を支える人たちの養成は、外国に比べて立遅れている。七月に発足した都立老人病院にしても、リハビリテーションの技術者や看護婦が集らないため、ベッドは半数近くも使えずにおかれている。

こんな現実から、より良い医療のためには〝医師のしもべ〟ではない独立のパラ・メディカルスタッフを育てることが急務とされ、保健大学の構想が生れた。この日の会合でも、美濃部知事は「この大学がモデルとなって、国や他の自治体でも養成に力を入れるようになってくれればうれしい」とあいさつした。

調査会には医療界、大学の専門家十七人が選ばれ、会長に曽田長宗国立公衆衛生院長が推された。

身体不自由者から奪い取る

ニセ地主仕立て土地代詐取

こわい東京二題

〈強盗〉からだが不自由な東北出身の若いバーテンに強盗を働いた二人組の工員が十八日、小松川署から身柄送検された。

二人組は同区春江町三丁目、工員松崎聡(二七)と同区西一之江二丁目、同酒井広(二三)。先月二十六日午前二時ごろ、店のホステスを送って帰る途中の江戸川区西一之江一丁目、スナック喫茶勤務柳瀬高男さん(二三)を襲い、現金三百円と背広、腕時計などをはいだ。

柳瀬さんは昨年四月に山形県尾花沢市から上京、アパート暮しをしていたが、「三年前、交通事故で左手がきかなくなった。手向いも出来ないものを襲うなんて……。東京はおそろしくて住めない」と、すぐ田舎へ帰った。

〈詐欺〉警視庁捜査二課と浅

八百十五万九千

都選挙管理委員会は十八日、九

選挙人名簿登録者数一覧

	47年9月10日現在登録者数	昨年同日比（Δ減）
総数	8,159,695	11,155
区部	6,299,584	▲ 62,577
市部	1,776,636	69,942
郡部	59,330	3,113
島部	24,145	677
千代田区	61,317	▲ 3,378
中央区	87,663	747
港区	169,974	▲ 2,484
新宿区	279,590	▲ 9,387
文京区	166,913	▲ 4,147
台東区	171,423	▲ 6,276
墨田区	192,494	▲ 5,841
江東区	247,172	▲ 585
品川区	285,627	▲ 8,357
目黒区	217,121	▲ 3,538
大田区	523,283	▲ 8,281
世田谷区	562,142	174
渋谷区	201,169	▲ 1,494
中野区	269,345	▲ 3,140
杉並区	402,992	▲ 3,530
豊島区	244,436	▲ 7,234
北区	305,286	▲ 4,862
荒川区	169,621	▲ 564
板橋区	338,065	7,256
練馬区	378,097	1,477
足立区	394,450	1,729
葛飾区	315,369	▲ 3,287
江戸川区	316,035	2,425

（1972年９月19日付『朝日新聞』）

てもらいたい」は、北方領土近海で操業している千七百戸の根室市

速戦略爆撃機（コンベア・ハスラー）が出した三時間三十九分で、

新記録はこれを六分短縮した。

知事と初めて〝対話〟

座り込みの身障者 福祉の実情訴える

「身障者への隔離政策を改めろ」と主張して昨年九月から約一年間、東京都庁前に座り込みをつづけている都立府中療育センターの重度身体障害者たちと美濃部東京都知事の話し合いが二十七日午前十一時から都議会議長室で初めて行われた。身障者たちは、たどたどしい口調で福祉施設の実情を訴え、知事にありったけの要求をぶつけた。

「一年間、座り込みを無視してきたことを謝罪せよ」という声に、知事は「謝罪はできないが、体の不自由な人を一年間もテントで生活させたことを遺憾に思う」と答えた。しかし、はじめての対話も、これまでのこじれ切った関係を回復することはできず、部分的に一致点がみつかった程度だが、「できるだけ交渉の決裂をさける」という基本線について両者が合意し、解決への手がかりがようやくみつかった。

座り込みのきっかけは、都が昨年九月、八王子市郊外に新設した新しい障害者用施設へ同センターの重度身体障害者たちを移そうとしたことから。新田絹子さん(二八)ら一部の身体障害者たちは、これを「障害者の意思を無視した移転だ」として抗議の座り込みをしてきた。

この日の話し合いは、醍醐都議会議長のあっせんでようやく実現したもので、会場の議長室には、車イスに乗った新田さんら身障者と支援の学生たち計十二人が知事と向かい合った。

身障者たちは、口をもつれさせながらもきびしい口調で、知事がこの一年間とってきた態度を追及した。知事はこれに対して「都は都なりに解決に努力してきたし、都民全体がこの問題を理解することでなければ謝罪はできません」と答えたが、身障者たちから出された要求書にはひとつひとつていねいに答えた。

「移転を中止せよ」「施設の運営を民間に委託するのをやめろ」「府中療育センターの待遇を改善せよ」との要求に、知事は「本人の意思を無視して強制的に移転させることはしません。施設運営の民間委託はできるだけ早くやめます。センターにいる身体障害者の処遇にもし非人間的な扱いがあればすぐやめさせます」と、身障者の声を積極的にとりいれる姿勢を示した。

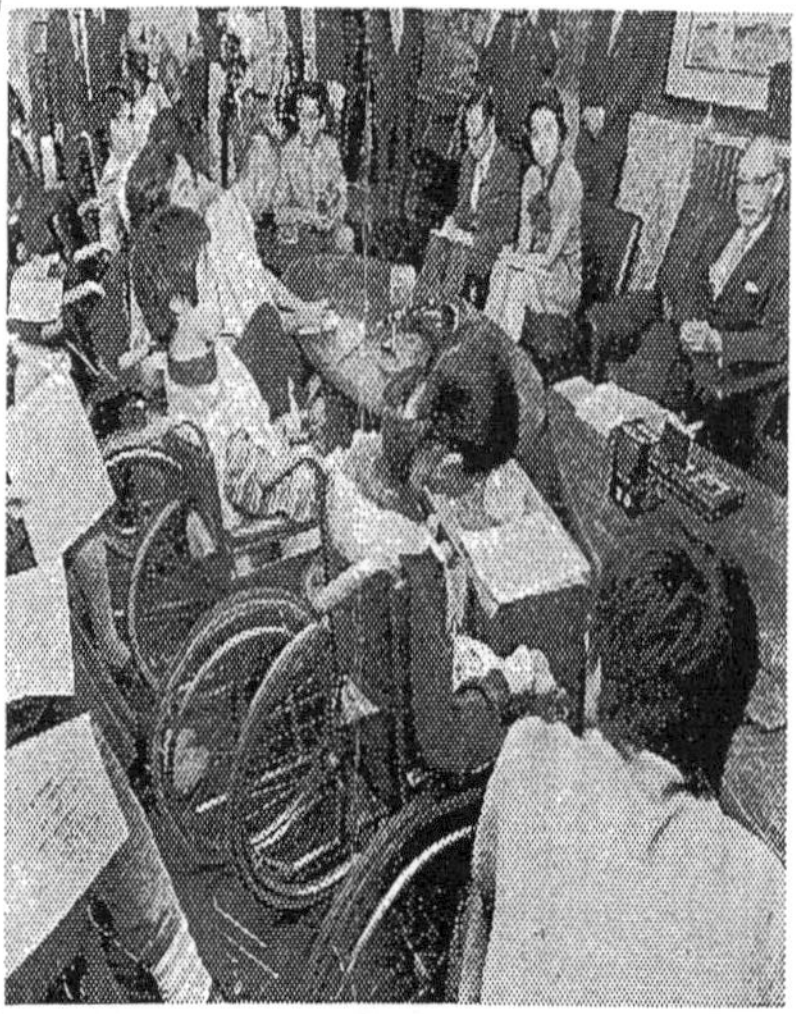

府中療育センターの移転問題で、美濃部都知事（右端）に直接、反対を訴える身障者たち＝27日午前11時すぎ、都議会議長室で

都心部の、ある都清掃事務所。中年の事務職員が卓上電子計算機で熱心にゴミの量を計算していた。しばらくながめていると、その職員、こちらの視線に気づき、ニヤッと笑い、計算機をポンとたたいて

務所では、現場から帰った作業員がイス式の電気マッサージ器でからだをほぐし、休み時間には、女子職員が美容と健康のために計器つきの自転車のペダルを踏む。マッサージ器も、自転車も、旅館やサ

（1973年９月27日付『朝日新聞』夕刊）

日新聞（夕刊）　昭和49年（19

の記事だが、スポンサーの圧力を
疑う根拠がないわけでなく、ま
た、記事は公共の利益を目的に書

で読売テレビの信用と名誉を損な
ったことを謝罪する」旨の謝罪広
告を出すよう求めていた。

道番組が放映直前にスポン
洗剤メーカー、ライオン油
社東京）の圧力で中止にな

〝テント闘争〟終結

療育センター問題　都と調印

福祉の質的向上を叫んで東京都庁第一庁舎玄関脇にテントを張り、抗議の座り込みを続けていた府中療育センター（府中市武蔵台二の九の二）在所生有志と支援グループは五日、醍醐安之助都議会議長のあっせんを受け、美濃部都知事と覚書に調印〝テント闘争〟は一年八カ月ぶりに解決した。

新田絹子さん(三〇)ら在所生三人と支援の学生グループは四十七年九月十八日重度身体障害者の多摩厚生園への移転を拒否し、都庁前にテントを張り、座り込んだ。その後「センターを医療の場ではなく生活の場に」など四十三項目の要求を掲げ、都当局と交渉を続けてきた。しかし、この春、要求を九項目にしぼったところで交渉は暗礁に乗り上げた。そこで醍醐議長は三日「府中療育センターの重度身体障害者棟を来年四月、衛生局から民生局に移管する。残された九項目要求は第三者を含めた協議会で来年三月までに解決する」とのあっせん案を在所生有志と美濃部知事に示し、覚書の調印式となった。

しかし、議長あっせんに反対する府中療育センターの家族会（山本一男代表、会員二百十九人）は「わずか三人の有志との話合いでセンターの重度身体障害者棟の民生局移管が決まったのは他の二百余人の在所生を無視するもの」として、船橋副知事らに抗
題の複雑さを投げかけてい

…………

都庁正面玄関前から一年八カ月ぶりに撤去された府中療育センター有志のテント

学生ら

成田空

【成田】四日午後九時四
ろ、千葉県山武郡芝山町小
四、町農業委員会会長、農
沢勇さん(六〇)方に乗用車や
バンに分乗した空港反対派
約四十人が押しかけ、雨戸
くなどして騒いだ。その
六人は錠のかかっていない
ら家の中に入り込み座敷に
沢さんを取り囲み、電灯を
「先月三十日の同町農委で

（1974年6月5日付『毎日新聞』夕刊）

④福祉を発展させた公的介護保障要求運動
——パーソナル・アシスタンス／ダイレクト・ペイメントの原点

さて、七五年以降の自立した全身性重度障害者にとって、国家保障としては障害者年金と一週間に四時間程度のヘルパーの介護政策しかなく、その他、社会自立といっても在宅保障は何一つない時代です。生活保護をとるにしても、今は全身性重度障害者が自立するための一つの手段だと理解されていますが、七〇年代は本当に厳しくて、三年くらいかかって障害者団体と行って交渉しないととれないという時代でした。

そういう時代背景のなかで、全身性重度障害者の地域社会での自立とは、自立してそのとたん明日死ぬかもしれないという、死を覚悟しないとまったく自立そのものができない時代で、行政も社会の意識も、二四時間介護の全身性重度障害者の自立なんて不可能、とんでもない、国家、人類が反対し、そっぽを向くというような社会背景でした。そういうところでは、全身性重度障害者が自立していくには相当な準備と綿密な計画、それでもいつなんどき介護者がまったくいなくなるという、そこで死ぬかもしれないという覚悟のうえでの人しか自立できなかったのです。

府中療育センターの闘いが終わり、そこに関わっていた支援者の余韻が冷めないうちに、それをきっかけとして自立に協力してもらい、支援者たちに自立してからの二四時間の介護体制に入ってもらい暮らしていました。

しかし、その状況が半年、一年と経っても、二四時間まったく無償のままで、介護者の食事代も交通費も一切手弁当です。また、障害者を介護するため日常的に抱き抱えするなかで、腰痛者が多数出て、介護そのものがやれなくなっていきます。そういうところで、ごく自然に生きるか死ぬかの日常生活の動きとなっていきました。片方では介護保障について行政と取り組み、もう片方ではそのやれなくなった介護者の補充のために、朝から夜まで駅頭で介護者のボランティアの要請をしたり、福祉サークルをやっている学校にボランティアの要請に出かけることに明け暮れるという日々でした。

そういう日々のなかで、年間五、六人のボランティアが見つかればいいほうで、辞める人のほうが多いという現実です。辞めていく人については辞められては困るので、辞めないでくれと拝み倒して説得するなかで、ごく自然に障害者も介護者を大切にし、介護者も自分が抜けたらこの障害者は死ぬかもしれないという思いのなかで、ともに生きるという関係ができていきました。そのなかで介護者も障害者も双方がすごく大切な存在としてとらえることができ、健全者のほうも真剣に福祉の問題は自分の問題と置きすえて考えていきます。現実に自分は腰痛になってそういうところでは他人事でなく、行政に交渉する際も心の底から自分の生身の怒りの発言が自然に出てきます。

　そこから、ともに大切にし合っていくという関係が、自然のようにあたりまえのようにでき上がっていき、そういうなかで、全身性重度障害者の介護保障の骨格や保障そのものを行政に認めさせてきたわけです（三八頁「⑤東京都全身性障害者介護人派遣事業の創設」、五六頁「①全身性重度障害者の自立生活は『見守り』によって保障される」を参照）。ここでは学者の意向や行政の方針とか、一切、含まれておらず、全身性重度障害者の当事者、その介護に当たってきた介護者の苦しみやつらさや痛みの声のなかから、全身性重度障害者の二四時間介護保障の必要性を、このような現実と歴史のなかで国家行政に認めさせてきたのです。

　さて、支援費制度が発足する前は、全国的に全身性重度障害者の自立というと、四分の三ぐらいの障害者は自分の介護者については、自分が求める介護者を擁してやっていました。早く言えばパーソナル・アシスタンス／ダイレクト・ペイメントのやり方です。行政から介護者を通して障害者に介護料が下りて、その介護料を介護者と話し合って介護料として使っていく、このやり方が良いか悪いかという問題については後にしますが、やはり障害当事者に振り込まれ、そこで介護者を選んで介護者を擁して自立していくことは一番大切なことです。そこでは介護者探しから始まって、地域と密接な関係が生まれ、障害者が街中に立つことによって目に触れて、手を借りたり触れ合ったりすることで、人びとが全身性重度障害者の自立や福祉というものを知り、弱者に対する社会的な理解が得られていくものと思います。

　また、駆けずり回って介護者を探したり当たったりという、そのつらさや苦しさの経験を通して、自分の障害者という存在そのものが見えて、介護者を大切にしていこうという気持ちも生まれます。そういう障害者の動きがあってこそ、健全者のほうも障害者を大切にしていこう、ともに生きていこうという関係ができてくるものと思います。

　障害者と介護者がこうした関係を長年かけてつくってきたにもかかわらず、二〇〇三年に支援費制度が始まり、国が公的責任による公務員ヘルパーから民間事業所に介護をまる投げしました。事業所という存在は、障害者が生きていく肝心の動きや地域の人びととの関係、福祉への理解、同時に障害者の自立に関わる介護者から、ともに生きていくということを事業所の意向のなかで何もかも抹殺していくことになっていきました。この抹殺の経過については、「障害者の自立と言っても、そこには介護者を自分で見つけられる人と見つけられない人がいるから」という健全者のひとこと、発想のなかで制度として介護派遣事業所やグループホームがつくられていったのです。そういうところで、今の全身性重度障害者の自立は、何もかもひっくるめてそこが基本となってどんどん進んでいます。

以下の資料は一九七五年、在宅障害者の保障を考える会（在障会）が、障害者の自立生活を支えるための介護料制度と介護人をプールしておける「介護人派遣センター」の設立を訴えて作成したパンフレットです。

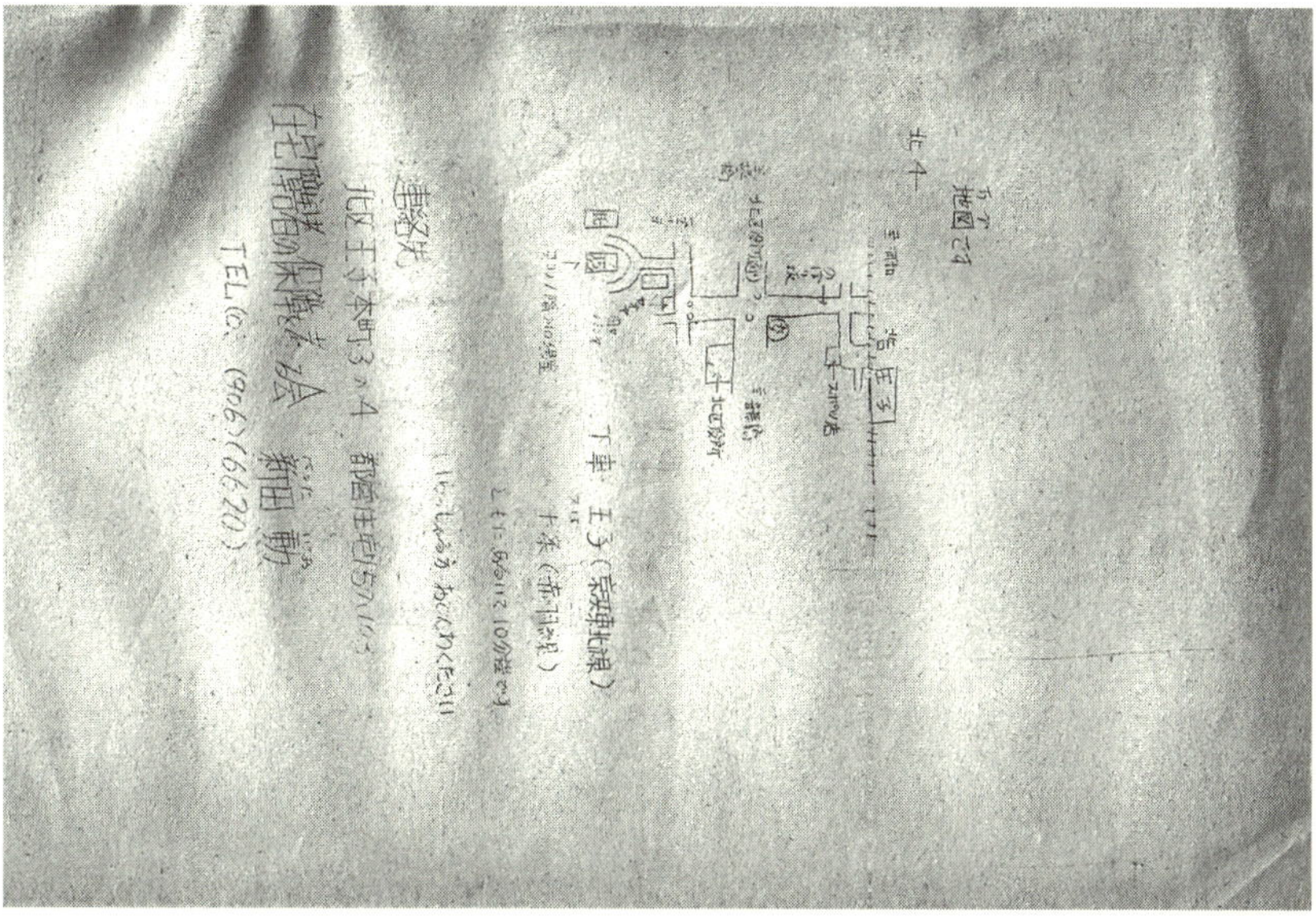

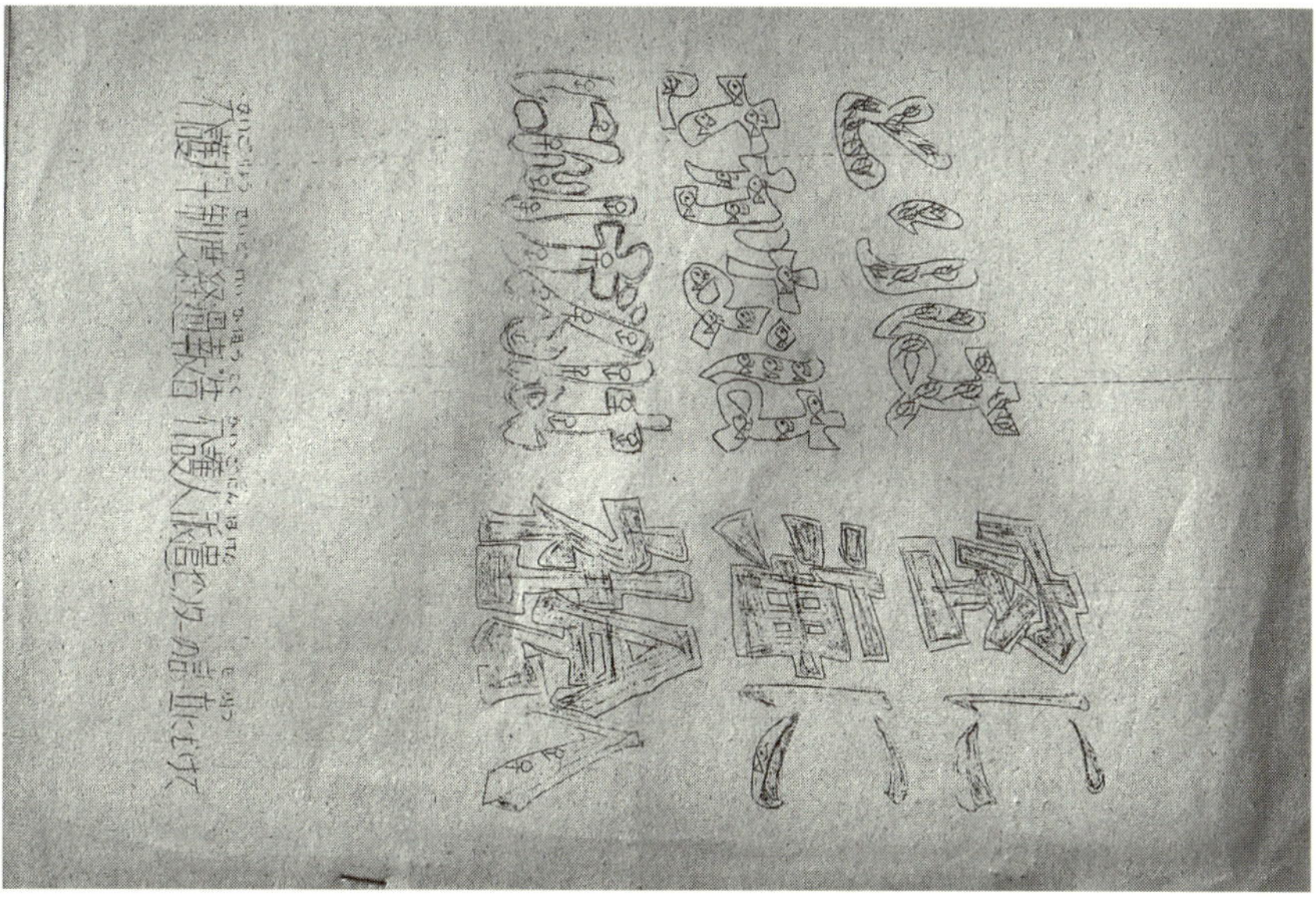

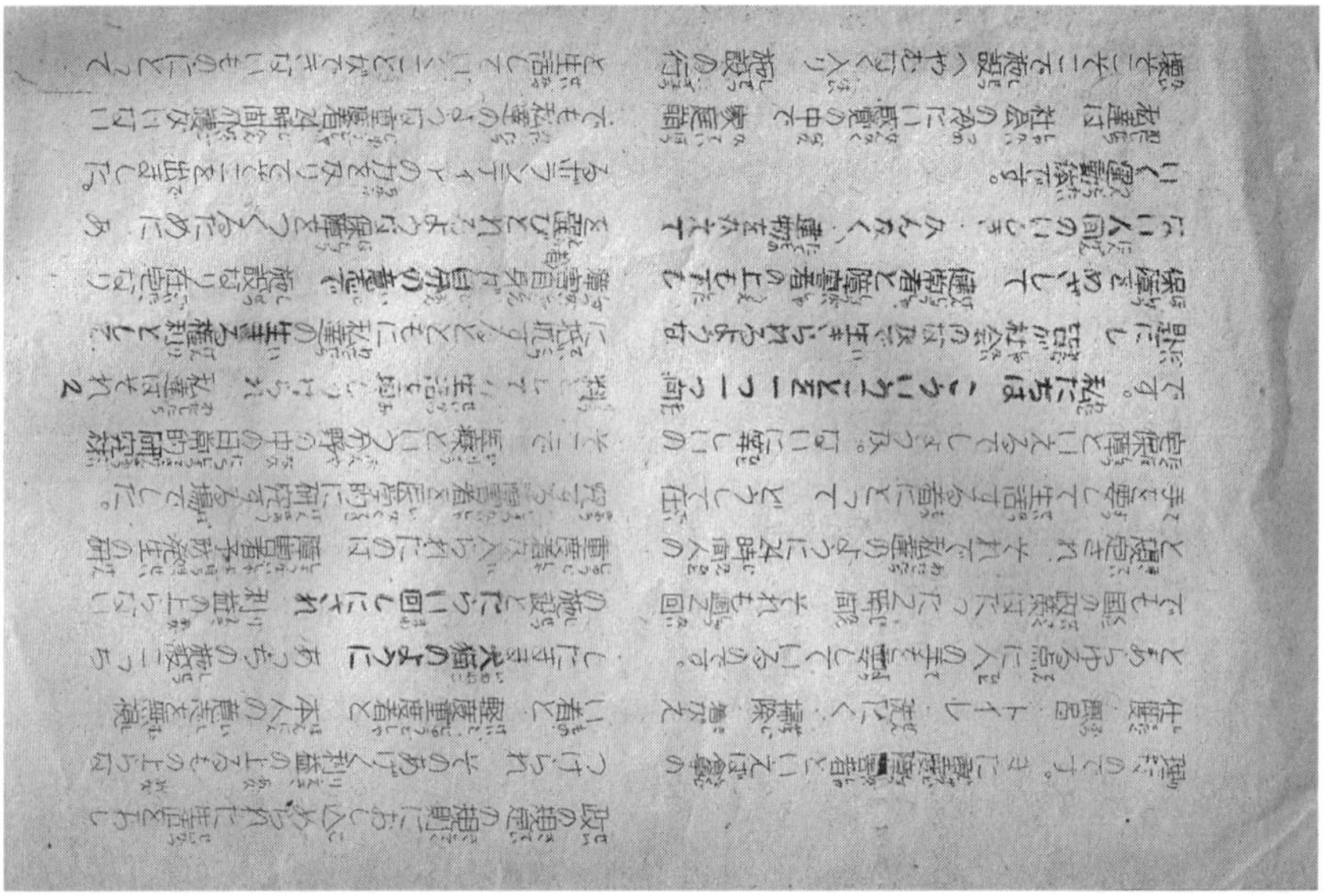

要なのです。さらに重度障害者といえば食事の
仕度、風呂、トイレ、外出、掃除、着替え
とあらゆる点に人の手を要しているのです。
でも国の政策はたった2時間、それも週2回
と限定され、それで私達のように24時間人の
手を要して生活する者にとって、どうして在
宅保障といえるでしょうか。ないに等しいの
です。私たちはこういうことを一つ一つ改
善にし、皆が社会の中で生きられるような
保障をめざして、健常者と障害者の上も下も
ない人間のいしき・かんかく・事柄をかえて
いく運動体です。
私達は、社会の冷たい感覚の中で、家庭崩
壊、そこで施設へやむなく入り、施設の行
政の規定の規則におしこめられた生活をおし
つけられ、そのあげく利益の上がるものと上がらな
い者と、軽度重度者と、本人の意志を無視
したまま犬猫のように、あっちの施設こっち
の施設とたらい回しにされ、利益の上がらない
重度者が入れられたのは、障害者予防発生の研
究のため障害者を医学的に研究する場でした。
そこで、医療という分野の中の日常的研究材
料として、生活を無視しながら、私達はそれ 2
に抵抗すると共に私達の生きる権利として、
障害者自身の自分の意志で、施設より在宅なり
を選びとれるような保障をつくるために、あ
るボランティアの力を借りてそこを出ました。
でも私達のような重度者は24時間介護がないと
生活していけない……

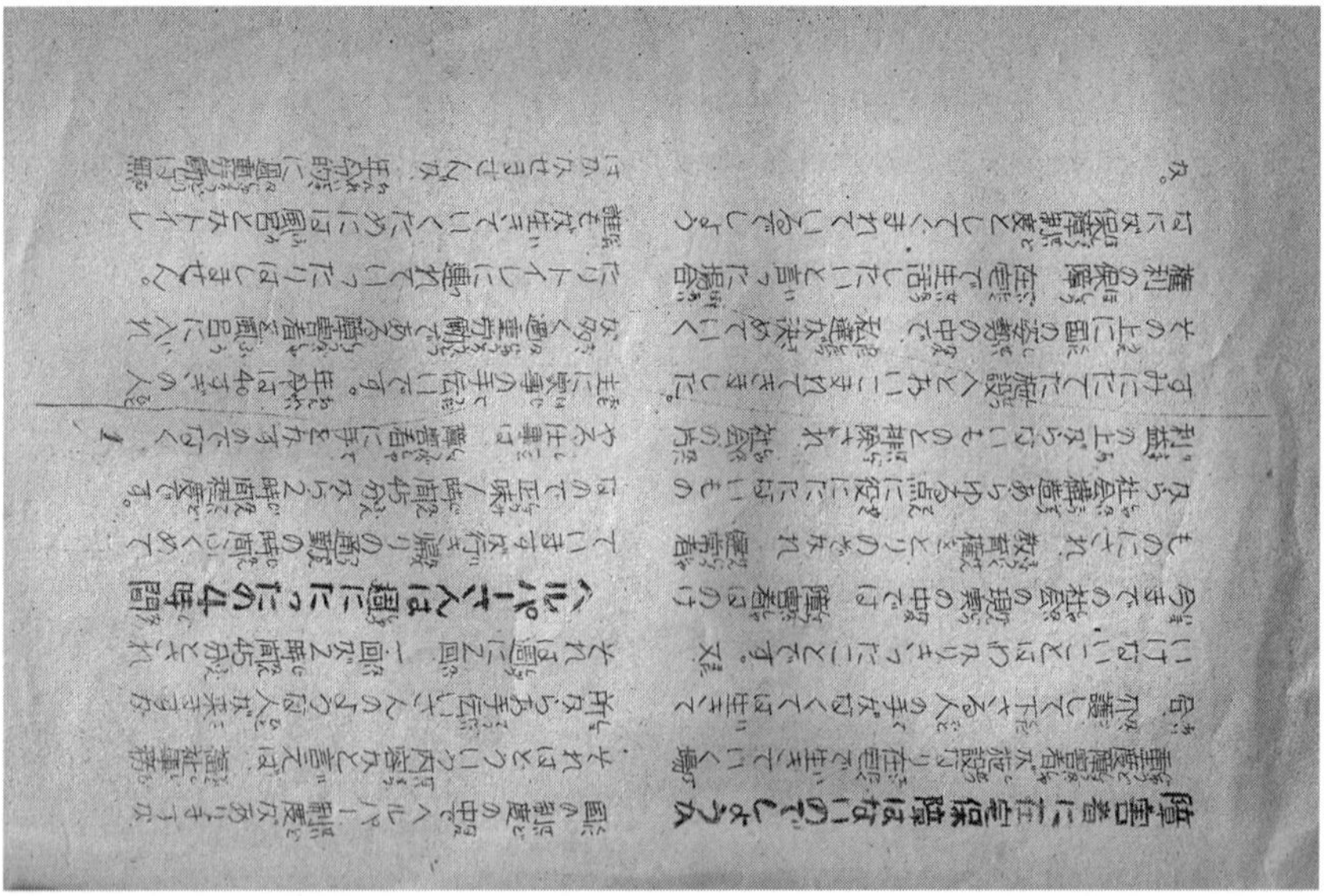

障害者に在宅保障はないのでしょうか
重度障害者が施設より在宅で生きていく場
合、介護して下さる人の手がなくては生きて
いけないことはわかりきったことです。又、
今までの社会の現実の中では、障害者はのけ
ものにされ、教育権もとりのぞかれ、障害者
なら社会構造あらゆる点に役にたたないもの
利益の上がらないものと排除され、社会の片
すみにたてた施設へとおいこまれてきました。
その上に国の姿勢の中で、私達が求めていく
権利の保障、在宅で生活したいと言った場合
はなにか保障制度として考えられているでしょう
か。
国の制度の中でヘルパー制度がありますが
それはどういう内容かと言えば、福祉事務
所から手伝いさんのような人が来ますが
それは週に2回、一回が2時間位のもので、それ
ヘルパーさんは週にたったの4時間
ていますが行き帰りの通勤の時間もふくめて
なので正味1時間位から2時間程度です。
やる仕事は、障害者に手をかすのではなく 1
主に家事の手伝いです。年令は40すぎの人も
なく通常勤務である障害者を風呂に入れ
たりトイレに連れていったりはしません。
誰もが生きていくためには風呂とかトイレ
はかかせませんが、年令的に通勤労働は無

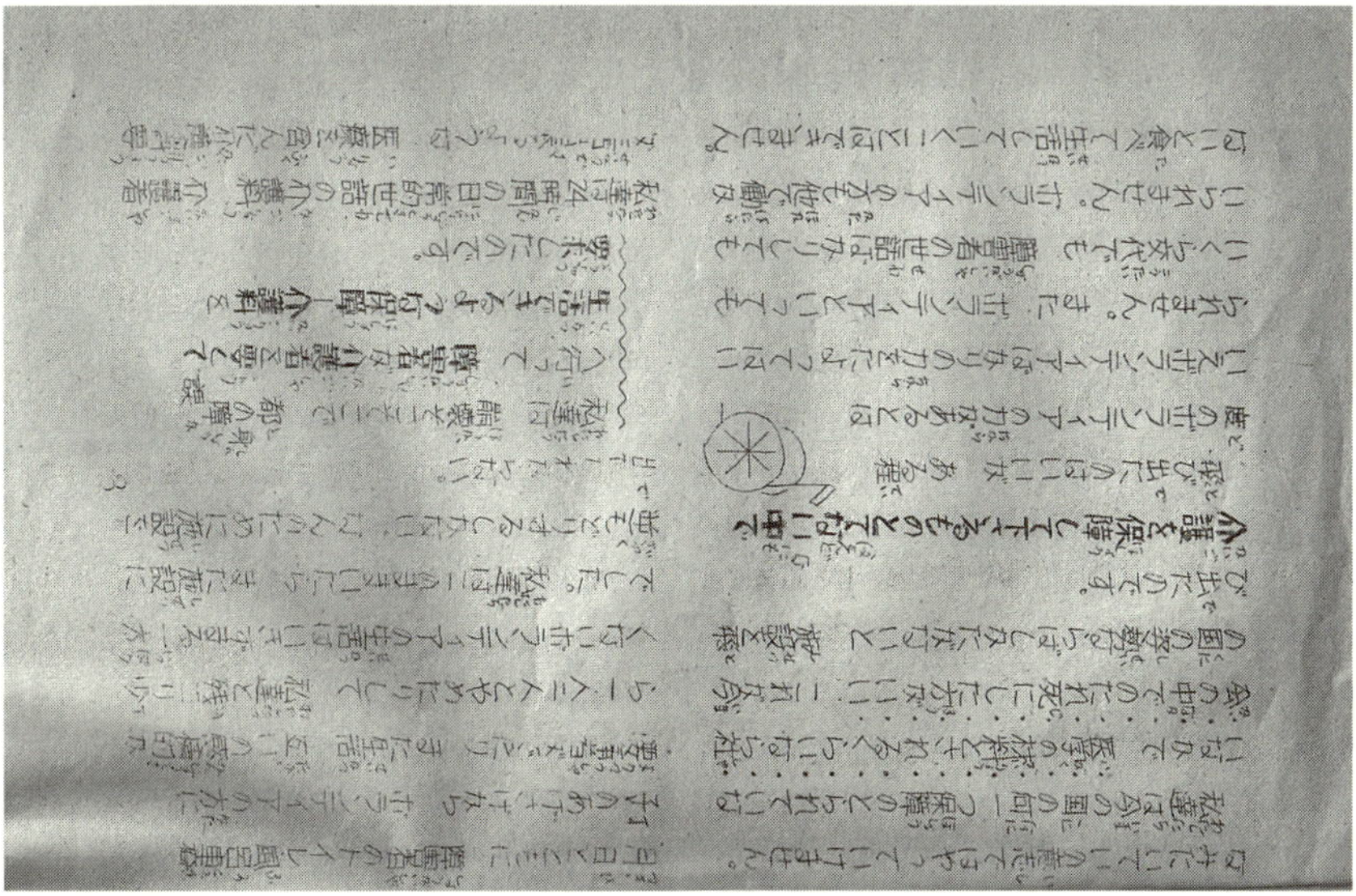

[illegible]この声だけではやっていけません。
私達は今の国の何一つ保障のとられていな
いなかで、医学の進歩とされるくらいなら社
会の中でのたれ死にした方がいい、これが今
の国の姿勢ならばしかたないと施設を飛
び出たのです。
介護を保障して下さるものとて何一つ無い中で
飛び出たのはいいが、ある程
度のボランティアの力があるとは
いえボランティアばかりの力をたよってはい
られません。また、ボランティアといっても
いくら交代でも、障害者の世話ばかりしても
いられません。ボランティアの方も他で働か
ないと食べて生活していくことはできません。
[illegible]日ごとに、障害者のトイレ、食事、着替
えのあげさげから ボランティアの方に
要求するばかり。また生活上での費用も[illegible]
ら一人二人とやめたりして、私達と残り少
ないボランティアの生活は行きづまる一方
でした。私達はこのまま行ったら、また施設に
逆もどりするしかない、けれどもう施設には
もどりたくない。
私達は[illegible]をとおして、都の[illegible]課
へ行って、**障害者が介護者を雇って**
生活できるような保障＝介護料を
要求したのです。
私達は24時間の日常的世話の介護料、介護者
[illegible] 医療を含んだ介護料[illegible]
3

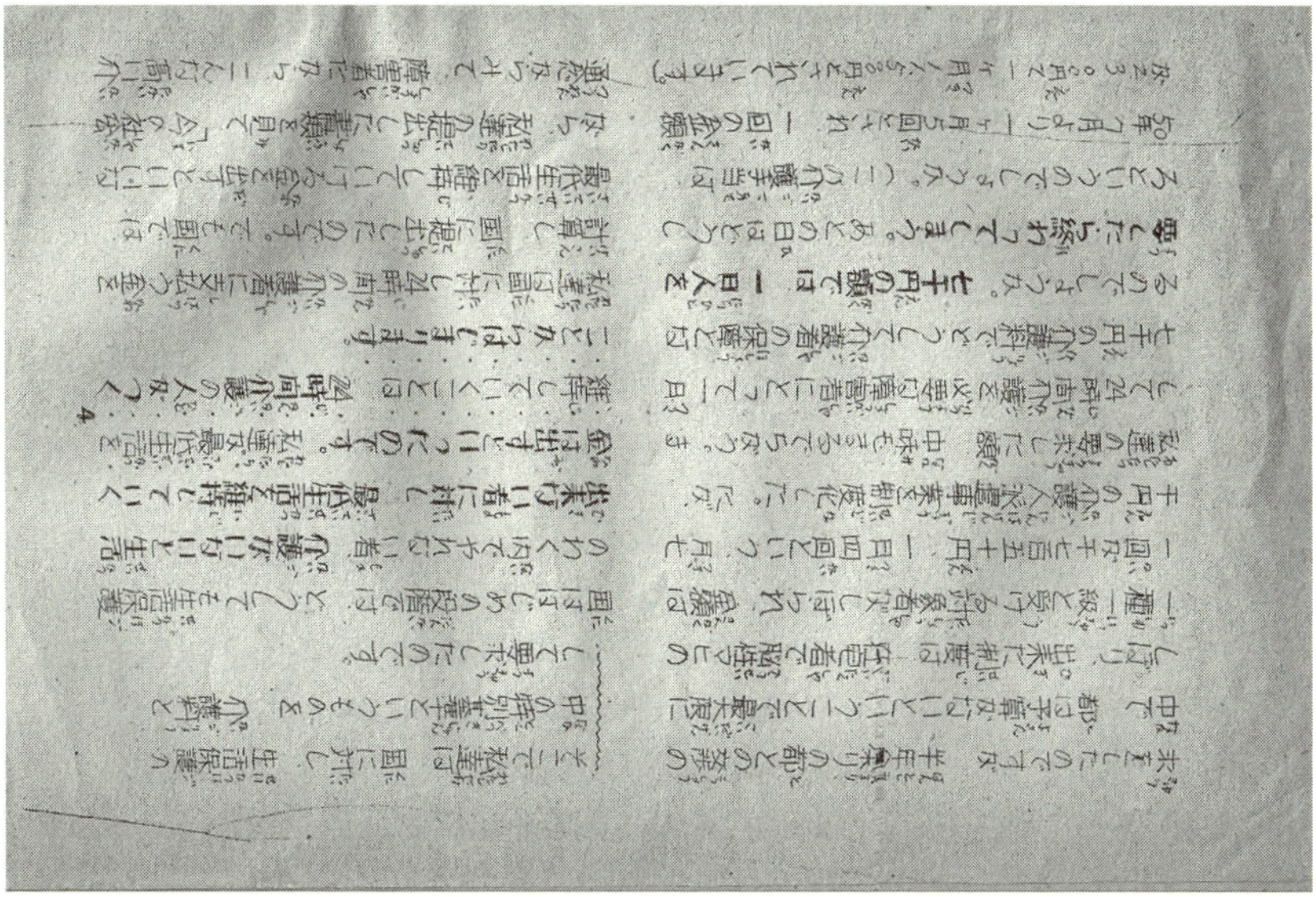

求したのですが 半年余りの都との交渉の
中で 都は予算がないということで最大限に
しぼり、出来た制度は 在宅者で脳性マヒの
一種一級を受ける対象者以下にしぼられ、金額は
一回が千七百五十円、一月四回という 月七
千円の介護人派遣事業を制度化した。だが、
私達の要求した額 中味をもってちがう。ま
して24時間介護を必要な障害者にとって一月
七千円の介護料でどうして介護者の保障となりえ
るのでしょうか。**七千円の額では 一日人を**
雇ったら終わってしまう。あとの日はどうし
ろというのでしょうか。（この介護手当は
50年7月より一ヶ月5回となり 一回の金額
が2300円で一ヶ月11500円となっています。）
そこで私達は 国に対し 生活保護の
中の特別基準というものを 介護料と
して要求したのです。
国は はじめの段階では どうしても生活保護
のわく内でやれない者、介護がいないと生活
出来ない者に対し 最低生活を維持していく
金は出すといったのです。私達が最低生活を
維持していくことは、24時間介護の人がつく
ことからはじまります。
私達は国に対し24時間の介護者に支払う金を
計算し 国に提出したのです。でも国では
最低生活を維持していける金を出すといいな
がら、私達の提出した書類を見て「今の社会
通念からみて、障害者にこんな高い介
4

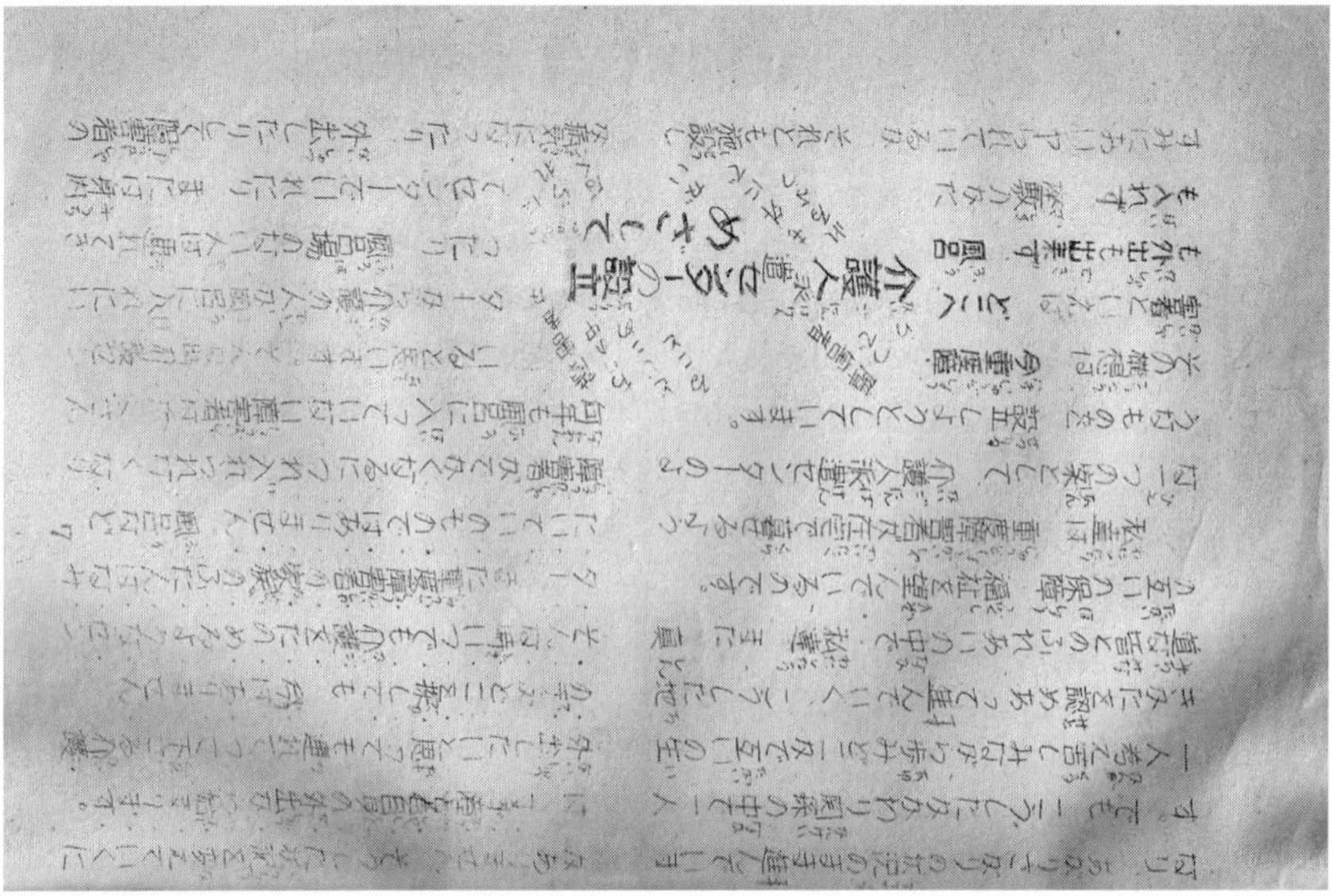
介護人派遣センターの設立をめざして

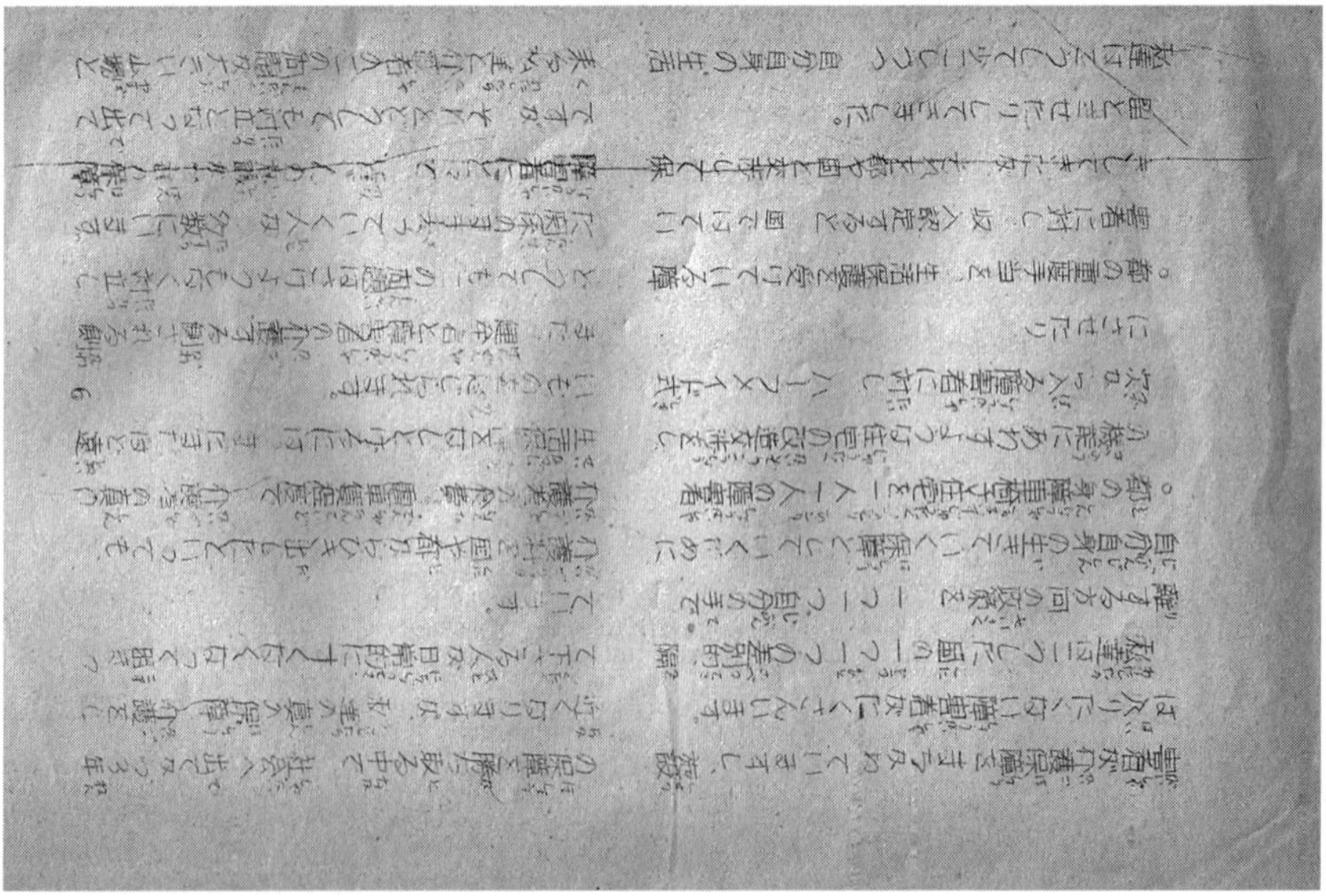

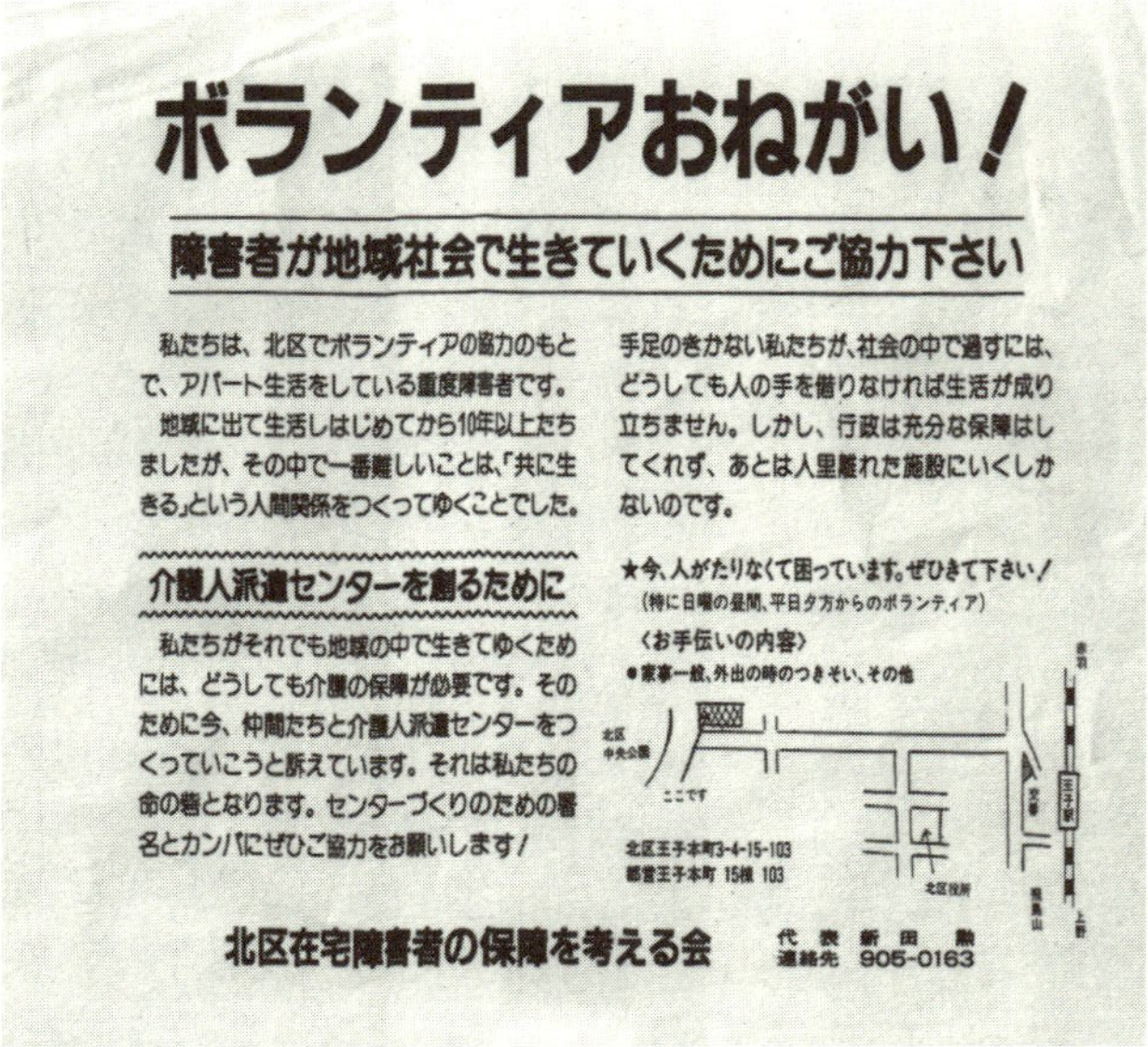

ボランティアおねがい！

障害者が地域社会で生きていくためにご協力下さい

私たちは、北区でボランティアの協力のもとで、アパート生活をしている重度障害者です。

地域に出て生活しはじめてから10年以上たちましたが、その中で一番難しいことは、「共に生きる」という人間関係をつくってゆくことでした。

手足のきかない私たちが、社会の中で過すには、どうしても人の手を借りなければ生活が成り立ちません。しかし、行政は充分な保障はしてくれず、あとは人里離れた施設にいくしかないのです。

介護人派遣センターを創るために

私たちがそれでも地域の中で生きてゆくためには、どうしても介護の保障が必要です。そのために今、仲間たちと介護人派遣センターをつくっていこうと訴えています。それは私たちの命の砦となります。センターづくりのための署名とカンパにぜひご協力をお願いします！

★今、人がたりなくて困っています。ぜひきて下さい！
（特に日曜の昼間、平日夕方からのボランティア）

〈お手伝いの内容〉
●家事一般、外出の時のつきそい、その他

北区王子本町3-4-15-103
都営王子本町 15棟 103

北区在宅障害者の保障を考える会

代表 新田勲
連絡先 905-0163

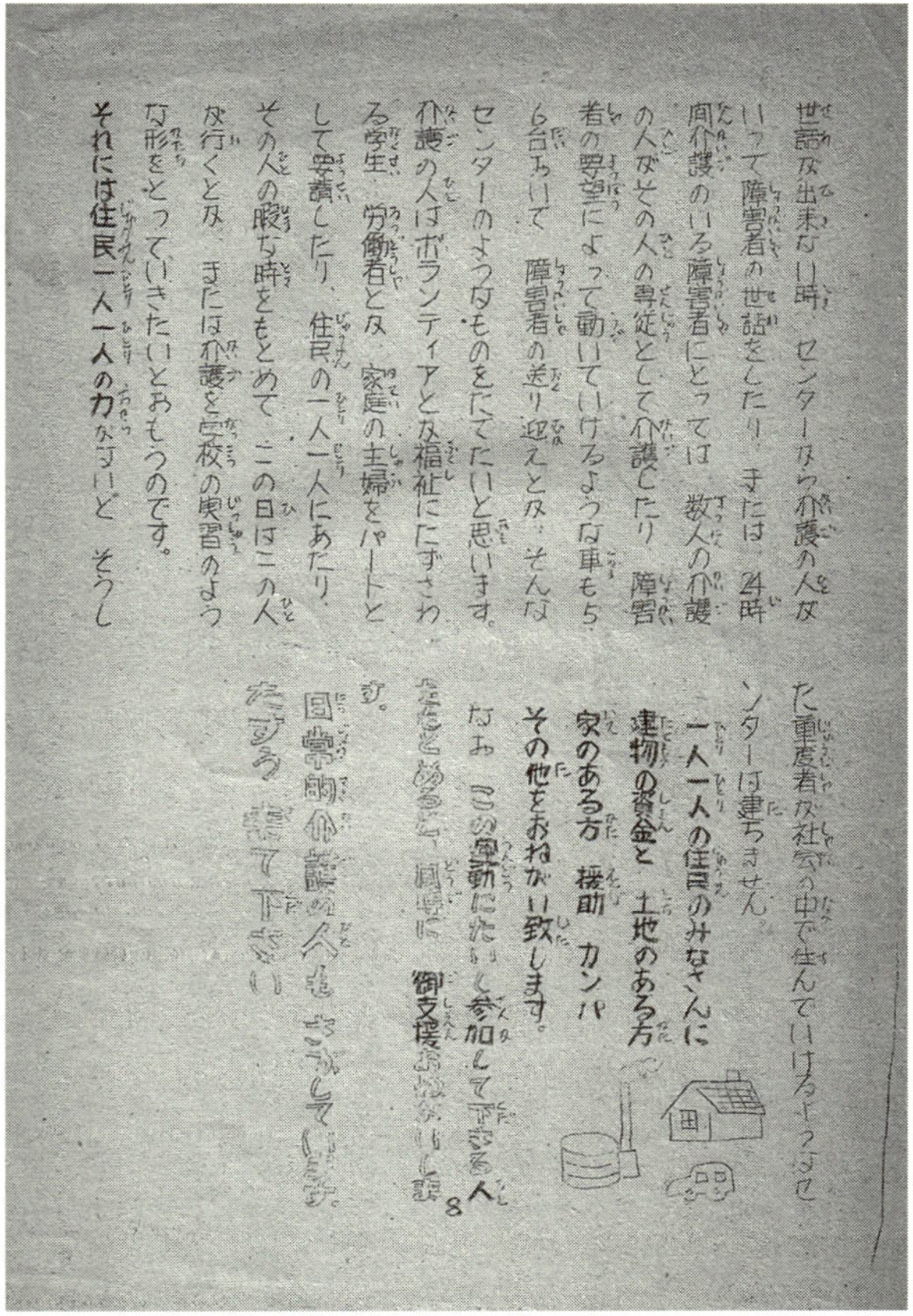

世話《せわ》が出来ない時《とき》、センターから介護《かいご》の人がいって障害者の世話《せわ》をしたり、または、24時《じ》間介護のいる障害者にとっては 数人《すうにん》の介護の人がその人《ひと》の専従《せんじゅう》として介護《かいご》したり、障害者の要望《ようぼう》によって動《うご》いていけるような車《くるま》も5・6台《だい》ありて 障害者の送《おく》り迎《むか》えとか… そんなセンターのようなものをたてたいと思《おも》います。

介護《かいご》の人《ひと》はボランティアとか福祉《ふくし》にたずさわる学生《がくせい》、労働者とか、家庭《かてい》の主婦《しゅふ》をパートとして要請したり、住民の一人一人にあたり、その人《ひと》の暇《ひま》な時をもとめて この日《ひ》はこの人《ひと》が行《い》くとか または介護《かいご》を学校の実習のような形《かたち》をとっていきたいとおもうのです。

それには住民一人一人の力がいるけど そうした重度者が社会の中で生んでいけるようなセンターは建《た》ちません。

一人一人の住民のみなさんに
建物の資金と 土地のある方
家《いえ》のある方 援助 カンパ
その他をおねがい致します。

なお この運動に協力し参加して下さる人

御支援お願い致します

8

⑤東京都全身性障害者介護人派遣事業の創設

（全都在宅障害者の保障を考える会編『全身性障害者介護人派遣事業の歴史』より一部修正して抜粋）

この介護保障制度をつくらせるための運動に取り組んだのは、一九七三年です。七〇年代初めといえば、重度の障害者が他人の手を借りて地域の中で自立生活するなんて考えられない時代です。自立といえば自分で労働して収入を得て、人の手を借りずに生活していくことが基本とされています。重度障害者に対しては、手当も介護保障もなく、その当時あったのは、ほんのわずかな年金と高齢者を基本とした週一回一時間程度のヘルパー制度、厳しい枠の生活保護の制度だけでした。養護学校も全国に整備されておらず、障害者が義務教育を受けるにはわずかな養護学校の近くに引っ越してくるしかありませんでした。重度障害者が入る施設もほんのわずかで、ほとんどの障害者は家族に保護されて、そして家族に殺されていきました。障害者殺しや障害者と心中する家族はたくさんいて、よく新聞記事にされていました。

「重度脳性麻痺者等介護人派遣事業」を制度化したのは、制度の名称どおり脳性麻痺者です。もちろん、脳性麻痺者以外の重度障害者も対象にするべきと要求しましたが、都はそれを受け入れない理由の一つとして、脳性麻痺という複雑な機能障害から判断して、特に複雑な介護を必要とする障害種別を絞り込み、その辺から介護保障を考えていかなければならないということでした。私たちも早く制度化をするために仕方なく手を打ったのです。

さて、私（重度障害者）は家族の中で世話をしきれなくて、家族崩壊、親子心中の一歩手前で民間施設に入れられたのですが、その民間施設は職員が少なく、重度障害者の世話がしきれないので、今度は都立の医学研究の施設に入れられました。医学の研究ですので生活は当然モルモット同様の生活でした。人間としての意識をもつ者なら、研究のための献体にされることを入所時に強制されることなど拒むのは当然です。

その施設を医学研究の施設から、重度障害者の生活の場に変えようと思い、そこで二年間にわたる施設との闘い、つまり東京都の庁舎前で、長期間テントを張った座り込み闘争を経て、その中で介護する支援者を募って地域に自立しました。

府中療育センターテント闘争といえば、全国の障害者団体や反差別運動をしている人たちが、全国から都庁前に支援者として集まり、毎日のように新聞に載って報道されました（二七頁参照）。

さて、地域の中に支援者の手を借りて自立したのはいいけれど、一つの問題で闘っているときはたくさんの人が来て手を貸してくれます。しかし、それが終わると引き潮のように、サーッと支援者は引いていきました。そこではもとの施設に戻ろうとも一切関係ありません。その辺が障害者の反差別運動で焦点化すべきところです。そこに一番問題があるからこそ、障害者は常に差別状況に置かれて、弱者は管理の下でしか生きられないのです。自立して半年もたたないうちに、介護してくれていた支援者はどんどん減って、一〇人足らずの支援者で二四時間の介護をやりくりしていました。だけど、その一〇人の支援者にしても介護のあいまを見て、他の仕事をして食べていかないと生活していけません。とにかく介護しても交通費や食事も出ないのです。そのように障害者の介護は精神的にもきつい状況のなかで、多数の支援者に腰痛や病欠者が出ました。そういう両者の状況のなかでは、健全者の健康を元に戻すには障害者が施設に戻るしかありません。

その辺、特に健全者に考えてほしいのは、今の社会構造や健全者の生活しやすい社会をつくるとき、そこでは常に障害者は邪魔者にされて殺されて、この社会の構造をつくってきたということです。

一つに、健全者が自分の生活を向上させるには、今の資本企業に沿って、働いて動くしかないのです。駅の階段一つにしても、健全者が動いて企業の能率を上げるためのものです。そこでは、それについていけない者を無意識に片隅へと蹴散らしていってこそ健全者の生活が成り立っているのです。前述の問題にしても、健全者をまともな生活に戻すのに障害者が施設へ戻るようでは、両者の人権というところで闘ってきた意味はまるでなくなります。

しかし、現実には健全者は仕事をしないと食べていけないし、障害者の自立生活には介護の手がないと生きていけません。

さて、このままだと障害者は施設に戻るしかないという状況のなかで、障害者のほうから「本来、障害者の介護は国や都がきちんと保障すべきことです。その上で支援者の生活保障、障害者の介護保障、双方が生きていく保障として東京都に介護料を要求していこう」と提起されたのです。

しかし、そこで一議論がありました。「障害者を介護するのにお金を加えるなんてとんでもない、健全者の差別を助長させていくにすぎない」というものです。

確かに、人間関係をつくり差別をなくし、ともに生きていくには、人間としての生き方のなかで、介護が必要な障害者に対して、ごく自然に介護をするという健全者の意識を変えていくのが、重度障害者の自立という闘いです。このことは当然ですが、今の日本は資本主義国家です。健全者は働かないと食べていけないし、重度障害者が二四時間介護体制で生きていくには、二〇〜三〇人の介護する支援者がいないと到底自立生活は続きません。日本の中で数人の障害者が自立をするのは、なんとか無償の支援でやれるかもしれませんが、多数の自立者が増えたら、到底やれません。日本にはそんなに暇な人はいないし、日本の企業体質では家族の生活を守るだけで精一杯です。奉仕する気持ちがある人は、ほんの一部の特別な人です。これが日本の現状です。

しかし、福祉国家と呼ばれる福祉の先進国にしても、介護においてはお金を加えています。すなわち、それぞれの人権を守っていくには、国家として一人ひとりの人権を守っていく保障、弱者や重度障害者に対して、国がきちんと生活の保障や介護の保障をすることから始まるのです。

日本は、障害者の介護を家族に押し付け、地域に自立してもその介護をボランティアが無償ですることをいいことに、介護保障を無視する国家です。障害者も健全者が介護することをいいことに甘えて過ごす。そこでは、依然として頼る存在と介護をしてあげる存在という差別、上下関係の格差は何一つ変わらないのです。弱者の保障は国家がきちんとして、そこで本当に言いたいことを言えるのです。そこで、健全者と同等に発言することができて、闘ったりすることができるのです。その辺から関係ができて差別をなくす方向に向かって、共に生きるという背景がつくれるのです。だけど、その関係にしても健全者はいつでも逃げていけるという強い立場には変わらないのです。共に生きるという意識で、今介護をしている人はその辺を重く自覚してやって欲しいのです。

さて、このような論議を交わすなかで、東京都に対して重度障害者が地域で生きるための介護料を要求していきました。日本国家の福祉政策は重度障害者に対しては施設対策で行くという時代でした。東京都の福祉政策も国に従う形で、施設をたくさんつくるという計画でした。

しかし、府中療育センターの内実の暴露、施設の問題を全国的に告発した都庁前テント座り込み闘争をきっかけとして、都行政も障害者が地域で生活することを真剣に考え始め、施設政策から在宅政策に転換していきました。その一つとして、都庁近辺から車イスで動けるように歩道をなめらかにしたり車道との段差をなくしたり段差のある公的施設には、スロープを設けるようになり、それが今に至っています。

座り込みをして、自立生活を始めた直後でしたので、都行政もまたうるさくやられたら困ると思ったのか、私たちの介護料の要求（一九七三年九月）に対して、その場で「あなたたちの要求は、よく分かりますので、内部で検討してみます」と言ってきました。そのあと月に三回ぐらいの交渉を経て、「重度脳性麻痺者等介護人派遣事業」の制度化が決定されたのが十二月、特別予算として組んでもらって、その後、事業の要綱の中身を検討し始めました。

そのなかで一番大変だったのは、家族も介護人として認めさせるということでした。日本では、家族制度が強いため、障害者は家族や親族が介護するのが当然とされています。そのために福祉施策にしても家族に対する援助が常に先に立てられて、本人は二の次というのが日本の福祉政策です。そこでは障害者は一個の人間としての人権や人格そのものが奪われているのです。はっきり言って、二〇歳過ぎたら親の保護する義務を外すべきです。障害者が四〇～五〇歳になっても家族の中で生活する以上、家族が介護をすることが義務とされます。そこでは、家族の人権も障害者の人権も奪っていくのです。そのこと自体おかしいし、国家としての責務である国民への生活保障を怠慢にしているのです。

やはり、障害者が自立しようが、家族と一緒に過ごそうが、家族や親族が介護しようが、そこは国家がきちんと一個の人間として介護料は保障すべきです。憲法で人間の生活の自由を認めている以上、どこで誰と住もうが自由です。そこが欠乏しているかぎり、障害者やその家族の自由も人権もないと思うのです。

その辺のことを都と二カ月ぐらい議論を交わして、都も仕方なく認めたのです。他に問題になったのは、この事業をつくることにより、ヘルパーの仕事が少なくなってしまうのではないかという懸念がヘルパー組合から出されました。けれど、そこは現実の問題としてヘルパーでは障害者の介護に対応しきれないということで押し切りました。しかし、その経緯のなかで、介護料は民間篤志家への謝礼金という額に設定されてしまったのです。一応、特別予算枠で組んだので、月四回一日八時間の都の事務職の臨時バイトの額という微々たる予算で、飲むしかありませんでした。この辺のことは私ともう一人の障害者とその介護者とで九月に要求して、翌年の四月、半年間で実施運営に至りました。

その当時としては、行政から介護に対する現金給付、しかも家族まで介護者として認めさせるに至ったことは、画期的制度といえます。

その後毎年の交渉のなかで、単価とか回数を増やしていきました。そういう背景のなかで、この制度を利用して自立する障害者が少しずつ増えて、そのなかに頸椎損傷の障害者がいたので、そこで制度要綱を変えさせ全身性障害者の介護保障とし、対象者の拡大を図りました。また、都の厳しい予算の都合で一九八七年には家族介護は月一二回と上限枠を設けたものの、自立した障害者に対する他人介護は特に必要ということで、回数を急ピッチで増やし、一九九三年には毎日保障とさせたのです。

しかし、毎日保障となったのは良いが、民間篤志家への謝礼金という額の設定ですので、介護者の生活保障としてはまだまだ不十分です。そこで国のヘルパー制度と同一の額を要求していきました。一方で、自立障害者も一九八四年頃からどんどん増え続け、家族介護の対象者も含め、この事業の利用者は一年に一〇〇人ずつ増え続けました。そうした実態と都の財政も厳しいという状況のなかで、額の引き上げをするとしたら国のヘルパー制度にこの事業を組み入れて国庫補助を受けて実施するしかない。その辺で全都在障会（在宅「障害者」の保障を考える会）としてすごく悩み、月に数度の話し合いのなかで意見を交わしました。この検討は二年ほど行われました。

一つに今まで都の要綱で介護者を自由に雇ってきましたが、ヘルパー制度の枠に入ることで、その辺が規制されるのではないか、ということが懸念されました。そこは都に対してヘルパー制度の枠に入っても、都の特別枠の障害者の制度として「従来の派遣事業の要綱より枠づけを厳しくする要綱にはしません」という確認を取り付け、その後の中身の検討に入りました。三年近くの検討の末、都は私たちの自立に沿った要綱の要求を九割ぐらい飲んでくれました（次頁以降の「東京都重度脳性麻痺者等介護人派遣事業運営要綱」参照）。登録ヘルパーとしてヘルパー制度の枠に入っているにもかかわらず、研修の義務化はしないとか、病院での付き添い介護を認めるなど、私たち重度障害者の介護の必要性を特に重視してくれて、一九九七年十月よりこの制度の運営実施に至りました。

東京都重度脳性麻痺者等介護人派遣事業運営要綱

1．目　　的

重度の脳性麻痺者等全身性障害者に対して介護人を派遣し、生活圏の拡大を図るための援助を行わせ、もって重度脳性麻痺者等全身性障害者の福祉の増進を図ることを目的とする。

2．実 施 主 体

事業の実施主体は、区市町村とする。

3．派遣対象者

介護人の派遣対象者は、都内に居住する２０歳以上の身体障害者手帳を有する者で、その障害の程度及び介護の状況が次に掲げるいずれかの要件に該当し、かつ、独立して屋外活動をすることが困難なもの（以下「障害者」という。）とする。

（1）全身性障害者で、特別児童扶養手当等の支給に関する法律施行令（昭和５０年政令第２０７号）第１条第２項に規定する特別障害者手当の受給資格を有し、真に他人介護を受ける必要があるもの

（2）前号以外の重度の脳性麻痺者で、その障害の程度が身体障害者手帳１級であるもの

4．介　護　人

（1）介護人は、障害者の推せんによるものとする。
ただし、障害者の家族は介護人として認めないものとする。

（2）前号ただし書の規定にかかわらず、3の(2)に該当する者は、その者が介護人を推せんすることができず、家族を介護人として推せんしてきた場合であって、真にやむを得ないと認められるときは、家族を介護人として認めることができる。

5．身　　分

介護人は、民間篤志家で、区市町村の職員としての身分を有しない。

6．派遣対象者の決定

（1）介護人の派遣を受けようとする障害者は、介護人派遣資格認定登録申請書（別紙様式１）に、介護人推せん書（別紙様式２）及び介護人の介護同意書（別紙様式３）を添付して、区市町村に対し、あらかじめ申請を行うものとする。

（2）区市町村長は、申請のあった障害者に対して、その資格を審査のうえ介護人派遣資格認定登録通知書（別紙様式４）又は介護人派遣資格非該当通知書（別紙様式５）を交付するものとする。

7．介護人の決定及び介護依頼

区市町村長は、障害者から推せんされた介護人に対し、介護人登録通知書兼介護依頼書（別紙様式６）を交付し、介護を依頼するものとする。

8．登録者名簿

区市町村長は、派遣資格認定登録通知をした障害者（以下「登録者」という。）及び介護人登録通知をした介護人をそれぞれ派遣資格認定登録及び介護人登録名簿（別紙様式７）に記載し、常にその状況をは握しておくみのとする。

なお、この登録は年度毎にこれを更新するものとする。

9．登録の取消

（1）登録者又は介護人が、転居等の理由によりその登録を取り消すときは、介護人派遣資格認定登録取消届（別紙様式８）又は介護人登録同意取消届（別紙様式９）により、それぞれ区市町村長に届け出るものとする。

（2）区市町村長は、前号の届により、それぞれの登録を取り消すものとする。

10．介護人の派遣

介護人の派遣は１カ月１３回以内とし、１回は１日を単位とする。
ただし、３の（2）に該当する者は、１ヵ月１２回までとする。

11．介護の内容

介護人の行う介護は、登録者の屋外への手引き、同行その他必要な用務とする。

12．介護券の発行

（1）区市町村長は、登録者に対し、1カ月分の介護券(別紙様式10)を月毎に発行し、交付するものとする。

なお、介護券の発行に際しては、介護券発行簿（別紙様式11)を備えて整備しておくものとする。

（2）介護券の交付を受けた登録者は、介護を受けた際に、その都度必要事項を記入して、当該介護人に介護券を給付するものとする。

なお、給付済みの介護券の控及び給付しないで有効期間の経過した介護券は、交付を受けた翌月の5日までに、区市町村長に返還するものとする。

13．介護人に対する手当

（1）介護人は、登録者に対して実施した介護と引きかえに受けた介護券を月単位にまとめ、翌月の10日までに区市町村長に対し、手当を請求するものとする。

（2）区市町村長は、介護人からの手当の請求があった場合は、その請求のあった日から20日以内に、その手当を支払うものとする。

14．秘密の保持

介護人は、その介護を行うにあたって、個人の人権を尊重し、その身上に関する秘密を守らなければならない。

15．関係機関との連絡

区市町村長は、この事業を実施するに当たって、福祉事務所、民生委員、身体障害者相談員等の関係機関等との連絡を密にするものとする。

附　則（49.6.12　49民障福第222号）

この要綱は、昭和49年6月1日から適用する。

附　則（54.7.25　54民障福第489号）

この要綱は、昭和54年10月1日から適用する。

附　則（55.4.21　54民障福第1，740号）

この要綱は、昭和55年4月1日から適用する。

附　則（56.5.23　55福障福第586号）

この要綱は、昭和56年4月1日から適用する。

附　則（57.5.18　56福障福第1，848号）

この要綱は、昭和57年4月1日から適用する。

附　則（58.4.1　57福障福第1，956号）

この要綱は、昭和58年4月1日から適用する。

附　則（60.4.1　59福障在第282号）

この要綱は、昭和60年4月1日から適用する。

附　則（61.4.1　60福障福第1，019号）

この要綱は、昭和61年4月1日から適用する。

附　則（62.4.1　61福障福第1，061号）

この要綱は、昭和62年4月1日から適用する。

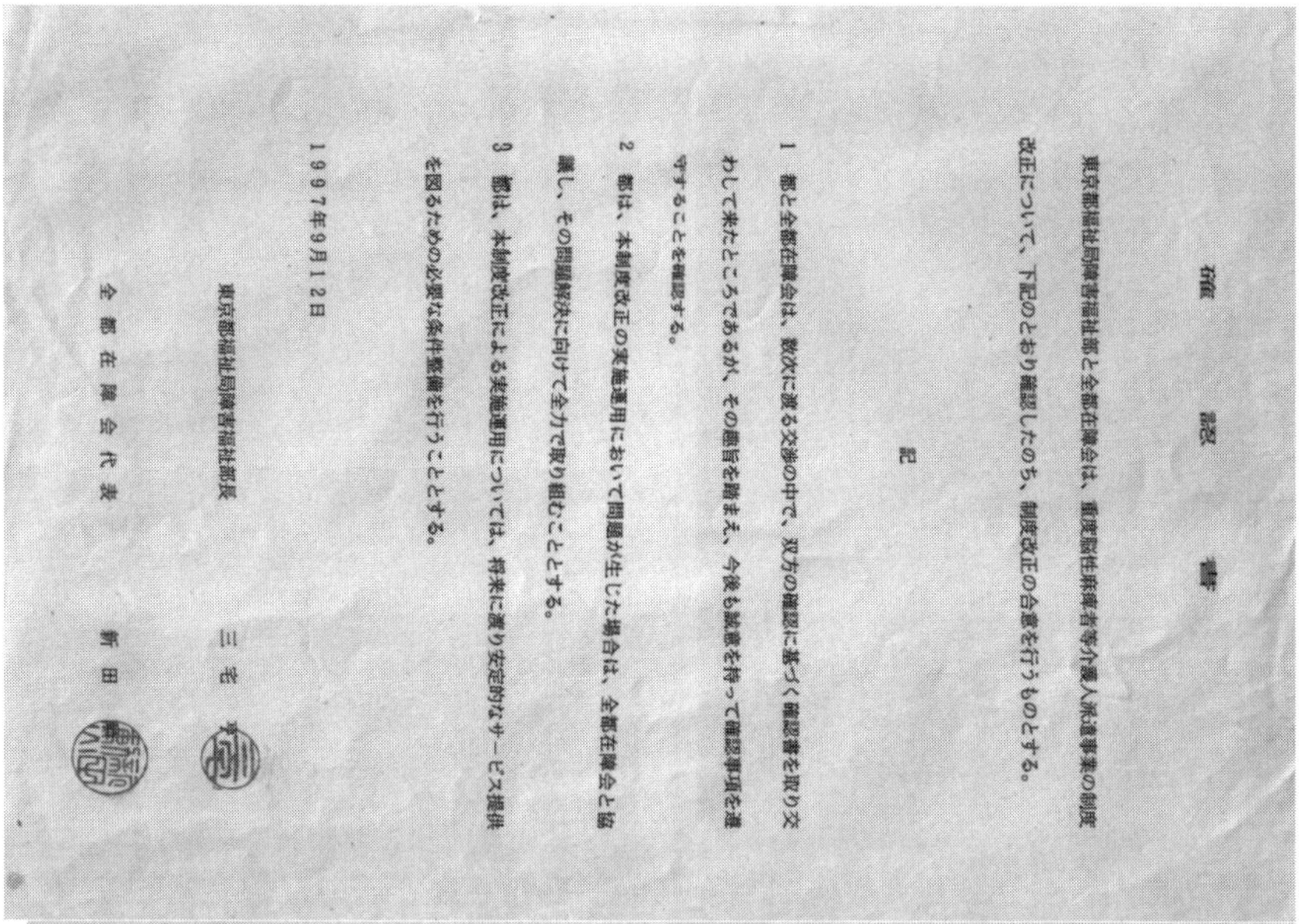

確　認　書

東京都福祉局障害福祉部と全都在障会は、重度脳性麻痺者等介護人派遣事業の制度改正について、下記のとおり確認したのち、制度改正の合意を行うものとする。

記

1　都と全都在障会は、数次に渡る交渉の中で、双方の確認に基づく確認書を取り交わして来たところであるが、その趣旨を踏まえ、今後も誠意を持って確認事項を遵守することを確認する。

2　都は、本制度改正の実施運用において問題が生じた場合は、全都在障会と協議し、その問題解決に向けて全力で取り組むこととする。

3　都は、本制度改正による実施運用については、将来に渡り安定的なサービス提供を図るための必要な条件整備を行うこととする。

1997年9月12日

東京都福祉局障害福祉部長　三宅　亨

全都在障会代表　新田　勲

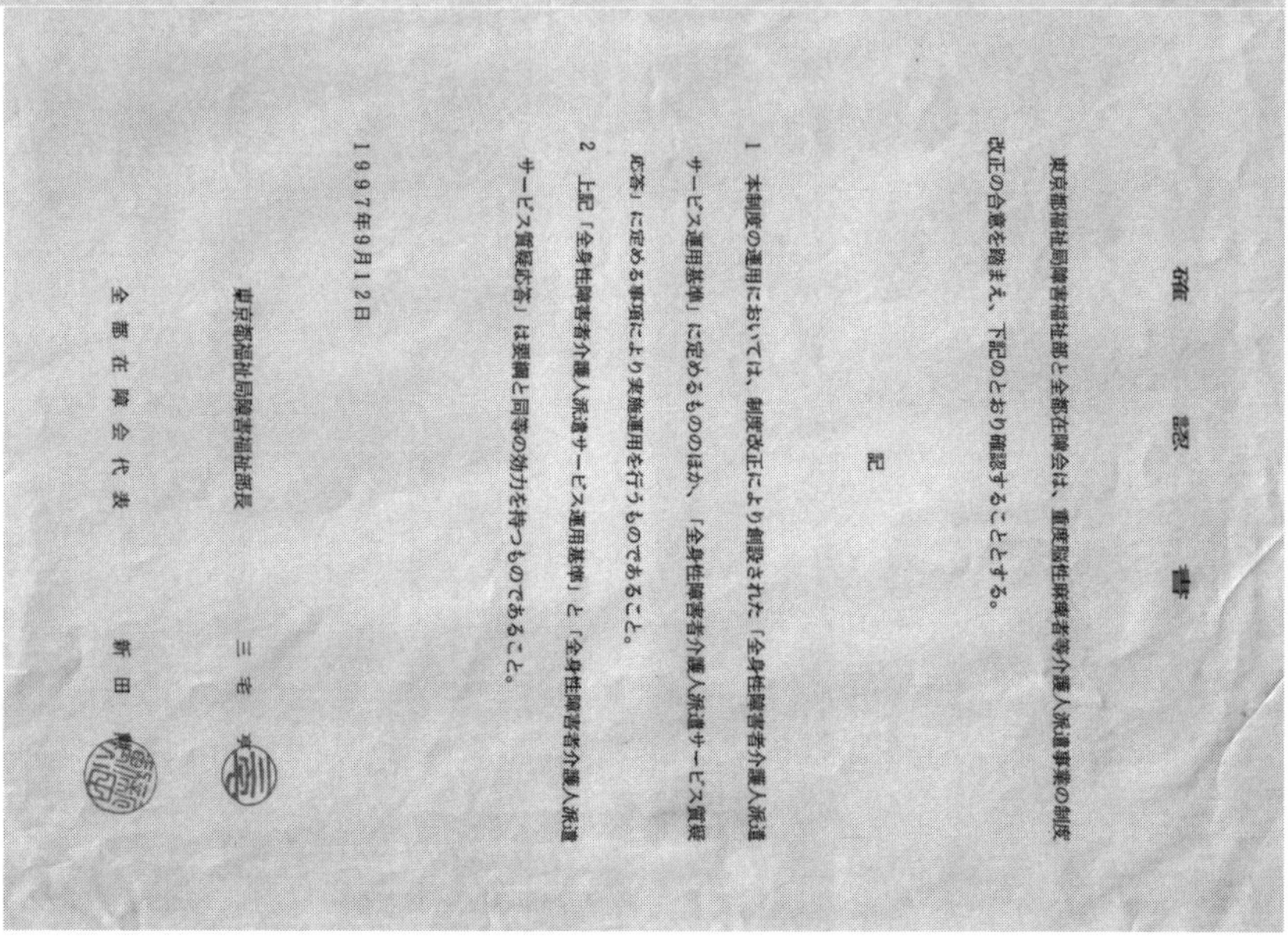

確　認　書

東京都福祉局障害福祉部と全都在障会は、重度脳性麻痺者等介護人派遣事業の制度改正の合意を踏まえ、下記のとおり確認することとする。

記

1　本制度の運用においては、制度改正により創設された「全身性障害者介護人派遣サービス運用基準」に定めるもののほか、「全身性障害者介護人派遣サービス質疑応答」に定める事項により実施運用を行うものであること。

2　上記「全身性障害者介護人派遣サービス運用基準」と「全身性障害者介護人派遣サービス質疑応答」は要綱と同等の効力を持つものであること。

1997年9月12日

東京都福祉局障害福祉部長　三宅　亨

全都在障会代表　新田　勲

⑥自立生活の進展――東京都の福祉の発展

さて地方の福祉行政というと、一九七〇年以降はどんどん施設やコロニーをつくって障害児者を収容するということが行われていました。東京都の福祉姿勢は施設という方針から在宅の保障へと転換されて、特に一番重度の全身性重度障害者の自立の介護保障やその暮らしの保障というところに重点が置かれて、都の独自予算の中で福祉手当や重度心身障害児者の手当が障害者の声によってつくられました。障害児をもつ親は、厳しいながらも親と子どもがその手当によって暮らしていけたり、障害児殺しや自殺者は少なくなり、養護学校があちこちでできていくなかで、障害児者も家族のなかで過ごしていけるという状況がどんどんできていきました。

しかしここで問題なのは、養護学校に行っているときは行き帰りをバスで送り迎えされて、まったく地域社会には触れさせない状況がつくられていくことです。また、養護学校を出ても福祉授産所に送られて同じような生活をさせられていくことです。少しゆとりがあって自分で通える障害者は地域と触れる機会もたくさんあり、このまま親の世話で生きていくのではなく、地域に自立して行こうという自分の意向が強く出てきます。その辺、単なるバスで送り迎えされる人と自分で行く人と二つの意向に分かれます。

そのような東京の福祉制度、特に障害者をもつ家族やその障害者の介護保障を手厚くしていくことで、家族に遠慮も気兼ねもせずに、家族といっしょに住んでその家族もごく自然にその障害者の疾病に対して手を貸すことはさほど苦痛にもならず、逆に家族やその障害者に手厚い保障をすることにより、家族といっしょに住んでいけるような地域づくりが進められていったのです。この頃、東京都の全身性重度障害者の介護料や手当は、障害年金は別として、その家族に対して月に二〇万円以上出ていました。

もう片方では障害当事者の「自立したい」という意向に沿って、どんな全身性重度障害者でも、その意向を認め、協力し合ってその生活や介護を全面的に行政が保障していくということを基本に置いて、その制度化が進められていきました。全身性重度障害者の意向と東京都の長い話し合いのなかで、このような保障がつくられたことによって、東京都では自立する障害者がどんどん増え、またそれを基本として全国的に全身性重度障害者が自立していったのです。

第二章　日本の福祉の危機
――福祉基礎構造改革に抗う

一　介護保険の問題点

①介護保険の発足とヘルパーの民間委託化

さて、今から四〇～五〇年くらい前は、ヘルパーというと家庭の家事の延長というところで、女性ボランティア団体が、地域で隣近所の動けなくなった高齢者の生活の家事援助に手を貸す、隣近所の関係のなかでおかずをつくればそれを持って行くという関係でした。

しかし能力を中心とした教育、経済成長のなかで、人間が助け合っていくという関係が少しずつ薄れ砂漠化して、協力し合って生きていくという社会関係のなかで人間を看ていくという関係が変わり、病人や高齢者を看ていく人がいなくなっていきました。そういうところで、そこに関わっていた女性のボランティア団体が、病人や動けない高齢者を看ていくのは行政の責任であるとして、政治団体や労働組合に働きかけていきました。長い年月の行政との話し合いのなかで、特に高齢者の介護者としてのヘルパーの役割については、女性の労働の権利保障を求める闘いのなかで、公務員として認めて保障されていったのです。一応、こうしたヘルパーの動きについては長野県が先進的に進めてきたと言われていますが、東京都でも同時に進められてきました。

その何年か後に、高齢者が増えて、介護するヘルパーも少しずつ増えてきたなかで、国家財政が少し傾くと、「ヘルパーが足りないので何万人増やさないといけない」という国の口実から、正職ヘルパーについては定年まで残して、新規ヘルパー採用に関しては公務員の身分保障を取り上げて、時間給いくらとして民間の家政婦協会にヘルパーを委託していきました。このように女性の労働の権利保障を行政は切り下げていったのです。このヘルパーの民間委託については、障害者団体として都庁に座り込みをして、相当な動きをして反対の抗議をしましたが、東京都の局長が出てきて「このことは国の意向です」とひとこと言って、守衛のボディガードを背に、逃げて帰って行きました。

それでも民間委託移行後も、半数以上の市区町村では、正職で使っていたヘルパーが辞めた後も正職としてヘルパーの人材を確保していました。しかし民間ヘルパーを導入して一〇年以上過ぎてから、「何年後に高齢者の人口は、日本の人口の何割になる、国家予算も破綻する」という学者の論理や、家庭内で無償で当然のように介護を担わされている女性の人権を問題にする団体などによって、高齢者の介護については、四〇歳以上の国民から介護保険料を徴収して、平等の介護保障制度を設立するということで、二〇〇〇年に介護保険が発足したのです。

平等性を訴えて介護保険が発足すると同時に、女性の労働の保障としてあった公務員という身分保障を廃止して、国は高齢者の介護の責任から逃げて、民間業者に高齢者の介護の責任を一切、放り投げたのです。市区町村の公務員ヘルパー派遣は廃止され、高齢者のヘルパー派遣については、民間業者に委託して、民間業者が責任を請け負っていったわけです。

ヘルパーの仕事は家族介護による家事の延長という位置づけでしたので、公務員の身分保障がされて二〇年、ヘルパーの仕事については、資格制度は導入されてはいませんでした。それで約三〇年くらい、このヘルパーの仕事については国家責任としてやってこれました。また、税で行う福祉施策ですので、弱者や底辺に置かれた収入の少ない人を対象にしてヘルパー派遣を行っていたから、国のヘルパー予算（国が二分の一、都道府県四分の一、市町村四分の一）については、福祉予算としては逼迫もせず、年間の見積もり予算については、国に聞くと黒字ですんでいたと言われます。

それが、学者の論理や有識者が介護保険制度を進め、ヘルパーとして仕事をするのに資格が導入されました。同時に介護を民間事業所に委託することで市場が生まれ、介護保険を使う人が急増して、一挙に国家予算が膨らんで赤字となったということです。当初は公務員の正職を廃止して予算を縮小してヘルパーを民間業者に委託すれば、ヘルパー予算も半分くらいに縮小されていくというところで、民間導入したようですが、ヘルパーに資格を導入することで行政がヘルパー講習会の予算を組んで開いていった頃に比べて経費がかかり、正職時期より上回る予算が出ていくという状況でした。

また、介護保険では身体介護については、報酬単価（時間）四〇〇〇円以上を事業者に出すということになっていましたが、利用者が原則一割負担をした残りのその八分の一について実施主体である市町村が持たないとなりません。高齢者のヘルパー派遣については、短時間の派遣ですむので高額な単価になったようですが、身障者の介護については、一部の障害者を除いて自薦登録ヘルパーでやる障害者については、市区町村では一四二〇円（国のヘルパー制度の単価）しか認めてこない市区町村がほとんどでした。その時間単価が低いなかでも事業所がヘルパー派遣を請け負って、自立障害者に対してヘルパー派遣を行っていました。

②介護保険は介護保障ではない

さて、この辺で介護保険についてこれを受ける高齢者にとっていかにこの制度が抑圧的な性格をもつ制度であるかを述べます。

まずこの制度の発想の元はドイツと言われていますが、この介護保険の元は日本の全身性障害者の介護保障がある程度、確立していくなかで、そこにデンマークの高齢者の介護福祉政策を福祉学者がいじくって日本の介護保険に持っていったようです。まず一つに、この制度をつくる口実としたのが女性の働く権利、労働の権利です。二つ目に、日本の人口に対して高齢者が何年に何万人増える、何年後に何十万人増える、それに対して介護する人口の比率を出して高齢者の介護を日本の経済の中に組み入れていこうという、福祉学者の論理の持って行き方があります。そこを基本として福祉の有識者が報道機関をどんどん使って国民の意識を煽って、四〇歳からの国民が保険料として半額を強制的に負担させられるという介護保険制度がつくられていきました。

この制度を受けるには、この保険料を納めて、相当に動けなくなってからでしか認められていないのです。これを受けるのに福祉課に申し出て、その後調査員（市区町村のケースワーカーまたは委託されたケアマネジャー）がその高齢者の家族調査や親族でどのくらい介護ができるのか調査します。また、高齢者を病院に連れて行って、その動けなくなった機能について医者に意見書を書いてもらい、当事者と関係なく医者から直接、介護保険課に送られた意見書は調査員が目を通すという資格もありません。そして再度、調査員が介護保険を受ける当事者のところへ認定調査に来て、判定項目の七四項目を聞いて、記入して介護保険課へ提出してます。介護保険課は先に医者から送られてきた意見書と調査員から送られてきた調査の結果を、嘘がないかと照らし合わせて、そこで意見書と少しでもズレがあると、調査員をそのたびに呼びつけて、納得いくような説明をさせて、そうしたなかで要介護認定結果が出てくるのです。これを最初の二年くらいは半年に一度受けないと介護保険そのものが下りないのです。この調査については、家族の状況や動きを監視され縛られて、高齢者の生活が、調査、介護のケアマネに、一切指導されて縛られていくのです。

介護保険の構造について、まず医者を中心とした訪問看護師、ケアマネジャー、介護福祉士、介護ヘルパーの一〜三級資格者、訪問介護事業所の事務員、会計士、また介護保険を扱う介護保険課また高齢福祉課の相談員、その他事業所の家賃や事務経費がかかっています。介護保険発足以前は福祉課の相談員（ケースワーカー）と資格のないヘルパーと、あとは行政の建物で、それだけでヘルパー派遣を行っていました。以前と比べて介護保険という制度はいかに国民の税金を無駄遣いして、国民の生活費までも福祉という名のもとで、福祉学者の論理の中で無駄遣いしているか。

また、介護保険の理念というのは弱者を保護するという立て方ではなく、国民平等という保障の立て方なので、高額所得の人も所得の少ない人も一律平等として、判定の結果によって支給されますが、ここで問題なのは、介護保険というのはその介護を受けるのに原則一割負担をしないと受けられないことです。保険料を強制的に国民の義務として取られて、その上、この介護を受けるのに一割負担をさせられるのです。今の格差社会の中で高齢者になって動けなくなっても、所得が少ない高齢者はこの一割負担が出せなくて、ヘルパーを頼めない人はたくさんいて、そういうところで苦しんで自殺や介護疲れで殺人に追い込まれていく高齢者はたくさんいるのです。逆に所得の高い家族は、この介護保険を一割負担して判定に応じて目一杯、介護サービスを活用しています。

この介護保険制度は肝心の弱者の介護保障からはまったくはずれて金持ち優先策となってしまったのです。福祉というのは何のため、誰のためにあるのでしょうか。この辺、金持ちのために弱者や国民が収入が少なくても保険料を納めて、社会の経済の流れの中に無駄な税金や国民の保険料が使われているという現実なのです。

③介護の再 - 女性化

介護保険が発足して十年近くになります。この介護保険制度の基本的な趣旨は、要介護の高齢者をかかえている家族、とりわけその嫁や娘という女性が要介護高齢者の介護をほとんど背負っている社会の仕組みに対して、家族介護から、そこに他人介護というヘルパーを入れて、高齢者の介護保障については行政の仕組みの中で解決し、女性を社会的労働に進出させて女性の労働能力をそれぞれ引き出して、女性の人権の向上を発展させていくということを謳い文句にして発足したはずです。

ところが、それとは裏腹に高い保険料を取られた上に、一割負担というところで、この制度は金持ちは使えて、貧乏人は保険料だけ取られて満足に使うこともできない。要介護高齢者が増えて厚労省の福祉予算は追いつかない、というところで、この五年間で介護報酬の単価の引き下げや予算縮小のための運営要綱が三回も改訂されて、今まで身内が近所に住んでいても介護保険サービスを受けていた高齢者も、身内に「介護をしなさい」と、打ち止めにされています。そこではどんどん身内や嫁が高齢者の介護をするという、元の状況へ強制的に戻されているのです。

今はどこの病院でも看護師不足です。データによると四万五千人不足しているとも言われます。だけど、看護師資格を取って勤めて、結婚や出産、子育て、身内の親が倒れてその介護をするために辞めていく看護師が五五万人いると言われています。そして「あなたは看護師をやっていたから」というところで、身内の高齢者の介護や、結婚すればダンナの親の介護を強制的に押し付けられて、看護師の仕事に復帰したいと思っても復帰できないという看護師が三〇万人いると言われています。

介護保険はどんどん締め付けてくるし、保育園はなかなか増えずに保育料は高くなるし、高齢者の入る施設は廃止にされていくし、そういう国の動きのなかでは、まったく女性の人権そのものが奪われて、女性の社会進出どころではないのです。結局は介護保険をつくるときに言っていたこととはまったく逆行していて、介護というとそれまでどおり家庭内の女性の役割として強制的に押し付けられています。また、介護保険の仕組みでは、生活をしていけない安い労働の対価しか保障されず、介護職は女性の仕事として押し付けられてしまったのです。これが厚労省のやり方なのです。

二　社会福祉基礎構造改革という締め付け

①支援費制度の発足と上限問題

さて、このような行政の権限枠の無駄な仕組みの中で介護保険制度が発足し、進んでいき、それができて二年後に国が障害者の介護制度として、「措置から契約へ」を謳って国の税負担だけで行う支援費制度を打ち出してきました。

介護保険制度をつくる段階で、国民平等として障害者の介護保障もそこに組み入れていくかどうか、議論になりました。障害者の介護制度については、四〇年余りの全身性重度障害者の自立への取り組みと厚労省との闘いのなかで、介護保険が発足する一〇年ほど前に全身性重度障害者の自立の介護保障については、一日二四時間まで、認める自治体も出てきました。しかし、介護保険制度では、様々な行政の無駄な事務経費の枠を引くと、どんなに算出しても最高一日四時間しか介護保障がされていかないのです。その介護保険制度の中に障害者が組み入れられたら、当然、全国で二四時間介護保障を受けて自立している障害者は、まったく生活ができなくなります。また、高齢者についてはその当事者が介護保険料を納めていくという、ある程度の収入基盤ができていますが、全身性重度障害者については、介護保険料を納めていく生活基盤も収入基盤もまったくないのです。障害者の二四時間介護保障を介護保険制度の中に組み入れていくには、様々な問題があって、そういうところで、介護保険に組み入れていくには早すぎるという障害者団体の猛烈な反対のなかで、高齢者だけを対象として介護保険制度が発足になったのです。

支援費制度が国家の障害者の介護制度として打ち出されて発足するまで、従来の全身性重度障害者の制度の理念に持っていくのに、一年間以上をかけて厚労省と障害者団体の話し合いを行い、認めさせました。しかし、支援費制度の中身が障害者団体と確認されて、発足の四、五カ月前になってから、この支援費制度の予算について、厚労省の予算の見積もりの予想外のことが発覚しました。そこで厚労省としてこの支援費制度については必要な時間数を保障すると認めてきた従前の制度の理念に対して、支援費以降は、介護保険の介護時間数に少し上乗せした時間を加えて、全身性重度障害者の介護時間の保障については、月一二五時間（一日あたり四時間）の上限枠を、厚労省は障害者団体に提示してきました。この時間数では、まったく生きていけなくなります。そういうところで、障害者が全国から厚労省に結集して、二月の凍りつく寒さのなか、約半月以上座り込み、毎日たくさんの障害者が押しかけて、厚労省と詰めていきました（五四、五五頁『週刊金曜日』の記事参照）。その結果、軽度の人も重度の人も月一二五時間を上限として、それを軽度障害者は一日二時間で足りる人もいるから、余った二時間分を使って、二四時間必要な重度障害者に流用していくという形がとられて、原則的に二四時間の介護保障まで認めさせていくという方向で、厚労省との闘いは収まっていきました。

②事業所方式の弊害

さて、身体障害者、特に全身性重度障害者については、その介護はコミュニケーションやその他、複雑な介護を要するために、介護保険発足以降も三分の一くらいの市区町村が公務員の正職ヘルパーを残して、全身性重度障害者のヘルパーの対応はされていました。しかし、支援費制度が発足したと同時に、その公務員ヘルパーも一切、廃止とされて民間事業所に全身性重度障害者の介護を放り投げていきました。正職（当時）ヘルパーについては、公務員としての身分保障やその管轄の中で、ヘルパーという仕事については責任を持たせて、どんなに大変な重度障害者でも、コミュニケーションがあまり取れなくても、そこの障害者のところに行って、介護をする、けんかをしてもそこに行って介護をする、行かなければクビにされてしまうという、身分保障をする代わりに、この仕事についてはいのちというものに責任を持たせて、障害者のところへ派遣されていました。しかし、民間事業所に障害者の介護を放り投げて以降は、民間事業所に障害者がヘルパー派遣を頼んでも、その事業所にヘルパー派遣をできる人がいなければ、ヘルパー派遣を断っていくことになっています。事業所にとっては、全身性重度障害者のヘルパー派遣は、いろいろと困難をきたして、すごく重労働です。その上、日常生活支援の長時間介護の報酬単価は介護保険の身体介護の半額程度です。支援費でも身体介護を使う軽度障害者が多数います。短時間介護で済むので、単価が高くなっています。このこと自体、まったくおかしいことです。そのため、事業所も軽度障害者の身体介護については、ヘルパー派遣を請け負いますが、全身性重度障害者の介護となると、その介護の仕事はきつくて、その上、長時間になると時間単価が安くなるので、全身性重度障害者が事業所にヘルパー派遣を頼みに行っても、派遣するヘルパーの人材がいない、と障害者自身が運営している自立生活センター以外のほとんどの事業所は断ります。

さて、公務員ヘルパーの介護の仕事は、移動時間を含めて、午前中は九時から十一時ないし十二時と、午後は一時半から三時半または四時半で、実際の介護時間は、三〇分～一時間介護に時間の延長のゆとりを持たせて、残った時間については役所に戻って介護の記録簿を書くというものでした。一日の派遣については二カ所行って、時にはいろいろなことが起こって、五時を過ぎることもありましたが、だいたいほとんど五時までやって自宅に戻って行くというものでした。

介護保険が発足し、ヘルパー業務が事業所に放り投げ

「支援費制度」をめぐる攻防

障害者の闘いは終わらない

梅谷 純石

今年4月から実施される障害者「支援費制度」のホームヘルプサービスに「上限」を設ける構想をめぐり、障害者団体が、運動史上まれにみる大規模な抗議運動を展開した。これに押され、厚労省は「上限」撤廃を決めた。しかし、障害者たちの「勝利」と喜ぶには、多くの問題が残されている。

「昨日は厚労省に突入する覚悟だった。寝袋を買って用意していたの」

車椅子の女性と健常者の女性の立ち話が耳に入った。日比谷公園の広場は、車椅子の障害者の人たちや、その支援者たちで埋まっていた。

一月二八日午前一〇時半過ぎ、氷雨降る前日とは打って変わった晴天の下、全国の障害者関係団体の代表が次々にマイクを握る。抗議集会の予定だったが、前日の厚生労働省との交渉で一定の成果をあげたため、急《きゅう》遽《きょ》報告集会に切り換えられた。

「この寒い時期に抗議を何日も続けていくことには限界がある。皆、死を覚悟してやっているが、一人でも死者を出すような運動の方針を出したら代表者としては失格になる。今回の合意に納得のいかない人もいると思いますが、そこは政治的判断の中で次の機会に力を蓄えましょう」

全国公的介護保障要求組合の新田勲代表の顔には、言葉とは裏腹に、ほっとした表情が浮かんでいた。

史上まれにみる抗議運動

戦後最大の改正と言われる「社会福祉法」が成立したのが二〇〇〇年五月。この改正の一つに、障害者福祉サービスにおける「支援費制度」がある。行政がサービスの受け手を特定し、サービス内容を決定する「措置制度」から、利用者が自ら指定事業者を選び、契約する「利用契約型」へと移行することが主な内容だ。「利用者本位のサービス」が謳《うた》い文句だが、「支援費制度」は市町村が実施主体であるため、実際は行政の支出減が狙いである。「選べるほど（サービスが）充実していない」という不安の声もあるものの、今年四月のスタートが決まっている。

ところが今年に入って、厚労省がホームヘルプサービス（注）に関する補助金を配分する際、サービスの時間数に一定の基準を定めようと検討していることが明らかになった。つまり、在宅サービスを受ける時間に「上限」を設けるということだ。重度な介護を必要とする障害者には、到底受け入れられるものではない。スタート直前の突然の方針変更に、関係者は騒然となった。

一月一四日、全国の障害者団体の代表ら約四〇〇人が、厚労省前に集まり撤回を求めた。交渉は難航、以来二七日まで、厚労省前には連日多くの障害者や支援者が詰めかけ抗議運動を行なった。一六日には、その数は約一二〇〇人にも膨《ふく》れ上がった。

立場や意見の違う障害者団体が共闘を組んだのは、障害者運動史上初めてのこと。また、これほどの大規模な集会は、一九九五年七月に薬害エイズ問題で約三〇〇〇人が旧厚生省を取り囲んで以来のことだ。

しかし、厚労省の態度は強硬だった。障害者四団体（日本身体障害者団体連合会、全日本手をつなぐ育成会、日本障害者協議会、DPI日本会議）の代表団との交渉はもつれた。

二八日に開く都道府県等の障害福祉主管課長会議で、厚労省側が「支援費制度」実施の強行突破を図ると予想していた障害者団体は、対抗策として全国から障害者を呼び集め、障害者運動史上空前の五〇〇〇人動員の抗議行動に出る準備をしていた。雨、風、雪と悪天候続きの中での抗議運動だけに体調を崩した障害者も少なくない。緊迫した状況が続いた。

こうした障害者団体の激しい抵抗運動や、代表団の粘り強い交渉、一部マスコミの批判報道により、厚労省は二七日になり、「支援費制度」の「上限」を撤廃することを文言として明示。原則として従来のサービス水準を確保する、との文書を交渉団

一月二八日、日比谷公園草地広場で行なわれた支援費緊急報告集会。

と取り交わし、合意が成立した。

サービスの「上限」とは

重度の全身性障害者の自立を促し、施設を出ての一人暮らしや障害者だけの世帯、高齢や疾病《しっぺい》の家族での生活なども可能にさせるホームヘルプサービスは、各自治体と地元のNPO（特定非営利活動）団体などが独自に交渉を重ねながら、その質を高めてきた。したがって現実には、自治体ごとにサービスの格差が生じている。

厚労省は「こうした格差をなくし公平性を実現するために」という理由で、「支援費制度」において、ホームヘルプサービスの利用時間に「上限」（全身性障害者の利用時間を月一二〇時間、知的障害者は月五〇時間）を設定し、自治体への国庫補助金に配分基準を設けようとした。

この方針を障害者団体との話し合いもないままに強引に進めようとした「対話不足」も、問題をこじれさせる原因となった。

これまで月二四〇時間以上のサービスを受けていた障害者は、当然、従前通りのサービスが受けられなくなる。また、「上限」を超える高いサービスを提供している自治体には「超えた分は自己負担」と厚労省は言っていた。しかし、自己負担できる財政的な余裕のある自治体などないのだ。これでは、実質的な利用時間の上限設定と変わりはない。

この点で自治体からも反対の声が起こり、一月一五日の東京都を先頭に、各自治体が次々に厚労省に上限基準撤廃の要望書を突き付けた。

補助金「交付基準」は暫定

二週間に及ぶ紛争が終息した。合意後、厚労省は二〇〇三年度の補助金の交付基準を次のように発表した。

▽全身性障害者のサービス利用時間は月一二五時間（一二万六九四〇円）

▽視覚障害など特有のニーズ（ガイドヘルプ）を持つ障害者のサービス利用時間は月五〇時間（一〇万七六二〇円）

▽一般障害者のサービス利用時間は月二五時間（六万九三七〇円）

これは、現状における全国での利用時間の平均の一・五倍に設定されている。この基準値を上回る自治体には、新設した「調整交付金」（二八億円）の中から補助金を充当して従前通りのサービスを確保し、さらにそれ以上のサービスの実施を妨げるものでない（サービスに「上限」はない）ことも確認された。

しかし、楽観視してはいられない。

東京都在宅福祉課の高原俊幸課長は「当面の問題点は担保されたが、反対していた交付基準は残された。坂口力厚労相も言っているように、これはあくまでも一～二年間の経過措置。その後は振り出しに戻る不安も残っている」と懸念を隠せない。

二万人の障害者がいる東京都・足立区で、保育器事故による重度の身体障害を負う平田美由樹さん（特定非営利活動法人ホッとPeer．sあだち・理事長）は言う。

「一息ついたが、自立生活支援の闘いは長い道のり。補助金の二分の一以内という規定はまだ残っている」

補助金の二分の一以内規定とは、全国のホームヘルプサービスの総額が国庫補助の二分の一以内までは出されるが、超過すれば自治体の負担になるという規定のことだ。これが残ったために、現状の水準は保たれても、大多数の、まだ十分なサービスが行き届いていない自治体の介護時間がどこまで伸ばせるか、不安は払拭《ふっしょく》できないままだ。

「合意は成立したが、厚労省がどこまで障害者のことを真剣に考えているか不信感は拭《ぬぐ》えない。四月以降、『支援費制度』の国庫補助基準の見直しを含め、在宅サービスの質の向上や地域生活支援の在り方などを話し合う検討委員会を、利用者と事業者、市町村、学識経験者などで設けることになった。制度の見直しの必要性についても、今後検証していきたいと思っている」と、DPI日本会議事務局長の三澤了氏は言う。

二年後の介護保険制度の障害者への適用も取り沙汰されている。介護保険制度では利用料金の半分は被保険者からの保険料でまかなわれるため、障害者がサービスの向上を求めれば保険料の引き上げになり、保険料の引き下げを要求すればサービスカットに繋がりかねない。

障害者の「自立支援」「施設から地域へ」を謳う福祉政策に逆行する事態を、政府自らが招くのか。この点も検討委員会で検討したいと、障害者団体は厳しい目を光らせている。

「一、二年後には介護保険の問題が出てくる。そこでは徹底的に闘って阻止しなければならない」（支援費緊急報告集会で。前出の新田代表）

（注）在宅において日常生活に支障のある高齢者や障害者に、身体介護や家事援助を行なうサービスのこと。

うめたに　じゅんせき・ルポライター。

一月二四日、厚労省前でビラ配り、抗議をする障害者団体。

（『週刊金曜日』2003年２月７日、No. 446号より）

られてからは、ヘルパー派遣は一日三カ所、ひどいときは三〇分～一時間の派遣先を受け入れ、一日五軒くらい回ることもあります。こうなると相当な移動時間がかかっているにもかかわらず移動時間は労働時間に含まれず、トイレする時間も食事する時間もなく駆け回わらなければなりません。そのうえ身分保障もなく時間給は安く、定時には戻れず、収入の点や労働時間の点で、生活がしていけないと言われています。公務員の正職ヘルパーに比べると、民間ヘルパーになってからは、身分保障も仕事量も天国と地獄の差があると言います。そこにヘルパーの資格制度が導入されて、この仕事をして食べていこうと思って高い授業料をかけてヘルパー資格を取ってヘルパーの仕事に就きますが、この仕事に就いて、食べていけない、この先、結婚もできないという、見込みのない収入や、きつい仕事で希望も持てずに大半がこの仕事を辞めていきます。

③支援費制度の破綻と「改革のグランドデザイン案」

支援費の上限問題についての厚労省とのやり取りのなかで、支援費制度の予算をこのまま出し続けていくことは、到底、不可能というところで（次頁の新聞記事参照）、障害者団体と厚労省とで障害者介護の国家保障の確立のために、一年間かけて検討していこうということになりました。そのなかでまた厚労省は福祉学者を厚労省の密室に呼んで検討した結果、障害者の就労を基本においた「改革のグランドデザイン案」という障害者介護施策についての骨格を示してきました。それも身体、知的、精神と理念の違うものを介護保障の一本化というところで制度・施策を統合していく、まったく無理なでたらめな三法一本化を示してきました。

様々な問題やそれぞれの団体の中で、こじれていましたが、障害の種類によってまったく介護保障がないというのは差別だという声も高くて、このチャンスに入るという団体の声があがるなかで、三法一本化が通ってしまいました。これによって、原則一割負担になり、精神保健福祉法三十二条の医療費助成もなくされました。厚労省との検討会に入って、様々な団体の代表がヒアリングをやって、その後、意見交換と言いながら短時間のなかでろくに意見も言えない始末でした。

新　聞　（夕刊）　2004年（平成16年）6月22日　火曜日　42464号　（日刊）

朝日新聞
夕刊
©朝日新聞社 2004年
発行所 〒104-8011 東京都中央区築地5丁目3番2号
朝日新聞東京本社
電話 03-3545-0131

障害者支援費170億円不足

厚労省が試算 2年続き赤字 財源めど立たず

身体・知的障害者を対象にした障害者支援費制度で、04年度の国の在宅サービスの補助金が当初予算で約170億円不足する見通しであることが22日、厚生労働省の試算でわかった。財源のめどはたっておらず、障害者の生活や市町村財政への影響は避けられそうにない。03年度に始まってから2年連続100億円を超える大幅な不足で、制度は早くも存続自体が危ぶまれる状況だ。

不足が見込まれるのはホームヘルパーを派遣したり、グループホームの運営を支援したりする市町村のサービスで、費用は全額税金で賄う。2分の1を国が補助し、都道府県と市町村が4分の1ずつ負担する。

支援費制度で障害者がサービス内容を選べるようになって需要が掘り起こされ、利用が進んでいなかった知的障害者・障害児のサービスなどが急増。厚労省が昨年11月から今年2月までの利用実績をもとに、04年度に必要な補助額を試算したところ、当初予算の約602億円より約170億円多い約770億円となった。

不足見込み額が最も多いのはホームヘルプサービス。当初予算で約342億円計上したが約480億円必要になる見通しで、不足額約140億円は全体の8割を占める。同省は4月にホームヘルプサービスの報酬単価が引き下げられたことなどで不足額は25億円前後減ると見込んでいるが、残りの約145億円をどう補うか、めどはたっていない。

03年度も当初予算で516億円を計上したが、128億円が不足。省内のほかの予算を流用して約114億円分穴埋めした。障害福祉課は「（2年連続の）流用は極めて困難で、制度上補正予算も難しい」としている。財源が確保されなければ不足分は自治体財政で賄うことになるため、サービス支給を抑える市町村も出かねず、障害者の生活にも影響が出そうだ。

04年度予算で在宅サービスは増額されたが、サービス需要に追いつかない状態。それでも在宅の身体・知的障害者約380万人のうち、制度を利用しているのは1割に満たない。05年度以降も需要はさらに伸びる可能性は高く、制度の抜本的な見直しが迫られる。

キーワード　障害者支援費制度　障害者が自ら必要なサービスの支給を申請して事業者を選び、契約する仕組み。市町村がサービスの内容や事業者を決めていた措置制度を改め、障害者の希望や選択を重視する目的で03年度に導入された。精神障害などは対象外。

解説　不十分な需要把握

障害者支援費の補助金が2年連続で大幅に不足する見通しとなったことについて、厚労省は「予想を超える利用増が原因」と説明する。

しかし、同省は制度導入の際、介護保険のときと異なり、細かいサービスの必要量やニーズに関する実態調査をしていない。潜在的な需要を把握せず、財源確保の見通しをつけないままの見切り発車を懸念する声は導入当初からあったが、具体的な対応策は打たれてこなかった。

国は03年度からの新障害者プランで「障害がある人も、ない人と同じように地域で生きる」という理念を掲げた。支援費制度も、入所施設中心の政策を変えて「脱施設」を進める一環として始まった。

地域での受け皿作りを進めるためにも在宅サービスの充実は重要で、入所施設向けの予算を在宅にシフトすることがかぎだ。だが、約3500億円の支援費予算のうち6割超が入所施設関連に使われ、在宅は20%に満たないという予算配分は04年度でも変わっていない。

現在、精神障害者を含む障害者福祉と介護保険制度の統合が省内で議論されている。一緒になれば財源が確保され、需要増も賄えるというのが大きな理由だ。

しかし、障害者福祉に

出生率1.29 公表17日前に把握

厚労省 年金法審議中は「検証」

03年の合計特殊出生率が過去最低の1・29となった事実を厚生労働省

公表に向けて必要な検証や説明のための資料の

かかるので常識の範囲内のことだろうとは思うが、

落札ティファニー「73%偽物だった」

販売停止を求め米イーベイを提訴

【ニューヨーク＝渡辺知二】米高級宝飾店ティファニーは、米インターネット競売大手のイーベイを通じて偽造品が販売されてブランド価値が傷つけられたとして、販売停止などを求めてニューヨーク連邦地裁に提訴した。21日、米メディアが報じた。ティファニーがイーベイのサイトから任意に落札した商品のうち、73%が偽物で、本物はわずか5%だったという。その他はもともと「ティファニー風」として売り出されていた。

訴えは、偽造品の販売停止のほか、偽造品から得た利益を明らかにするか、偽造品1種類当たり最大100万㌦（約1億1千万円）の支払いを求めている。販売者ではなく仲介者であるイーベイの責任をどこまで問えるかが焦点。

21日夕時点で、イーベイでティファニーの宝飾品・時計を検索すると約4千点が競売中だ。イーベイ側は、自社であらゆる商品のチェックをするのは不可能だとして、商標などの権利を持つ会社が偽物を発見した場合に、個別に競売からの取り除き要求を受け付けている。ティファニーは、従業員2人がかりでチェックを続け、1万9千もの競売停止を実現したという。

素粒子

風の吹きようでは大変になる。大屋根が飛んできたんじゃ仕方ない。台風6号で東海道新幹線の架線切断。11万2千人が迷惑。

×　×

あれだけいい加減な説明態度じゃ仕方ない。小泉内閣支持率がひと月で54%から40%へ急落、不支持42%で逆転したと小紙調査。

×　×

それでも「人生いろいろ」発言を繰り返して平然の首相。よほど自信に満ちているのだろう。さて参院選でどんな風が吹き渡るか。

花おりおり　トモエソウ

文・湯浅浩史　写真・平野隆久

草と木が同居する属はまれ。オトギリソウ属はその少ない例外。低木のキンシバイやビヨウヤナギと同じく、大きな花を咲かせる草本に、トモエソウがある。名は花が開けば一目瞭然。5枚の花弁がスクリューのようによじれた巴《ともえ》型。花は直径4～6㌢で、一日花。全国の日当たりのよい山地に生育。

（2004年6月22日付『朝日新聞』夕刊）

三　障害者自立支援法という抑圧

①全身性重度障害者の自立生活は「見守り」によって保障される

まったく方向性が出ないなかで、厚労省の方向性を飲んでいく厚労省側の団体と、そうでない障害者団体と二つに方向が割れて、そういうところで、また厚労省は福祉学者の論理の障害者自立支援法を出してきました。障害者の就労促進と応益負担という名目での一割の自己負担を柱とする自立支援法を強行に示してきました。

「グランドデザイン」の骨格の中では、支援費制度のときは組み入れられた「全身性」という文言や、また全身性重度障害者の介護の「日常生活支援」という項目がはずされていました。

そこで、即、厚労省の担当者と話し合って、この日常生活支援の項目は重度訪問介護という項目に制度変更するということで、「日常生活支援の現行の保障から重度訪問介護の名称に変わるだけです」という厚労省の確認を得ました。だけど、そこで問題となったのは、日常生活支援の中では「見守り」介護という文言が組み入れられていましたが、重度訪問介護の中では、その文言が組み入れられていませんでした。この見守り介護という文一つがはずされることによって、全身性重度障害者のいのちの線が切られていくのです。しかし、厚労省としては福祉予算削減という強行路線のなかで、この見守り介護という文言を切っていこうという姿勢でした。

そういうところで厚労省とこの見守り介護を自立支援法の中に組み入れさせていくまでに、公的介護保障要求者組合と厚労省との間で一〇回くらいの交渉や事務折衝を行っていきました。自立障害者の生活の一日の介護のグラフを多数、資料（五九、六〇頁）として提出して、やっと「見守り」介護の必要性を厚労省に認めさせて、自立支援法の中にこの文言を組み入れさせました。

“見守り”の文言を省令の中に組み込む動きをしていきましょう

全身性重度障害者の見守り介護は、介護項目の判定の時間決定や想定という特記事項では、全く自立はできなくなります。現在の全身性重度障害者の自立生活は、見守り介護を保障されているからこそ成り立っているのです。全身性重度障害者は、このような見守り生活を含めた自立生活を、厚労省交渉の中で突き出すことによって、全身性重度障害者の見守り介護を、省令の中に組み入れていきましょう。

現在、厚労省の中では、一つ一つの介護に対して何分かかるか調べて、少し時間のかかる人については、特記事項として、おまけのような付け方をしていこうとしています。全身性重度障害者の24時間の自立生活は、そういうところで対応されたら、自立生活そのものができなくなります。

この見守り介護については、市区町村から都道府県にあげて、都道府県から厚労省にあげさせていくという動きに、即、していきましょう。

全国公的介護保障要求者組合
委員長　新田勲
事務局〒186-0005
東京都国立市西2-9-74富士見ハイツB-1階
tel/fax 042-577-4614

福祉の仕事の休みの日の24時間1日の介護（見守りを含む）の日程表　1系統

障害名：脳性麻痺による四肢機能障害
介護度認定：要介護5

疾病：19歳の時、重い危篤という経緯をやりそれ以降、慢性気管支炎、また、喘息、頸椎骨[illegible]、[illegible]、[illegible]、年齢も備わって、緊張緩和剤や気管支系統の痛み止めの薬を日常的に飲んでいるため、[illegible]、大便を出[illegible]弱くなって大便が1時間半、小便が30分かかる。　24時間 常時 足文字によるコミュニケーション

午後

③食後の片付け。歯磨き。トイレ。
②朝から気管支系統がやられているので、食後30分おいてその薬を時間をかけて大量に飲む。食事は体力を使うので食事が済んだあとは常に着替える。
①抱きかかえてベッドに移乗、口の重い障害のために、起きたままで食べ物をかんだり、飲み込んだりできないので、横になってスプーンで口に入れてもらう。かむ力、飲み込む力が弱いので時間をかけてすこしずつ入れてもらう。口の中の食べ物がのどを通るとき、気管に入り咳き込んで10～20分休みながら食べさせてもらう。

介護者が付き添って電動車いす、また体調によっては手動車いすで買い物に行く。トイレ。
洗濯たたみ。

足文字の読みとりと書きとり。資料読み、パソコン打ち込み。
途中、必要ごとに水分をとる。トイレに行く。
気管支系統、発作の薬を飲む。着替える。体位補整。咳を止めるスプレーの吸入。福祉関係ビデオ録画予約 1時間30分

この表の3系統については、日常生活の中の6割位の日程表の中でのヘルパーの介護であります。その他、風邪をひいた時や体調の悪い時は15分位で着替えや吸引など介護は重労働となる。

午前

まず風呂場と風呂桶を洗う。風呂にお湯をためて着替えとバスタオルと洗面用具を用意する。車いすを脱衣室に入れて、水分をとってから二人がかりで脱がして風呂に入れて洗う。湯冷めするので途中2~3回湯船につかる。時々、トイレに行く。
風呂からあがって、水分をとって少し汗がひいてから着せてもらう。お湯を流す。

たまった手紙やFAX、メール等を読んでもらいながら整理する。

トイレ、洗面。布団をめくる。
抱きかかえてベッドに移乗。パジャマに着替える。

気管支喘息の発作が出る。咳が続いてのどに痰がつまってきて、何回も吸引と咳を止めるスプレーの吸入。薬、水分をとる。体位交換。
抱き起こしてトイレに行って布団に寝かす。時々、激しく苦しい緊張の発作が出る。それを抑える薬を飲む。薬が効くまで介護者に体を押さえてもらう。

着替える。洗面、水分をとる。
爪切り、ひげそり、トイレ、洗面所、掃除、ごみ整理、ごみ出し。洗濯、布団や部屋の整頓。水分をとる。全身を着替える。

布団を干す。衣類の整理、棚ふき、または通院。
①食事作り。足文字で料理のメニューやその他のコミュニケーションをとりながらするのに時間がかかる。
②抱きかかえてベッドに移乗。口の重い障害のために、起きたままで食べ物をかんだり、飲み込んだりできないので、横になってスプーンで口に入れてもらう。かむ力、飲み込む力が弱いので時間をかけてすこしずつ入れてもらう。口の中の食べ物がのどを通るとき、気管に入り咳き込んで10~20分休みながら食べさせてもらう。③朝から気管支系統がやられているので、食後30分おいてその薬を時間をかけて大量に飲む。食事は体力を使うので、食事が済んだあとは常に着替える。④食後の片付け。歯磨き。トイレ。

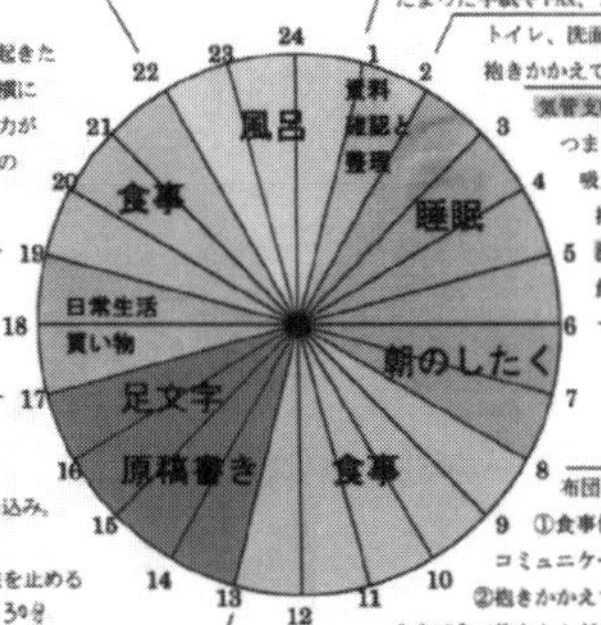

福祉の仕事をしている24時間1日の介護（見守りを含む）の日程表　2系統

障害名：脳性麻痺による四肢機能障害
介護認定：要介護5

疾病：19歳の時、重い危篤という経験をやりそれ以降、慢性気管支炎、また、喘息、頸椎軟骨症、腰痛、痔瘻、アテトーゼ、年齢も備わって、緊張緩和剤や気管支系統の痛み止めの薬を日常的に飲んでいるため、膀胱の収縮、大便を出す力が弱くなって大便が1時間半、小便が30分かかる。　24時間 年中 足文字によるコミュニケーション

午後

③食後の片付け。歯磨き。トイレ。
②肺から気管支系統がやられているので、食後30分おいてその薬を時間をかけて大量に飲む。食事は体力を使うので、食事が済んだあとは常に着替える。
①抱きかかえてベッドに移乗。口の重い障害のために、起きたままで食べ物をかんだり、飲み込んだりできないので、横になってスプーンで口に入れてもらう。かむ力、飲み込む力が弱いので時間をかけてすこしずつ入れてもらう。口の中の食べ物がのどを通るとき、気管に入り咳き込んで10～20分休みながら食べさせてもらう。

⑦帰宅後、洗濯たたみ。

⑥足文字の通訳（コミュニケーションと仕事と）。

⑤水分をとる。着替え。発作の薬を飲む。

④会議や事務の書類を見ながら仕事に入る。足文字の通

③車から降りて仕事場で着替える。トイレ。緊張発作の薬、水分をとる。咳を止めるスプレーの吸入。

②多摩、東京、埼玉、千葉と各地方面、水分や着替え、トイレ、緊張発作の介護を受けながら、車や週5日は公共交通機関を使って仕事場に行く。
①車いすに抱きかかえて移乗。出かける用意。会議や交渉の書類の準備。トイレ。下着やよだれ用、水分をとる用のタオルをかばんにつめこむ。車いすを乗せる車の準備。車用のスロープや私を抱きかかえて車に乗せる。スロープをたたんで車に入れる。

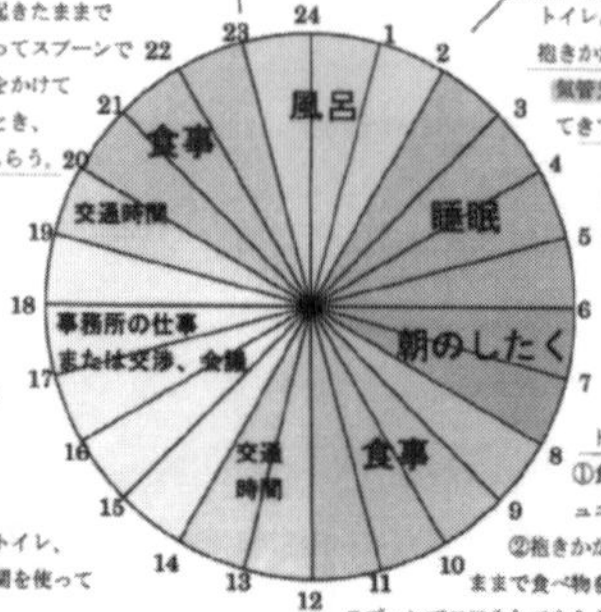

午前

まず風呂場と風呂桶を洗う。風呂にお湯をためて着替えとバスタオルと洗面用具を用意する。車いすを脱衣室に入れて、水分をとってから二人がかりで脱がして風呂に入れて洗う。湯冷めするので途中2~3回湯船につかる。時々、トイレに行く。風呂からあがって、水分をとって少し汗がひいてから着せてもらう。お湯を流す。

トイレ、洗面。布団をめくる。
抱きかかえてベッドに移乗。パジャマに着替える。

気管支喘息の発作が出る。咳が続いてのどに痰がつまってきて、何回も吸引と吸入。薬、水分をとる。着替える。

抱き起こしてトイレに行って布団に寝かす。時々、激しく苦しい緊張の発作が出る。それを抑える薬を飲む。薬が効くまで介護者に体を押さえてもらう。着替える。洗面、水分をとる。体位交換。

爪切り、ひげそり、トイレ、洗面所、掃除、ごみ整理、ごみ出し。

洗濯、布団や部屋の整頓。
トイレ、水分をとる。全身を着替える。

①食事作り。足文字で料理のメニューやその他のコミュニケーションをとりながらするのに時間がかかる。
②抱きかかえてベッドに移乗。口の重い障害のために、起きたままで食べ物をかんだり、飲み込んだりできないので、横になってスプーンで口に入れてもらう。かむ力、飲み込む力が弱いので時間をかけてすこしずつ入れてもらう。口の中の食べ物がのどを通るとき、気管に入り咳き込んで10～20分休みながら食べさせてもらう。③肺から気管支系統がやられているので、食後30分おいてその薬を時間をかけて大量に飲む。食事は体力を使うので、食事が済んだあとは常に着替える。④食後の片付け。歯磨き。トイレ。

ヘルパー講師をやる時の24時間1日の介護（見守りを含む）の日程表　3系統

障害名：脳性麻痺による四肢機能障害
介護認定：要介護5

疾病：19歳の時、重い危篤という経験をやりそれ以降、慢性気管支炎、また、喘息、頸椎軟骨症、腰痛、痔瘻、アテトーゼ、年齢も備わって、緊張緩和剤や気管支系統の痛み止めの薬を日常的に飲んでいるため、膀胱の収縮、大便を出す力が弱くなって大便が1時間半、小便が30分かかる。　24時間 年中 足文字によるコミュニケーション

午後

③食後の片付け。歯磨き。トイレ。
②肺から気管支系統がやられているので、食後30分おいてその薬を時間をかけて大量に飲む。食事は体力を使うので食事が済んだあとは常に着替える。
①抱きかかえてベッドに移乗。口の重い障害のために、起きたままで食べ物をかんだり、飲み込んだりできないので、横になってスプーンで口に入れてもらう。かむ力、飲み込む力が弱いので時間をかけてすこしずつ入れてもらう。口の中の食べ物がのどを通るとき、気管に入り咳き込んで10～20分休みながら食べさせてもらう。

ヘルパーという仕事は障害者個々の疾病、病状、その個人の生活の現場合わせの仕事です。介護項目の判定で生活を合わせて生きていけるようなものでは絶対にないのです。

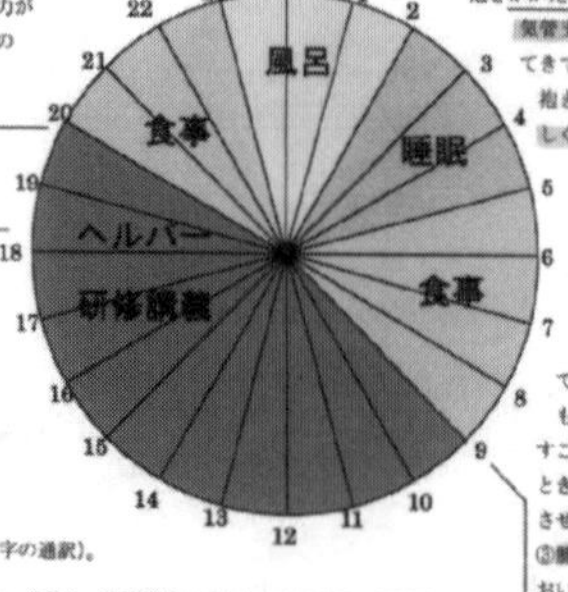

講義の通訳（足文字の通訳）。

必要ごとに、水分をとる。気管支系統、発作の薬を飲む。着替え。体位補整。咳を止めるスプレーの吸入。

午前

まず風呂場と風呂桶を洗う。風呂にお湯をためて着替えとバスタオルと洗面用具を用意する。車いすを脱衣室に入れて、水分をとってから二人がかりで脱がして風呂に入れて洗う。湯冷めするので途中2~3回湯船につかる。時々、トイレに行く。風呂からあがって、水分をとって少し汗がひいてから着せてもらう。お湯を流す。

トイレ、洗面。布団をめくる。
抱きかかえてベッドに移乗。パジャマに着替える。

気管支喘息の発作が出る。咳が続いてのどに痰がつまってきて、何回も吸引と吸入。薬、水分をとる。着替える。抱き起こしてトイレに行って布団に寝かす。時々、激しく苦しい緊張の発作が出る。それを抑える薬を飲む薬が効くまで介護者に体を押さえてもらう。

①食事作り。足文字で料理のメニューやその他のコミュニケーションをとりながらするのに時間がかかる。
②抱きかかえてベッドに移乗。口の重い障害のために、起きたままで食べ物をかんだり、飲み込んだりできないので、横になってスプーンで口に入れてもらう。かむ力、飲み込む力が弱いので時間をかけてすこしずつ入れてもらう。口の中の食べ物がのどを通るとき、気管に入り咳き込んで10～20分休みながら食べさせてもらう。
③肺から気管支系統がやられているので、食後30分おいてその薬を時間をかけて大量に飲む。食事は体力を使うので、食事が済んだあとは常に着替える。
④食後の片付け。歯磨き。トイレ。

厚労省・見守りという文言を
省令の中に入れるように要求していきましょう！

2006年3月18日

厚労省が自立支援法という中で重度訪問介護という項目から
どうして見守り介護という文言をはずそうとするのか？
（現在この見守りという文言に対して厚労省の中で協議中です）
——そのことについての新田勲の緊急事態分析——

全国公的介護保障要求者組合委員長　新田勲

■はずされようとしている「見守り」介護

私たちは自立支援法という厚労省の方針案のうわべだけの「自立」案の問題点や「自立」という提起に対して、いかに甘くとらえて厚労省とやりとりして動いてきたか。厚労省の裏の意図する自立支援法の意味は、そんな甘いものではまったくないのです。

全身性重度障害者の脳性マヒ、筋ジス、ALS、知的、頚損という重度障害者は支援費制度の中での日常生活支援の見守りというひとことの文言によって、これらの全身性重度障害者の自立そのものの介護保障が全国的に全員、保障されて、24時間見守りが必要な障害者はそれにそって自立生活が保障されてきました。

こんどの自立支援法の中では、その見守りという文言がはずされようとしているのです。それどころか、自立支援法の介護の判定は介護保険の判定をまるまる使って、知的・精神が組み入れられ、そこで104項目の判定の決定基準となっているわけです。また、加えて、医者という一番の権力者の診断書を提出させていく意味、また、審査会をかけていく意味を問わなければなりません。

■介護保険と同様の判定項目の問題点

さて、いまから本題に入ります。

介護保険という国としての介護の制度や理念は、この制度が利用できる最大限の介護保障としてあります。この介護保険の判定項目こそが国民公平・平等の保障として厚労省は位置づけています。今回の自立支援法の介護の判定はその介護保険判定の項目が全部使われていくのです。そういうところで、見守りという文言をはずそうということで、全身性重度障害者の介護の保障というのは、当然、介護保険と同じ支給量の判定と介護時間に減らされていくのです。そこには見守りという時間が含まれていない以上、そうなっていくのです。また、そこで判定に文句が出ても、「医者の判断ですよ」とひとことで支給量を切っていくために診断書というものを強制していくのです。介護保険の支給量は月36万で一日4時間の介護の保障です。見守りという文言をはずすことで、どんどん介護保険の支給量に近づけて公平・平等にもっていって、国の予算を縮小しようとしているのです。

1

また、ALSにしても筋ジスにしても見守りという文言がなければ、隣近所の巡回型のヘルパーが2、3分ちょっと来て、痰だけとって戻っていくという事業所も出てきます。見守りという文言がはずされて、介護保険の判定項目で介護時間だけ支給量を査定されていけば、当然、このような介護保険の一日4時間という介護体制となっていくのです。

■見守り介護の文言の必要性

さて、私の個人的なことからもう少し説明します。北区では、北区の判断として一日16時間の介護を日常生活支援で認めています。だけど、昨年65歳になって介護保険優先というところで、日常生活支援が11時間で介護保険が4時間となりました。一応、介護保険は要介護5と判定されましたが、その前に北区と話し合いました。

「いま北区では私の介護については16時間として認めていますが、介護保険の判定が要介護5と出なくて、要介護4とか3とか判定が出ても、北区として合計16時間の保障はしてくれますか？」と言ったら、「新田さんについてはすでに北区として16時間ということが判断されていますので、日常生活支援の中では見守り介護という文言の介護保障がついていますので、たとえ介護保険の判定が要介護4でも3でも関係なく、北区としては16時間は絶対に保障しますので介護保険の判定は気にしないで下さい」ということだったのです。

そういうところで、万が一見守りという文言がなかったら、どうなっていくのでしょうか？当然、そこでは介護保険が優先ですので極端にいうと、見守りという文言がはずされれば、65歳以降は介護保険だけの支給量にさせられていくということも考えられます。市区町村の行政の判定はとくに介護の支給量を判断する時点で、見守りという文言を基本において支給量が決定されて対応されています。

■「見守り」を組み入れる行動を！

今回、厚労省としては障害者制度を介護保険には組み入れませんということ

2

でした。国の意図するところは、いま組み入れるとうるさいということも考えて、前文のところが基本にあればこそ、見守りという文言をはずそうとしているのです。いま、そく厚労省に対して、この見守りという文言を省令の中に組み入れさせていくという動きをしないと、全身性重度障害者の脳性マヒ、ALS、筋ジス、頚損、その他の自立生活、いのちそのものはなくなってしまいます。

みなさん、よく考えてください。現行の支援費の中で身体、家事、移動、この項目には見守りは入ってなかったけれど、みなさんが時間単価が低いと批判してきた日常生活支援の項目の中に、はっきりと見守りという文言が含まれて、そこで全身性重度障害者は介護保障がされて、見守りの体制をつけて生きてきたのです。その見守りという文言がはずされて、その体制じたいがとれなくなるのです。それで全身性重度障害者はどうやって自立していけばいいというのでしょうか？そこでは死ぬか、また山奥の施設にもどって行くしかなくなってしまうのです。

現在、組合として厚労省に対して「省令の中で重度訪問介護に見守りという文言を入れてください」とやりとりをしています。全国大行動の世話人会でも提起していますが、前回の交渉では曖昧なまま終わりました。

介護保障というのは全身性重度障害者を基本としてその理念を持って動かない限り、障害者そのものの保障なんてまったくよくなって行きません。いまのところ、交渉の経緯の中では厚労省のほうが理解をされているようにとれます。その辺で、そく厚労省とつめていく動きをしないと、取り返しのつかないことになりますので、よろしくお願いします。

3

2006年8月15日

厚生労働省社会・援護局
障害保健福祉部障害福祉課御中

要求書、および質問状

尾上浩二・益留俊樹・新田勲

日々、福祉にご尽力いただき、厚く御礼申し上げます。

さて、時期的に10月に向けての最終的な告示やその他の自立支援法に向けての国法が出る時期に入りました。もうすでに出ていますが、肝心の具体的な中身となると、いろんな問題があって、現在の支援費制度に沿って直していただかないと、全身性重度障害者の自立生活なんてまったくできなくされていきます。私たちは「支援費制度よりたくさん増やせ」といっているわけではないのです。私たちは、私たちの自立の既得権として支援費制度と同等の保障を経過措置として継続してくださいとお願いしているだけです。

やはり、福祉制度を厚労省がどのようにいじくろうと、現在の保障を締めつけたり、切っていかないのが原則です。そこをやられたら、弱者は殺されていくのです。もうすでに自立支援法という仕組みの中で、障害者をかかえている家族は自己負担をとられてはやっていけないということで、障害児殺しや心中が起こっています。厚労省は、このようなことをいったいどのように思っているのか。

1. 「見守り」という文言を障害者の意向に沿って法令に組み入れてください

さて、前回の事務折衝の話し合いの引き続きに入ります。まず、前回、提出した要求書の中の1番から入ります。この問題について「見守り」という文言が法令に入ると決まったけれど、告示の中に組み込むのか、またはその他の法令の中で示されていくのか、そこが決まっていません。また、見守りという文言のこちらの趣旨案について、その具体的な文言がはっきりと文書で確認されていません。

2. 「全身性重度障害者」という文言を法令に組み入れてください

また、要求書の2の全身性重度障害者の文言について、この文言はそちらで組み入れる必要がないというところではずされたようですが、この文言については身体障害者福祉法の中でも謳われているし、今回、3障害一本化といっても全身性重度障害者の介護保障として長い歴史があります。東京都の重度脳性マヒ者派遣事業から始まっ

1

て、脳性マヒ者等になり、そのあと全身性重度障害者派遣事業となって、そのあと全身性重度障害者の日常生活支援となって、その継続として自立支援法の中で、その一環の別枠として重度訪問介護という項目が取り組まれたはずです。だとしたら、全身性という文言は組み込まれて、ごく自然のことです。この全身性という文言があってこそ、重度訪問介護という制度の趣旨が活きてくるのです。重度訪問介護が日常生活支援の継続ですという以上、この全身性重度という文言を組み入れてください。

3. 現在、日常生活支援を受けている全身性障害者は、重度訪問介護の中に組み入れてください

要求書の3については、前回の話し合いの中で厚労省としても、「区分判定調査の結果、重度訪問介護から落ちた人を10月から、即、切り捨てていくことはできないし、福祉制度には経過措置ということもあるので、そのへんのことは内部に持ち帰って検討します、一概に区分判定がこうだからといって切ったら死ぬことは厚労省もわかっていますので、そうならないように検討します」ということだったと思いますので、その辺答えてください。

4. 見守り介護に対して、障害程度区分による枠をはめないでください

要求書の4については、すごく問題があるし、脳炎障害のアテトーゼや不随意運動のある障害者はほとんど生活ができなくされていきますので、その辺ひとつひとつ確認させてください。

5. 65歳になった障害者を、即、介護保険に移行するようなことはやめてください

5についてもはっきりさせていく必要があると思いますので、この10月までに明確にしてください。もう自立支援法、その予算も国家の義務経費となったはずです。だとしたら、障害者については障害者として自立支援法の中で対応するべきです。

6. ヘルパー報酬の請求書式を簡略化してください

さて、今回の自立支援法のヘルパー報酬の請求書式について、まったくふざけていると思います。請求書式を記入する欄ばかりたくさんあって、それを記入するのに介護時間が多くとられて、全身性重度障害者のように頻繁に介護を要する障害者は非常に生活の介護に支障をきたしています。私たちの長年の自立の介護保障の活動の中で、厚労省に対してヘルパー報酬請求書の簡略化ということを言い続けて、ヘルパー制度の時代の中でそれがやっと実現して4、5年続いたかと思ったら、支援費制度の中で

2

また時間のかかる書式に戻されて、しかも今度の自立支援法の中では高齢者と同様の介護のヘルパー報酬の書式にされてしまいました。まったく、日常生活やその動作も介護の世話も、たいして変わらないのです。それを毎日くだくだ記入して聞かれて、このような介護時間に使われていくこと自体、まったくその紙代や事務経費、これこそ国家予算の無駄経費と思いませんか。障害者の疾病やその介護なんて、かわらないのです。

このままだと、自立そのものの日常生活の介護に支障をきたします。現実に疲れ切って戻ってきて、そういうものを書くどころではないのです。せめて、支援費制度の書式に戻してください。

コミュニケーションのたいへんな障害者はそれを教えられない状態の人がたくさんいます。やはり、厚労省ともあろうものが、障害当事者が介護者に教えられないものを作って、それを平然として障害者に押し付けていること自体、まったくおかしいことです。障害当事者が能力があるとかないとかでなく、いまの書式の中ではほとんどの障害者は書けないし、そこまで理解するだけの体調はもってないということです。やはり、健全者がつくるものは障害者の体調や、どういう状況か、そこまで考えていないからこそ、こういうものを作れるのだと思います。とにかく、書式に関しては簡略化してください。

以上、よろしくお願いします。

続いて、以下、重度訪問介護に関連する事項を質問させていただきます。

質問1. ヘルパー報酬の減算について

障害保健福祉関係主管課長会議　平成18年3月31日開催
資料1－1「障害者自立支援法による基準・報酬について(案)」、7ページから引用

Ⅰ 訪問系サービス
1. 居宅介護等の報酬基準
短時間の集中的な提供（身体介護、家事援助）と長時間の滞在による提供（重度訪問介護、重度障害者等包括支援）といったサービス内容の実態に適した報酬基準とするとともに、特に重度の障害者の方々について配慮する。

〔身体介護、家事援助〕
○ 短時間に集中的にサービス提供を行うことが期待される身体介護と家事援助については、30分単位の単価設定とするとともに、身体介護、家事援助それぞれについて1．5時間を基本とする報酬を設定する。

3

・身体介護

⇒1．5時間で580単位。なお、排泄に時間を要する者等への対応のため、30分当たり75単位とする（3時間まで）

・家事援助

⇒1．5時間で225単位。

○ なお、市町村が特にやむを得ない事情があると判断した場合には、報酬基準時間（身体介護で3時間、家事援助で1．5時間）を超える部分につき、30分当たり70単位増とする。

○ 従事者の資格要件については、短時間に集中して支援を行うという業務内容を踏まえて、1級又は2級ヘルパーを基本とする。なお、3級その他の者（支援費制度において身体介護、家事援助又は日常生活支援に係る業務に従事した経験を有する者）がサービス提供を行った場合には、身体介護で30%、家事援助で10%の減算を行う。

⇒ここでいう、身体介護、家事援助以外（たとえば、重度訪問介護）は減算しないということですね。

質問2.「重度訪問介護従業者の資格要件」について

障害保健福祉関係主管課長会議　平成18年6月26日開催
資料6「居宅介護従業者等養成研修について」、17ページから引用

重度訪問介護従業者の資格要件

○H18年10月以降（重度訪問介護）

1．サービス提供責任者資格要件

イ）介護福祉士

ロ）介護職員基礎研修の終了者

ハ）居宅介護従業者養成研修1級課程の修了者

ニ）居宅介護従業者養成研修2級課程の修了者であって3年以上介護等の業務に従事した者

ホ）サービス提供職員のうち相当の知識と経験を有する者

2．サービス提供職員資格要件（※1）

イ）介護福祉士

ロ）介護職員基礎研修の終了者

ハ）居宅介護従業者養成研修1級、2級又は3級課程の修了者

ニ）重度訪問介護従業者養成研修修了者（※2）

4

※1 サービス提供職員については、当分の間、平成18年9月30日において、現に居宅介護事業に従事した経験を有する者であって、都道府県知事が必要な知識及び技術を有すると認めた者についても従事することを可能とする。

※2 平成18年9月30日までの間に従前の日常生活支援従業者養成研修を修了した者を含む。

⇒みなし規定も含むという文言が入っていないことについて、「当分の間」ということが明記されていますが、それではいずれ「みなし」は切るつもりなのですか。

質問3.「重度訪問介護加算対象者」について

障害保健福祉関係主管課長会議　平成18年3月31日開催
資料1－1「障害者自立支援法による基準・報酬について(案)」、8ページから引用

〔重度訪問介護〕

○ 長時間滞在型の重度訪問介護については、1日につき3時間超の支給決定を基本とする一方で、30分単位で一律に報酬額が上昇していく仕組みを改め、ホームヘルパーの1日当たり費用を勘案して8時間を区切りとする単価設定とする。その際、区分6（要介護5程度）の者については7.5%、重度障害者等包括支援の対象者の要件に該当する者については15%の加算措置を講じる。

	3～4時間	8時間
4月～9月（日常生活支援）	642単位＊	1,390単位
著しく重度の者（+15%）	736単位（+14.6%）	1,426単位（+2.6%）
区分6の対象者（+7.5%）	688単位（+7.2%）	1,333単位（△4.1%）
その他	640単位（△0.3%）	1,240単位（△10.8%）

＊3.5時間と4時間の平均単価

○ 8時間超は、管理コストが逓減することを踏まえ、8時間までの報酬単価の95%相当額を算定する。

障害保健福祉関係主管課長会議　平成18年6月26日開催
資料6「居宅介護従業者等養成研修について」、21ページから引用

重度訪問介護加算対象者

1．＋15%…重度障害者等包括支援の対象者の要件に該当する者

5

○ 障害程度区分が 区分６（要介護５程度）に該当する者のうち、意思疎通に著しい困難を有する者であって、以下に掲げる者

類型		状態像
重度訪問介護の対象であって、四肢すべてに麻痺等があり、寝たきり状態にある障害者のうち、右のいずれかに該当する者	気管切開を伴う人工呼吸器による呼吸管理を行っている身体障害者 Ⅰ類型	・筋ジストロフィー ・脊椎損傷 ・ALS・遷延性意識障害
	最重度知的障害者 Ⅱ類型	・重症心身障害者

2. ＋7.5%…区分６（要介護５程度）の者で重度障害者等包括支援の利用者像以外の者

※ 加算対象となる特に重度の障害者に対し支援を行う者については、利用者が医療的ケアを必要とする者が多いこと等を踏まえ、緊急時の対応等についての付加的な研修を受講していることを要件とする。

⇒この辺、確認します。重度訪問介護という項目に入るのに、障害程度区分４からとなっていますが、区分１、２、３が決定した者について、現行の介護保障として経過措置の生活保障をどのように責任をとってくれるのですか。

また、区分４と決定された障害者については、重度訪問介護イコール見守り介護の一体化ということで確認していいですね。だとしたら、加算というかたちでお金が増えることはたいへん助かりますが、区分６の医療介護をモデルにして、そこを基本として要介護５に相当する障害者について、そこにあてはまるとわざわざ書く必要もないし、この書き方は区分６に医療行為を中心として、そこの行為にあたる区分６（要介護５）の人からしか、見守り介護も認めない、というように受けとめられていきます。

見守りというのは、そもそも緊急の時に対応するのがその趣旨です。この辺のことは厚労省として医療行為を基本としている以上、見守りも区分６からしか認めないと受け取られるおそれがあります。

今回の自立支援法という法律は障害・疾病を超えるという性格の制度です。だとしたら、このように障害の機能・疾病をずらずら書いていること自体、まったくおかしいことです。この辺、やはり医療行為を基本として、その介護自体も医療を中心にしています。自立支援法という制度の性格をまったく無視しているし、どこまで話したら理解してくれるのですか。

また、加算対象者について、どういう要件か、具体的に示してください。
以上、よろしくお願いします。

6

重度訪問介護についての国会答弁

@2006年6月14日衆議院国土交通委員会

（園田議員）

現行の日常生活支援がプラス外出介護という定義が、今回の障害者自立支援法の中の重度訪問介護の中にきちっと含まれているかどうか。そして、見守り介護というものが重度訪問介護の中に明確に含まれているのか。

（中村局長）

重度訪問介護は、これまで別々のサービスとして提供されてきました日常の生活支援、これは今お話がありましたように、身体介護、家事援助、見守り等の支援を行う日常生活支援でございます、それにプラス、屋外での移動に著しい制限のある全身性障害の方々などに対しまして外出時の介護を行う外出介護、この両方を行うということで重度訪問介護というものはつくられました。したがいまして、当然、外出介護は含まれている。見守り介護につきましても、ご質問がありましたので改めてお答え申し上げますが、従前より日常生活支援の一部として見守り介護は提供されてまいりましたので、重度訪問介護においても含まれております。

②許しがたい介護報酬の引き下げ

自立支援法によって介護料の単価が下がり、そのなかでも支援費の日常生活支援の単価より重度訪問介護に移行されてからいちだんとその単価が下げられて、事業所の経費が出なくてヘルパーもたくさん辞め、障害者にヘルパーを派遣できなくなって相当苦しい状況にある事業所がどんどん出ています。基準該当事業所もグループホームも、ヘルパーを要請してもそのヘルパー自体が生活できないと辞めていくのです。東京都のなかではすでにヘルパーの仕事に就きたいという人はまったく出てこないという現状です。

そもそも身体介護のほうが時間給が高くて、それ以上の重度障害者のきつい三Kの介護については、身体介護の半額以下の時間給であり、そのこと自体、まったくおかしいことなのです。このことについては、支援費制度の日常生活支援のときの、厚労省との一年以上の話し合いのなかで、「日常生活支援の項目は全身性重度障害者を対象としてその自立の日常生活の見守りという介護の時間も含めて、介護を保障していきます。二四時間の介護の必要な障害者に対して身体介護と同等の単価をつけていくことは、国家の財政状況のなかでは不可能ですので、そこは身体介護と日常生活支援とを、障害者の自立

図1．日常生活支援と重度訪問介護の報酬単価の比較（1日24時間）

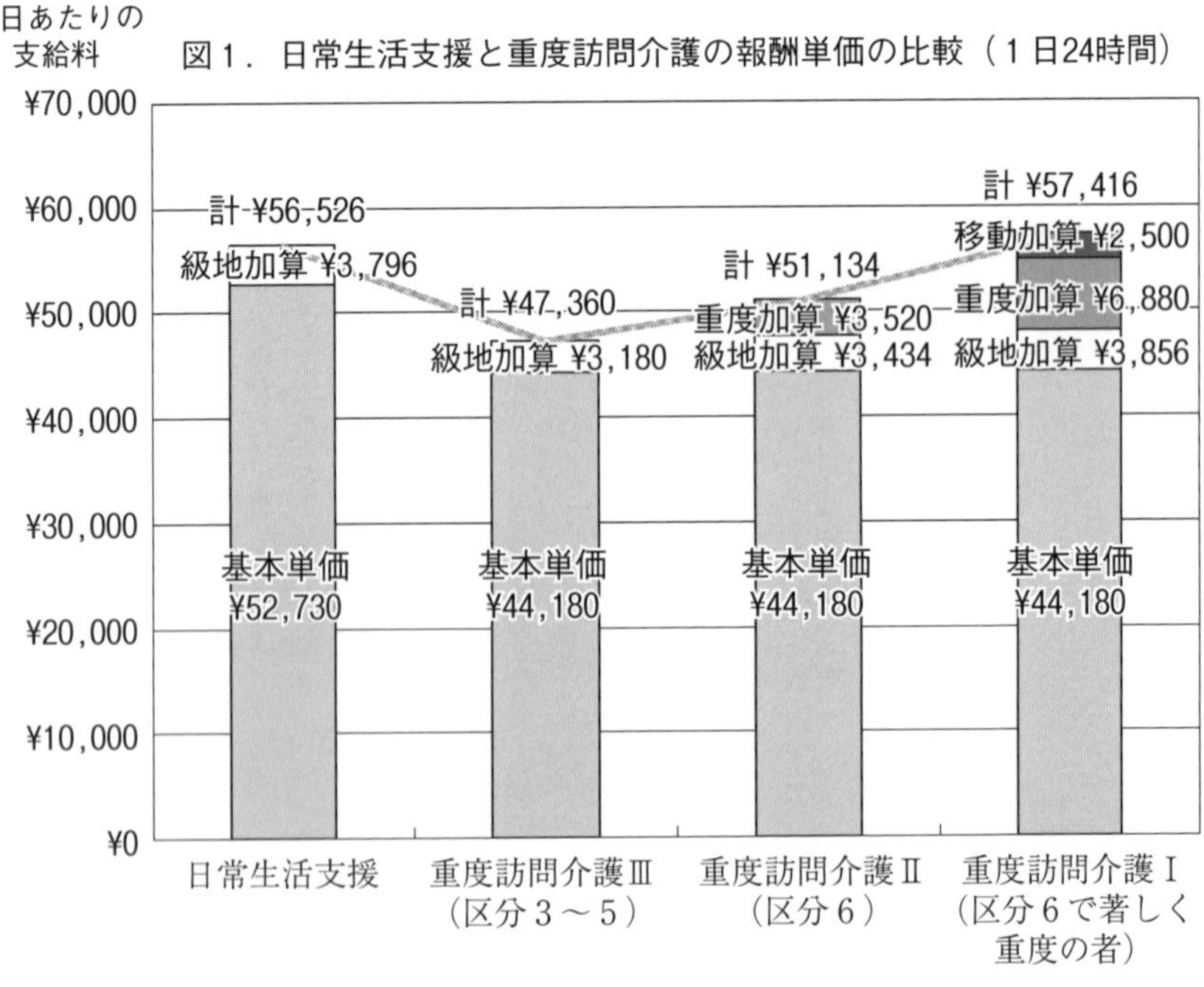

朝日新

1万5千人「自立支援法見直しを」

障害者に福祉サービスの原則1割負担などを求める障害者自立支援法が10月から本格施行されたのを受け、障害者や支援者ら約1万5千人（主催者発表）が31日、東京・日比谷公園で集会を開いた。集会後、車いすの人も一緒に銀座を歩き、「負担で自立を妨げるな」と同法の見直しを訴えた。

集会は日本障害者協議会（勝又和夫代表）などの呼びかけ。負担増により、施設での入浴回数を減らしたり、訪問介護が減って寝たきりの人の床ずれができやすくなったり、障害者の生活に支障が出ている現状を報告し合った。

障害者自立支援法の見直しを訴えデモ行進する人たち＝31日午後、東京都中央区で、遠藤真梨撮影

（2006年11月１日付『朝日新聞』）

朝日新聞　2007年2月6日　朝刊　1ページ　東京本社

福祉サービス

障害者1600人、利用中止

自立支援法　負担増響く

福祉サービスに自己負担を求める障害者自立支援法による影響で、全国で約1600人が施設サービスの利用を中止し、4千人余りが利用回数を減らしたことが、厚生労働省の調査で分かった。昨年4月から10月までについて負担増を理由に利用を減らしたケースを同省が初めて全国調査した。政府は利用抑制が障害者の生活に与える影響を分析したうえで、負担軽減策を進める方針だ。

昨年4月に施行された障害者自立支援法は、福祉サービスを原則として「1割負担」にした。

厚労省によると、入所サービスと通所サービスについては都道府県を通じて施設に照会し、全都道府県約22万人の利用状況について回答を得た。

それによると、約13万5千人の入所サービス利用者のうち598人（利用者の0・44％）が、約8万6千人の通所サービス利用者では1027人（同1・19％）が、負担増を理由に利用をやめていた。通所サービスの利用回数を減らしたのは4114人（同4・75％）に上った。ホームヘルプなど在宅サービスについては30府県から約22万5千人の利用状況について回答を得た。このうち849人（同0・38％）がサービス利用を中止し、2099人（同0・93％）が利用回数を抑制していた。

厚労省は「『利用抑制』は、利用者負担の影響が出ていることが数値として示されたのではないか。サービスの必要な人が受けられないことがないように、フォローするよう指導している」としている。政府は07年度から2年間で240億円の自己負担軽減策を計上する方針で、自己負担の上限額引き下げなどを盛り込んでいる。

（2007年２月６日付『朝日新聞』）

生活に応じて使ってください。日常生活支援の介護のきつさによって、身体介護と日常生活支援と組み合わせて使っていくこともかまいません」ということでした。今回の自立支援法のなかでもタテマエはそうなっていますが、実施主体に下りればほとんどの全身性重度障害者については、単価の下げられた重度訪問介護しか適用されていません。

実施主体の市区町村では今回の自立支援法という国の単価引き下げ、上限枠の締め付けのなかで、重度訪問介護における見守り介護の締め付けや、同時に新規に自立して利用しようとする障害者に対して市区町村が介護時間の上限枠を勝手につけてすごく短い介護時間しか認めなかったり、また、六五歳になった障害者については介護保険優先ということで重度訪問介護の時間を廃止して介護保険の時間しか出さないようにもっていこうと、自立障害者の生活に対して抑圧をかけてきています。

そもそも自立支援法は障害者の就労を基本としていますが、全身性重度障害者や知的障害者の就労と言っても、その道は乏しいし、また、一般的な会社で雇ってくれるのはお情けなのです。そこでの労働賃金と言っても、月に五〇〇〇円以内です。確かに、動ける障害者はそれ以上取っていますが、ほとんどの重度と呼ばれる障害者についても生活できるまでの給料は取れないのです。それがわかっているから、基礎年金が支給されているのです。それなのになぜ応益負担という利用料を取るのか、そもそも生きていく上で介護を必要とする障害者が介護を使うことが「益」なのでしょうか。まったく国のやることはどう見てもおかしいことです。

四 「自立」と「統合」の強制は国家責任の放棄

①行政が押し付ける「自立」

さて、東京都の美濃部都政の時代に施設をどんどんつくっていこうという方向が出されていましたが、府中療育センターの都庁テント座り込みの闘いのなかで、障害者の生活や自立においては、施設から健全者の社会で同じように生活していくことが確認されました。

東京都で、障害者が地域に住むための介護保障や生活保障を障害者と行政が一体となって話し合って進めていた頃、地方の障害者福祉の動きは行政や親たちの意向だけで進められて、どんどん施設をつくって障害者を収容することが中心とされていました。長野県などは山奥に五〇〇名の障害者を収容する大規模施設をつくって、家族の中で隠されて生きていた障害者や座敷牢に閉じ込められていた障害者、また、蔵に閉じ込められていた障害者をどんどん収容して、そこだけで生かされたと言われています。また、親が子どもに会いにその施設に行くのには、朝早く出て夕方着いて宿泊し、あくる日帰っていくという、そういう辺鄙なところに建てられたと言われます。私も同じようなところの施設にいて、親が相当な時間をかけて面会に来ていましたが、親の苦労は生半可ではありません。

支援費制度に移行されて、措置から契約となり、その辺から施設収容から「自立」ということが国の意向として各地方行政に強制されて、国から施設への補助金がどんどん減らされていきました。そのなかで、親は子どもを施設に置いておきたいと泣いて願うのも関係なく、少しずつ地域に戻し、「自立」という方向に転換させていったと言われます。

支援費制度から自立支援法になって、施設を縮小するという国の意向のなかで、グループホームや作業所では「自立」「就労」という方向に転換されていきました。グループホームでは、自立支援法によって今までの利用者一人当たりいくらでなく、利用日数に応じて支払われるようになり、必然的に低予算になっていきます。職員が暮らしていけないような給料に下げられて、ろくに福利厚生、社会保険もつかず、職員の足りないところは安いパートやボランティアを使うため、利用者のそこでの生活は低下していきます。職員が給料の安さから入れ替わり立ち代り辞めていく現実、夜間も職員が一人しかいない厳しい対応のなかで、グループホームはいつつぶれていくかわからないという状況で、障害者がいつ戻されてくるかまったく生きた心地はしないと、たくさんの親たちから声が上がっています。また、グループホームで使うものや部屋代、食事代の自己負担は家族が負担するか、本人の障害基礎年金から取られます。基礎年金も出ない人は家族の経済的負担はすごくなっています。

「自立、自立」という声が行政から一方的に出され、その方向に転換されても、子どもの頃から四〇年も施設の中で育って生きてきた全身性重度障害者は、そこの生き方に留まって、それ以上他の世界を見せても自分の生き方をもとうという考えを出せないようにさせられてしまっているのです。施設に四〇年いてグループホームに移っても、その障害者にとってはたんに厳しい環境が替わっただけで、自分の生き方を自ら選んで生きていこうという意思は依然として出てこないのです。今までの家族や施設の介護者の世話する手が事業所のヘルパーに代わっただけで、そこを超えて自分自身の生活をしている障害者、生きていこうとしている障害者が何人いるのか。

地方の施設で長年暮らしてきた障害者は特に、自立と言ってグループホームに移っても、西も東もわからず、自分で選んで生きていくという強さをもって、グループホームから出て自立して行く障害者はほとんどいないと思います。

②安易な自立はすすめるな

さて、自立について多様な見方がありますが、自立というのはそこに自立できる介護保障があるからといって自立するものでも、他人に自立を煽られ、すすめられて自立するものでも絶対にないのです。そこで自立したほとんどの障害者は自分の生きがいが見つからず、少し困難にぶつかれば施設や家庭に戻ったり、酒におぼれて亡くなっていく障害者を幾人も見てきました。

自立というのは自分の命をこのまま行政や健常者の引いたレールの上に沿って終わらせていくか、それとも、そこからなんとしてでも自分の命のために命がけでレールを外し、自分の命のためにつくっていくか、そこから始まるのです。何としてでも施設や家族から出て社会の中で住みたい、死んでもいいから住んでやるという、その強い気持ちが一番大切なのです。

そこに行くまでには、自分の生活については人の協力や知恵や意識を借りるのではなく、自分で自ら勉強して、施設や家族の中にいるときから自分で外に積極的に動いて、今は自立体験室もあるから、そこに四、五回泊まり歩いて、まずはそこで自分でやってみて、体験していくことから始まるのです。

昔は自立生活体験室もなかったから、自立している仲間の家に相当な迷惑をも顧みないで飛び込んで、一緒に生活し、そこから自立した人はたくさんいます。いまは自立といっても自立を体験する場所は用意されているし、自立生活や行政の手続を教えていくコーディネーターもいるし、黙っていてもヘルパーは派遣されてくるし、そんなところでは生きがいのある生き方をもてと言うほうがおかしいと思います。やはり、介護制度に枠をはめればはめるほど、自立障害者の生きがいはどんどん奪われていくのです。

③問題だらけのグループホーム

グループホームについては地域との密着と言っても、やはり施設から小規模施設に変わったに過ぎないのです。自由になったとはいえ、障害者が本当に自由に生活できたり動いたりしていけるだけの職員の数が、自立支援法の安い単価のなかでそろっているでしょうか。現在のグループホームの状況は、厚労省がどんどん単価を下げてくることによって、そこの職員が生活できないような給料で、せっかくその職員が資格をとってこの仕事をして暮らしていこうとやる気をもっていても、ヘルパーの仕事についてはまったく見通しがなく真っ暗ということで、辞めていく人がほとんどです。その辞めていく人の補充に四苦八苦して、そこではどうしても手抜きの介護しかできなくなってしまうのです。職員の補充のないところはグループホームそのものがつぶれて、障害者は親元へ戻されていくと言われています。まして、地方ではグループホームをつくっても若いヘルパーそのものがいないし、グループホームというのは地方の地域社会とはまったく無縁なのです。

　そういうところで、自立支援法になったからといって自立していけ、と施設を廃止されて叩き出されてもまったく行くところもないし、そこでは死ぬしかないのです。これが地方の障害者の現実です。

　このように自立の不可能な弱者に対して多機能型グループホームをつくっていこうとしていますが、それではなぜ施設を廃止したり東京都の空いた土地を障害者の自立のために活用しないのか。やはりそこにある行政の意向は、とにかく弱者にかかる職員の経費削減、予算縮小のためにやっているとしか思えません。「グループホーム」という、人間同士の触れ合いという名の下で弱者に少し自由というものを与えていくようなふりをして、自己責任を家族や本人にどんどん押し付けておきながら、グループホームの職員が生活できないような給料と将来の見えない仕事としていくことで、職員は辞めざるを得なくなって、グループホームはどんどんつぶれて、最終的に障害者の介護は家族に押し付けられていきます。

　そうしないためには、やはり、グループホームも多機能型施設も、そこに働く職員の生活できる給料、その身分保障、将来、生活できる夢のある設計図を立てていけるような職業の保障をしていくのが筋です。今までは少なくとも施設に働く職員については、その生活保障がきちんとされていました。その上で、施設を建ててもつぶれていくようなことはなかったはずです。今の国家のやり方は厳しい資格だけをどんどん導入して、何十万円とかけてその資格を取らせても、そのあとの保障をまったくしようとはしません。そういうところでは、ヘルパーという仕事を辞める人はいるけど、この仕事を続けていこうという人なんて、まったく出てきません。厚労省のやることはでたらめすぎて、そこでは弱者がどんどん殺されていくのです。

④三障害統合の問題

石原都政になって以降は、障害者をもつ家族への手当や障害者への保障も打ち切られていくなかで（次頁表参照）、家族も障害者も苦しめられて、石原という一人の権力者によって、福祉は天国から地獄へと落とされて、弱者の自立が壊され、殺されていこうとしています。

それに輪をかけて問題なのは、厚労省が「社会福祉基礎構造改革」、また「障害者自立支援法」、「障害者基盤整備体制」という言葉を巧みに使って、少しでも福祉の財政を減らそうと、障害者の自立のためにつくってきた介護保障に資格制度を導入し、障害程度区分という厳しい縛りをつけ、弱者を殺しにかかる方針を示してきたことです。

さらに悪い傾向なのは、一部の当事者団体の意向や動きです。特に重度障害者の問題は自分たちの問題とは直接ならないので、社会状況や厚労省の方針、国家財政がこうだからということを基本にして、同じで行こうとその範囲で決めていこうと動くことです。そこでは弱者のいのちというものを基本に置いて最優先にしていないから、厚労省の意向に乗じて、それに沿って検討して、その枠の範囲内で決めていこうという動きに留まってしまうのです。はっきり言って、厚労省の出す福祉の方針や財政の問題をくつがえして、相手にしないという闘いの動きをすることこそが、全身性重度障害者のいのちを守っていけるのです。その辺が今の障害者団体の動きは、真剣に弱者のいのちを救おうとしているようには感じられなくて、正反対の厚労省寄りの動きをしていると思います。

今現在、東京都には施設を建てていく土地がないということで、「地域密着型」という巧みな言葉を使ってグループホームをつくっていこうとしています。しかし、東京に土地がないどころか、東京には現在たくさんのビルが建てられています。また、少子化で、学校や保育園も統廃合され、また不況の時代のなかですごくたくさん空き地があります。石原都政はビルのコンクリートの中に保育園や弱者のグループホームをつくるという方針を立てているようですが、いったい子どもや弱者をどう思っているのでしょうか。

また、自立支援法が発足する前は、身体・知的・精神とそれぞれに法がつくられ分かれていて、その障害者の法の中で、疾病によって手に届く手厚い保障の仕組みがありました。その手厚い保障が三法一本化ということで、できなくされて壊されていこうとしています。今までは精神という疾病については、医療法の分野でその疾病に

石原都政において削減された福祉施策（東京都の行政資料を基に新田が作成）

	【見直しされた制度】	【従来】	【現在】
子育て関連	1. 乳幼児医療費助成制度	4歳未満の乳幼児の医療費自己負担分全額助成。	⇒入院時の自己負担を導入。対象は義務教育就学前までに引き上げ。
	2. 児童育成手当	ひとり親家庭を対象とした育成手当。	⇒平成14（2002）年6月、所得制限を強化。
	3. ひとり親家庭等医療費助成制度	ひとり親家庭等を対象とした医療費の助成。	⇒平成15（2003）年1月、所得制限を強化。
障害者関連	1. 重度心身障害者手当	月額6万円支給。所得制限なし。	⇒65歳以上新規申請は対象外。平成12（2000）年8月、所得制限を導入。
	2. 心身障害者福祉手当	20歳以上の障害者に月額15500円を支給。	⇒平成14（2002）年8月、所得制限を強化。
	3. 心身障害者（児）医療費助成制度	障害者（児）を対象とした医療の助成。	⇒平成14（2002）年9月、所得制限を強化。
	4. 重度脳性麻痺者介護事業	脳性麻痺者をかかえる家族を対象に介護費を支給。	⇒平成19（2007）年以降、段階的に縮小（通所サービスとの併用を廃止）。
高齢者関連	1. 老人医療費助成制度（マル福）	65歳以上を対象とした高齢者医療無料制度。	⇒段階的に縮小、平成19（2007）年6月に廃止。
	2. シルバーパス制度	70歳以上の都民に無料で交付。	⇒平成16（2004）年、費用負担を導入（区市町村税課税の場合年間20510円、非課税の場合年間1000円負担）
	3. 老人福祉手当	65歳以上の寝たきりの人に月額55000円を支給。	⇒段階的に縮小、平成15（2003）年、廃止。

ついて細やかな助成や保障が確立されていました。身体については地域自立を基本としてその障害の自立、その疾病に沿った手厚い保障が確立されていました。知的の疾病も同じです。確かに疾病の状況によっては、この三制度は四分の一ぐらい重なるところはありますが、医療法は医療という治療を基本としてその法律に基づいての分野です。身体障害者福祉法は治療法ではなくて、生活の分野です。そこを一緒にして統合すれば、一つひとつの疾病に対して絶対に対応できないところが確実に出てきます。統合したからといってそれぞれの疾病につけていた国の予算を同じようにつけてくるという確実性は何ひとつないのです。

国の統合するという意向には、福祉予算を削減するという意向のなかで統合を示してくるわけで、そこに乗せられていくことによって、まったく福祉そのものが後退させられて行ってしまうのです。

五　障害者の介護保障制度と介護保険の統合は絶対反対

①統合は自立生活を壊滅させる

それでいて名ばかりの障害者自立支援法。この「自立支援」という言葉は「弱者に対して国は金を出しません、死ぬなりなんなりして自己責任でやってください」というものであり、これが自立支援法の理念です。そうでなかったら、国家が弱者の人権や生活権をまったく無視して、その制度をころころと変えることはできないはずです。

私たちはその制度施策のなかで生活そのものが保たれているのです。そこを厚労省の意向と都合で変えていくこと自体、「私たちの生活権を認めているのですか」と厚労省の前で自爆したくなります。この辺、特に今後に向かって厚労省に対して、障害者の怒りは募っていますので、厚労省の意向が障害者制度と介護保険の統合という方向で進めていこうという動きが見えたときは、命を張って体当たりして全身性重度障害者は動きますのでそのつもりでいてください。

さて、この四〜五年、再度介護保険も自立支援法も、その介護保障全体が検討され、見直されて結論が出されようとしています。そのなかで一番の課題は介護保険と障害者の介護制度を統合して介護保障そのものを一本化するという問題です。これについては学者や有識者や行政のなかで、また障害者団体のなかでも様々な意見があり、一本化を意思表示している団体を組み入れて、国はなんとか障害者の介護制度を介護保険に組み入れて一本化を進めていこうとしています。この一本化が決定されたら日本の福祉そのものが崩壊し、弱者はどんどん殺されていくという状況が進められていきます。

全身性重度障害者の自立は、障害者の介護制度と介護保険が統合された段階で、即、全国的に全滅することは確実です。厚労省のその辺のことを書いたものを読むと、介護と行動援助と外出を三本柱にしていくから、それを条件として介護保険と統合していくことを条件として、曖昧に書いていますが、こういうことを書くこと自体、「バカヤロー!」と言いたいのです。

毎日の生活のなかで介護、行動、外出と区別して生活している人がどこにいるのですか。生活というものは介護も行動も外出も一体化していればこそ、そしてそこに介護保障というものがあってこそ、全身性重度障害者の生活と言えるのです。こんなことは当たり前のことです。こんなこともわからないのですか。わかっていないから こそ、介護保険に統合するから行動援助、外出と別立てにして統合するということが言えるのです。

確かに、障害者施策と介護保険とは差があるので平等にしていこうというのもわかりますが、介護保障の低いほうに統合と言って近づけていくなどということはまったくおかしいことです。まさに私たちが自ら福祉の後退を認めて自殺行為をするようなものです。介護保険のレベルが低ければ、介護保険のほうを障害者施策に近づけていくのが、私たちの自立生活を守っていくことなのです。

福祉制度改正というと行政や福祉学者の方針の立て方は、どのくらい予算を削っていくことができるか、低いほうの制度でやれているからということで、当然のごとく低いほうの制度や保障に合わせて近づけていこうとします。障害者もそれに対して国の方針だからというところで、さほど疑問ももたず国に逆らうこともなく飲んでいこうとする。なぜ、下の制度を上の制度に近づけていこうという意向や動きをしていかないのか、この辺、福祉活動をやってる人たちの一番の問題であり、とにかく意識改革をしないかぎり、全身性重度障害者の二四時間の介護保障も見守り介護もなくされて、自立そのものが全国的に全滅させられていくことは目に見えています。

②介護保険では全身性重度障害者の生活は保障されない

さて、介護保険と障害者施策の統合に関して、この辺の反対意見はさんざん書いてきましたが、再度確認の意味で少し触れさせていただきます。

今の国の構想としては二〇歳以上の全国民から介護保険料を納めさせて、その保険料を活用して支え合う社会として、現在税負担で行っている障害者介護をその保険料を活用して障害者の介護の予算として使っていこうという案を示していますが、この辺、まったくバカげた構想だと思います。

そもそも健全者と障害者、特に全身性重度障害者とは生まれたときから、生きてきた過程や育った環境、その社会に置かれた歴史がまったく違うのです。健全者は生きてきた過程のなかでいろんな蓄積がたくさん保障されています。まずまわりの人びととの関係、家族・家庭の中で看合っていくという関係、また働いて生きてきたなかでその労働の保障として蓄積されてきた生活していけるだけの、生きていく担保としての財産の基盤があります。

もっとも、それも半分ぐらいの国民だけである、と今の格差社会のなかでは言えますが、しかし、介護保険をきっかけにして現実に東京にしろ、地方にしろ介護付きマンションがどんどんつくられて、そこに入居するのに何千万、何百万円とそこに納めて、健全者の高齢者は入居しています。入居をしても何十万と自己負担がありますがそれだけ健全者には蓄積があるのです。

全身性重度障害者はその生きてきた過程でまわりから嫌われたり、親に殺されたり、健全者社会は容易にその存在を受け入れることはありません。その上、高齢者になってから何百万円と出して介護付き高齢者ホームに入るのに必要な資産をどこに持っていると言うのですか。その辺、全身性重度障害者はまったくないのです。全身性重度障害者の行くところはせめてグループホームしかないのです。そこに入っても自己負担の経費でその親は辟易しています。そういうところで統合と言っても話にならないのです。

さて、厚労省、いや国家として障害者団体との確認のなかでは、現時点では高齢者の介護保険と障害者の介護施策とは統合しません、といっています。そういう確認をしておきながら、六五歳になったとたんに介護保険というのは国家施策の国民平等の施策ですので、それに基づいて介護については介護保険が優先になっていますので、その介護保険をまず受けてください、それを優先として受けないかぎり、その介護の足りないところを、障害者の介護制度で対応していくことはできませんとなっています。ここでいうと、厚労省は介護保険と障害者の介護制度は統合しませんと確認しながら、なぜ障害者が六五歳になったとたんに障害者であるにもかかわらず、

平成16年）6月25日（金曜日）　東京

介護保険と障害者支援費
制度統合も選択肢
社保審部会中間報告案

来年の介護保険制度改革に向けた厚生労働省の社会保障審議会障害者部会の「今後の障害者施策」中間報告書案が二十四日、明らかになった。最大の焦点である介護保険と障害者支援費制度の統合を「障害者福祉を安定的に支えていくため」に「現実的な選択肢の一つ」と事実上容認している。ただし慎重論や反対意見もあることに配慮し、引き続き、障害者福祉施策を担う市町村、障害者など関係者と十分な協議が必要としている。

報告書は二十五日の部会に示され、了承されれば、同審議会の介護保険部会に提示。統合案を軸に議論が進む見込み。同省は両部会や関係者の意見を踏まえて検討を進め、年末までに最終判断する。

報告書は、今後の障害者福祉政策について「就労も含め（障害者の）自立と社会参加を進める」とともに、身体、知的、精神の「三障害共通の（施策の）枠組みが必要」との方向性を示した。

その上で「障害の状態は誰もがなりうるもので、障害の種別や年齢にかかわりなく、同じ地域に住む住民として支え合う『地域福祉』の考え方が重要」と、「他人ごとではなく、自分に関係のある問題」として、国民全体が障害の問題を再認識すべきだと指摘。

こうした視点から「国民の共同、連帯の考えに基づき、給付と負担のルールが明確な介護保険制度の仕組みを（障害施策の一部に）活用することは現実的な選択肢の一つ」としている。

エネルギー支援
藪中氏「用意ある」
6カ国協議

（2004年6月25日付東京新聞・共同通信社配信）

介護保険に統合されていくのか。まして、介護保険優先となっていること自体、厚労省と障害者団体との「統合はしない」という確認を破っています。このことはれっきとした統合なのです。

また、厚労省に介護保険と障害者施策の介護制度とどちらが上なのか聞いても、厚労省としてははっきりと答えないのです。それなのに、なぜ介護保険が優先されていくのか。このことはまったくおかしいことです。六五歳になったとたんに障害者制度でそれまで生活を立ててきた障害者にとって、介護保険優先とされて、そこで自立生活も介護生活もめちゃくちゃにされてとても苦しんで泣いている障害者はたくさんいます。

そういうところで、厚労省からそこについては市区町村の判断にまかせるという通知が出されていますが、その通知の中では、介護保険優先という文言がはずされていないので、市区町村はそれをいいことにして、また市区町村の独自予算が増えるというところで、障害者であるにもかかわらず、どんなに生活が苦しい状況になっても、六五歳以上の障害者について障害者の介護制度一本だけでは認めようとしません。このことはまったくおかしいことです。介護保険と障害者施策の介護保障が統合されて出されていることと変わらないのです。

この辺のことは厚労省としてははっきりと答えていくべきです。やはり、厚労省のつくったものを市区町村の裁量にまかせていくこと自体、まったくおかしいことです。厚労省のこのようないいかげんな通知の中で、どれほど障害者が泣いているかわかりますか。

③改善すべきは介護保険

その上で今度は介護保険に統合なんて、このことは絶対にさせてはならないのです。介護保険の限度額、月三六万円という介護保障のなかで、移動介護、外出介護と二段階三段階としてそれが保障されたとしても、現在の全身性重度障害者の自立生活に出ている介護保障の額に届くには、その四倍くらいの差があるのです。その四倍の差が統合によってなくなったら、本当に全国の全身性重度障害者の自立生活そのものが全滅するのです。あとは多機能型施設に入るか、グループホームに入るか、死ぬか、それが現実となっていくのです。

今現実に国の介護保険の予算・縮小のなかで、ヘルパーとして働く職員の人材を募集しても、ほとんど応募がこないと言われています。今の介護保険の報酬単価では、せっかくヘルパーの資格を取ってやる気を持って勤めても、生活できるだけの給料も出ないし見通しも真っ暗だし、これでは結婚もできないし子どもも育てていけないと、せっかく来た若者がほとんど辞めていきます。この辺、「障害者の地域生活確立の実現を求める全国大行動の二〇〇七年の調査では、一般の労働者の離職率が一三・八％であるのに比して、介護保険のヘルパーの離職率は一六・八％、重度訪問介護の離職率は二七％となっている状況です。統合という以前にこの問題をきちんと解消することが先決だと思います。そこをまったく放っておいて、統合の検討に進んでいくなんてとんでもないことです。それこそ全身性重度障害者の自立者はどんどん殺されていくことは目に見えています。

障害者の介護制度と介護保険との統合を言う以前に、差別、格差、平等という論議を交わすことより、まずは介護保険の月三六万円という上限枠をはずすことが先決です。福祉制度の改革というと、すぐに、低くやっているその低い保障に合わせていこうということを基本に置いて結論を出そうとしますが、このこと自体まったくおかしいことです。なぜ、低い保障や厳しい締め付けの保障に近づけていこうとするのか。この辺の福祉の感性を変えていかないかぎり、弱者は殺されていくということに追い込まれていくのです。介護保険統合というより、その介護保険を廃止して、自立支援法・重度訪問介護の介護保障の統合という方向に転換していくような福祉の発想の改革こそが、今の介護保険の現場の事業所では一番、求められているのです（重度訪問介護の時間単価でなく、最低、日常生活支援のときの時間単価）。介護時間に上限枠が流用できる仕組みのやり方をほとんどの市区町村や事業所は望んでいます。

もっとも、今の介護保険の平等性という制度の趣旨でやったら、国家予算はいくらあっても足りませんから、介護保険のお金持ちや貧乏人の平等性という発想から変えていかないかぎり、また月三六万円という枠を先にはずして、その上で介護制度を障害者制度に近づけていくという検討に入るなら、わかります。そもそもお金持ちには福祉の保障なんて、まったく関係ないのです。福祉というのはそもそも弱い人たちを保護していくための保障なのです。そこから言えば、介護保険の平等性ということ自体、まったくおかしいことなのです。ここから変えていかないかぎり弱者の保障であるのにもかかわらず、肝心の弱者はそこからはみ出されていくのです。いったい、このような福祉の体質をつくったのは誰ですか、と言いたいです。それに輪をかけて障害者の介護制度をそこに統合するという検討に入るなんてとんでもないし、自殺の道に入るのと同じです。

④障害者の介護保障は税負担による国家責任で

統合の問題については現在の障害者の介護保障を前提として、その上で白紙として再度検討していくというのならわかりますが、いずれにしても障害者の介護保障の予算については保険料でなくて、全面的に国家の税負担で保障していくことが障害者の介護保障をする上での原則だと思います。その障害者の介護保障の予算についても、その基本的目的税として税を何％ときちんと算出した上で、根拠を示してそういうところで障害者の介護保障としての予算を確保していくべきだと思います。

また、障害者の疾病のその介護については親きょうだいの責任でもないし、そこでは国家が責任をもっていくのが国家としての役割です。やはり、障害の疾病について応益負担や一割負担や生計中心者の所得によって制限をつけていくこと自体、まったくおかしいことです。親きょうだい、身内、障害当事者の所得にかかわらず、一切の全身性重度障害者の介護保障については国家が責任をもって保障していく、そういうところを国ではっきり決めないと全身性重度障害者のいのちなんて守っていけないのです。介護時間が多ければ多いほど生計中心者に自己負担が重くのしかかっていく、これではまったくヘルパーも満足に使えないのです。

六　国は責任をあいまいにするな！——コムスン問題が投げかけるもの

①問題のありか——国家責任の民間への放り投げ

二〇〇七年、コムスンという大手介護サービス会社の訪問介護事業所が、介護費を不正に請求していたということで、国家行政や国民からずっと報道機関で叩かれました。そもそもこの問題というのは、行政がこの介護の責任や仕事を、一切民間事業者に放り投げて、一切の責任を民間事業者に押し付けて、事業運営も任せたというところに一番問題があるのです。たとえば、介護報酬は国民の保険料と、国家の税金と半々の割合で出していますが、社会福祉基礎構造改革のなかで、そのヘルパーの報酬単価も介護保険ができて以降、二回も引き下げられているのです。

同時に今回の障害者の介護についても自立支援法という名の下で、国は事業所が経費を出せないくらいに、二〇〜三〇％もヘルパーの報酬単価をカットしているのです。そこでは事業所に勤めていたヘルパーさん自体が食べていけない、暮らしていけない、先が見えないと、年間数万人のヘルパーが辞めていくという事態が起こっているのです。そこで一番しわ寄せを食らうのは高齢者や障害者なのです。あなたの見えないところで高齢者や障害者が殺されたり、心中も増えています。

その後、二〇〇九年の介護報酬の改定によって、介護保険も自立支援法も報酬は少しアップされましたが、それはこの間の事業所の赤字を埋めるために使われており、肝心のヘルパーの賃金を上げている事業所はほとんどありません。

② 介護報酬の切り下げによる人材不足

今はどの事業所もヘルパーの人材不足で四苦八苦しています。このことは介護にたずさわる全国の事業所、施設関係者が経験していることであり、その改善を強く訴えています。厚労省の第二回介護保険事業運営の適正化に関する有識者会議（二〇〇七年八月二十四日開催）においても、全国老人福祉施設協議会の役員が次のように述べています。

宮島渂至氏（全国老人福祉施設協議会・経営制度委員会委員長）の発言

「これはもうデータがあるので見ていただければいいと思いますが、介護に関しての職員の不足でございます。これは、募集してもどうやっても全然応募が来ないという状況は、もうほとんどの新聞、テレビ等で報道が出ておりますので皆さん御存じかと思いますが、本当にこれなくしていろいろなものが、この規制をどうこう言ってみても始まらないのではないか、これが一番大きな問題ではなかろうかと思っております」

中村博彦氏（全国老人福祉施設協議会会長）の発言

「この現状としての現場介護職の賃金、それから御存じのとおり離職率、これは、今日に合わせてデータをつくらせていただいておるわけでございまして、よくよく御分析をいただいたら、この介護人材の流出もとまるような制度提案を是非ともお願い申し上げたい」

コムスンの不正にしても、その根本は国の責任なのです。そのコムスンで働いていた職員たちは不正という重い汚名を着せられて本当に気の毒だと思います。ヘルパーさんたちは一生懸命やってきたと思いますが、その重い汚名は職場を替わってもついて回る、この重大な責任は国にあるのです。

これを境にして、ヘルパーさんたちもこの介護という仕事からどんどん離れていくと思います。国はこの責任をどうとるのか。そのなかでも二〇〇八年度の国家の福祉予算が既に一千億円カットしていけという方向を示されたそうです。これでいくとヘルパーの事業所もやっていけなくなります。私たちはせめてヘルパーさんたちが食べていけて、先の見える身分保障の予算、全身性障害者がきちんと自立できる介護の保障だけは国家予算で保障していただきたいのです。このことを基本として今回のコムスンの問題については国民が一人ひとり国家の責任としての理解のある動きをしていってください。

③予算縮小という厚労省の意図——民間活力導入の矛盾

さて、今回の事業所の不正問題については国からの介護報酬のその単価の低さのなかで離職率も高まり、事業所の責任者を務めることのできる人材（三年以上の実務経験が必要）もいないという現実なのです。

それでは厚労省がなぜ大手のコムスンを狙い打ちしたのか。それは、コムスンという事業所だけが夜間介護を含めた二四時間の介護を請け負って、また他の事業所で請け負うことのできない重い障害者、ALSや全身性障害者、その他の「困難ケース」を請け負い、また、高齢者の多い地方の集落や僻地で、事業として事業所をどんどん拡大していくのを、予算の使いすぎということで、不正を口実としてストップをかけていくために狙い打ちして、廃止に追い込んだのです。その辺の意図は見え見えです。やはり二四時間介護や夜間介護、また高齢者の多い地方や集落、僻地、どの事業所でも介護のできない障害者を請け負う事業所をつぶせばそれだけ予算を削ることができます。つまり、民間の活力を導入するなどと言って、国家責任を放り投げておきながら、民間事業所が収益を上げるために事業を維持・拡大しようとすると、予算が膨らむからと言ってつぶしにかかったのです。国家として、これほどの矛盾があるでしょうか。ここには、公的な費用（税と保険料）を財源としておきながら、営利目的を基本とした民間事業所に介護の提供に当たらせることをうながした、介護保険制度発足当初からの構造的な問題があるのです。先の有識者会議においても、保険者である自治体の介護保険課長が同様のことを指摘しています。

南方順一郎氏（仙台市健康福祉局保険高齢部参事兼介護保険課長）

「介護保険制度は、サービス利用者の利便性あるいは請求・支払い事務の簡素化などといった観点から、サービス事業者による受領委任払い制度を採用しております。このことにより、サービスは現物給付化されまして、報酬を支払う保険者の直接目の届かないところでサービス利用に関する契約が行われ、保険者は、介護レセプトという書類の審査だけで給付費を支払う仕組みとなってございます。

また一方で、利用者の選択を尊重し、画一的なサービスからの脱却、あるいはサービスの質の向上を目指しまして、多様なサービス提供主体の参入を求めましたために、それまでの非営利法人のみならず、利益追求を目的とする営利法人も多く参入することになりました。この現物給付化と営利法人の参入という制度の構造的なものが、不正行為や脱法行為を惹起する危険性を高めたことは否めない事実だと思います」

この構造自体が良いか悪いかは判断がむずかしいところですが、少なくとも、現在の民間事業所の努力を認めていく制度にするのであれば、福祉に関わる予算の確保と介護報酬の増額は必須です。

ところが、今の日本の福祉は福祉予算をどのくらい節約できるかというところで、動いています。二〇〇九年からは七五歳以上の高齢者（障害者は拒否しない限り六五歳から）を対象とする後期高齢者医療制度がスタートし、高齢者医療も高負担となって、介護保険もその保険料を全国民から取るということを、有識者の中で検討に入っているという現実なのです。こんなに格差がひどい社会の中で、これ以上医療費や保険料を取られたら所得の低い、底辺に置かれた弱者は自殺しかないという現実なのです。低所得であればあるほど取られていくのです。このような状況なのです。

七　弱者のいのちの保障を

厚労省は国民に対して「社会福祉基礎構造改革」、「グランドデザイン」とか「障害者自立支援法」とか、さも福祉の政策を良くしていくかのように、このような言葉を使って国民をだましていますが、それとはまったく逆の方向に弱者の生活を締めつけていこうとしているのです。その辺を国民はまったく理解していなくて、そういうところで、弱者は厚労省の枠の中でどんどん締めつけられて、苦しんでいるのです。

介護保険導入後、厚労省は常に国庫金を使うには、国民が納得するような使い方にしていく必要があるという言葉を盾に、この弱者の介護制度にどんどん資格制度をいくつもつくって、弱者を締めつけていく資格を導入してきました。資格の導入にあたっては、福祉予算の大部分が、その資格に使われています。このこと自体、まったく国家予算の無駄です。高度な介護といっても、今から一五年前はほとんど無資格でやれる家事延長の仕事でした。介護を受けるそのなかで、二、三割しかそういう高度な介護を必要とする人はいないと思います。七割が無資格でも、資格を導入しなくてもやれるし、その事務費や時間を省いて行政の管轄や庁舎でもやれる仕事です。それなのに、何のために学者の論理や有識者の意向を借りて、この仕事を福祉向上というひとことで、大げさに事業としてやる必要があるのか。そこは再度、見直して福祉の介護そのものを転換していく必要があると思います。

やはり、高齢者も生活そのものを縛られ、監視されたりするような介護なんてまったく望んでいません。そういうところでは、介護の質や保障については一五年前に戻していくべきです。そうすればこの介護にかける国家予算も三分の一になるし、国民の負担も相当、楽になります。今のまま行くと日本の福祉はまったく駄目になっていくし、そこでは弱者がどんどん殺されていきます。

そもそも福祉の方向や意向を出すのに、そこに弱者という当事者がまったく脇に追いやられ、行政や学者や有識者が国家予算や社会情勢を基本として、そこから福祉の方針を立てていくこと自体、弱者のいのちをそっちのけにしているのです。このことからは常に強い健全者が先に来て、その次に弱者が生きてください、となっていきます。この辺について、障害者がそれに乗って経済、社会を論理化して、それが当たり前のように、弱者のいのちを先決とせずに、社会福祉としてその方針を示すことは、大変問題です。

さて、次頁からは現在の障害者の介護保障がどのような現実にあるのかを調査の結果をもとに示します。第三十五回社会保障審議会障害者部会（二〇〇八年七月十五日）にDPI日本会議から提出された資料に掲載されたもので、内容は二〇〇八年四月~五月にかけて「障害者の地域生活確立の実現を求める全国大行動実行委員会」が実施した「重度訪問介護等介護派遣サービス実態調査」です。重度訪問介護は身体介護などとくらべて単価が低く、人材の確保に困難をきわめています。そのために重度訪問介護を担う事業所の多くが介護派遣を断念し、障害者の生活がおびやかされる事態が生じています。この問題を提起するために実施された調査です。調査の概要は次のとおりです。

■人材確保の困難さ

「人材確保において事業所が何に困難を感じているか」の問い（複数回答可）には、「男性の応募が少ない」の項目が最も多く、次に「時間帯により偏りがある」（早朝夜間などが集まりにくいなど）が続き、「泊まりの介護をできる人がいない」「応募が来ても採用まで至らない」という回答も多くなっている。長時間かつ、身体介護を伴う同性介護といった重度障害者のニードに沿った人材の確保が、特に困難になっていることが分かる。

図2・求人に際して、人手を確保する上で困っていることはなんですか。

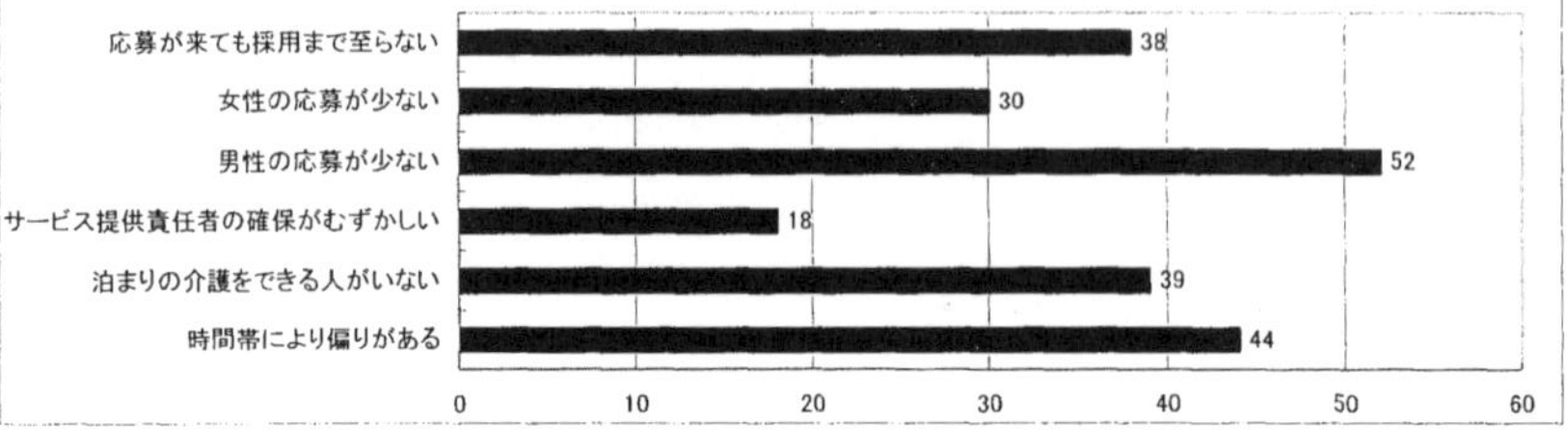

Ⅲ．ヘルパーの雇用と労働環境

■給与

常勤職・ヘルパーの賃金については、常勤職員の初任給が平均１５９，７０５円、同平均月収が２１０，０７８円、非常勤職員の平均時給は９６７円と一般の事業所や同業他職種を大きくに下回る結果となった。（表３～５）

表３・常勤職員大卒初任給	１５９，７０５円

※参考　全産業の大卒初任給 198,800 円、医療福祉職は 186,000 円　（平成１９年賃金構造基本統計より）

表４・常勤職員平均給与額	２１０，０７８円

※参考　一般労働者の平均賃金　301，100 円　（平成１９年賃金構造基本統計調査　）

表５・非常勤職員平均時給	９６７円

※参考　訪問介護員平均時給　1071 円　（平成１８年度　介護労働安定センター　調査）

■昇給ー年齢給、経験給

昇給については4割の事業所が常勤者の昇給も「なし」となっており、非常勤にいたっては勤続年数によって時給があがる事業所は2割に満たない。

表6・昇給制度がありますか？

	昇給あり	昇給なし
常勤	61.1%	38.9%
非常勤	19.6%	80.4%

この結果を反映して、常勤であっても昇給がない、もしくはあってもほんのわずかであるところが多く、年齢給や勤続年数の階層別に見た賃金は緩やかな上昇をとなっているものの、将来にわたり安定的に働くには充分なものとなっていない。

表7・常勤職員の年齢階層別別平均賃金

年齢階層	平均賃金
２０代	１９０，０００円
３０代	１９８，０００円
４０代	２３１，０００円
５０代	１７７，０００円

表8・常勤職員の勤続年数別平均賃金

勤続年数	平均賃金
1年未満	１６１，０００円
3年未満	１８２，０００円
5年未満	１９０，０００円
１０年未満	２０２，０００円
１０年以上	２２４，０００円

■ 職員・介護者の心身の状況

常勤者では私生活があまりないという者が全体の半数を占める。（図3）

図3・生活・心身の状況について、あてはまるものすべてを選んでください

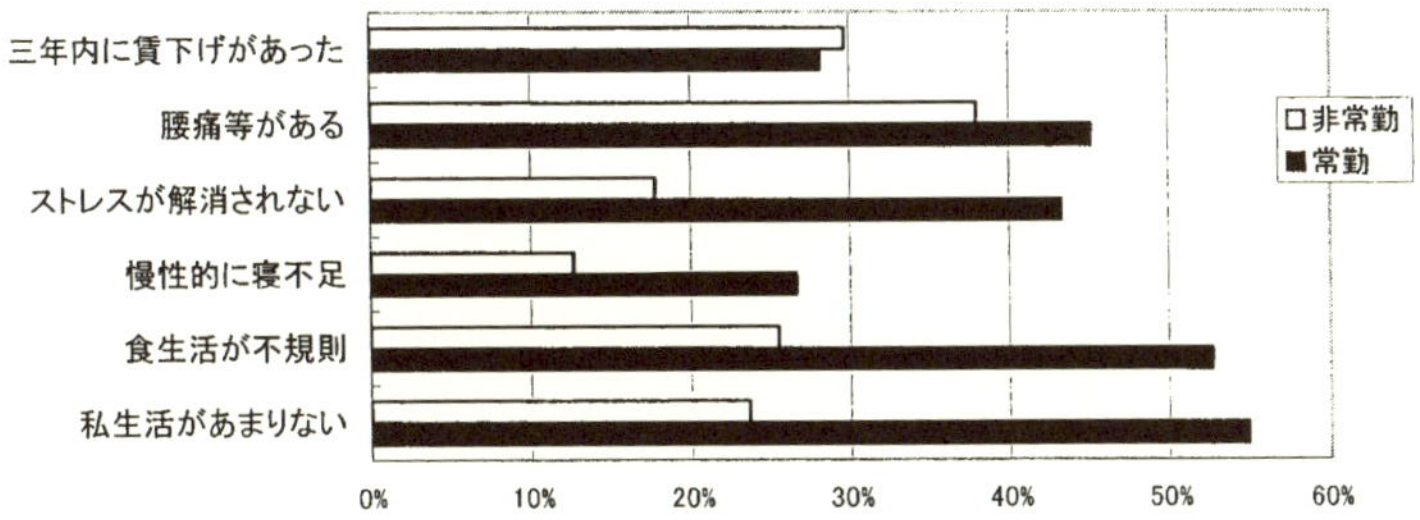

	私生活があまりな	食生活が不規則	慢性的に寝不足	ストレスが解消さ	腰痛等がある	三年内に賃下げが
□非常勤	23.7%	25.5%	12.7%	17.8%	38.0%	29.7%
■常勤	54.9%	52.7%	26.6%	43.3%	45.1%	28.2%

家族と過ごす時間や、好きなことにつかう時間を犠牲にしつつ、明日の見通しも立たず、ほとんど昇給の見込みがない。この状況が一生続くと考えると、将来への不安を抱かざるをえない。

これに対して介護職を続けたいと考えている者は半数いるが（表9）、裏を返せば、この「やる気」によってかろうじて現場が支えられている状況だとも言える。

表9・今後も介護職を続けようと思いますか？

やり続けたい	42.6%
細々とでもやり続けたい	31.6%
他にあてがあればやめたい	10.2%
早くやめたい	2.6%
その他	13.0%

■事業所の人件比率

低賃金、過重労働を強いられているが、事業所の人件費比率は全体平均で約78.8%にまで達しており、約半数の事業所が人件費率80%以上である。収支がマイナスになっている事業所も１５事業所（全体の31.9%）あり、いくら他の経費を削っても事業所としては報酬単価があがらなければ、これ以上人件費率を上げることも困難な状況まできている。（図４・表１０）

図4・事業所人件費率

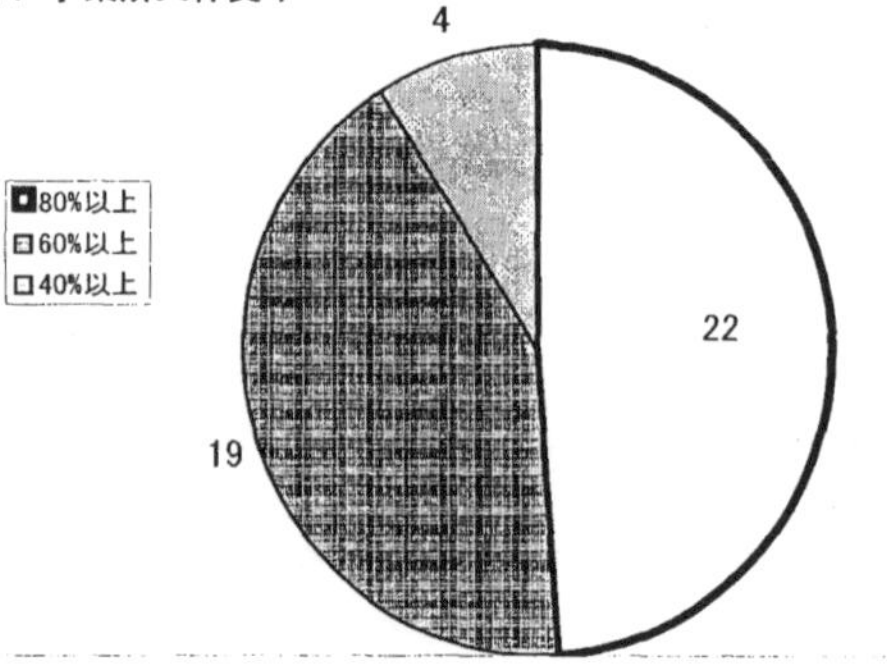

表10・事業所人件費率

人件費率	事業所数	%
８０%以上	２２	４８．９%
６０%以上	１９	４２．２%
４０%以上	４	８．９%

Ⅳ．利用者への影響

■新規サービス利用依頼への対応

このような状況から、派遣現場やサービスを利用する障害者の生活にも影響が出ている。各事業所では新規の利用者を受け入れできない状況も出てきており、昨年１年間の新規利用が２人以下だった事業所が６割近くを占めた。（０人＝19％、１人＝25％、２人＝13％）（図５）

図5 2007年度新規利用者数

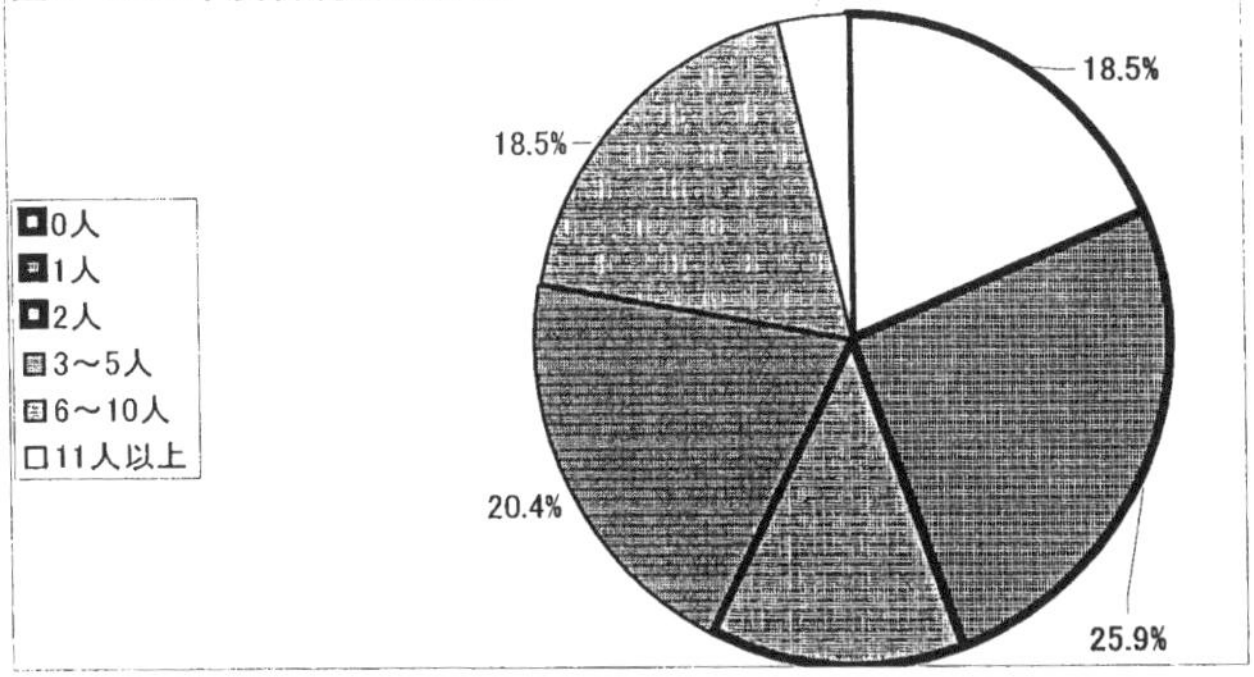

【事業所が見つからない、ヘルパーがいない、生活ができない！～利用者の声～】

■利用者アンケートの自由記述欄には、重度訪問介護のサービス提供事業者を探すのが困難であったといった事例も寄せられている。

● （事業所に）電話をかけても、「できない、やれない、やらない」とか言って断られた。サービス提供責任者と詳しく話すこともないまま断られる。そういう時は「どうでもいいや」とか「死んでもいいや～」と思うときがある。

● 特に土日祭日の泊り、日中のシフトが細切れ状態だったり見つからなかったりする。また、毎月月末になるとそのくり返しがあり精神的及び肉体的な負担が（不安も）大きい。

● 夜間の泊り介助がやめる事になり、代替えの人を探すのに半年以上かかり大変だった。トイレと入浴が合体しており、人が探せず困っている。（ことに日曜日）

● ヘルパーが退職して、事業所から派遣してもらえる人がいなくなった。事業所自体が営業を止めてしまった。

● 特に重度訪問介護サービスでは報酬単価が安く、市内で一ヶ所もサービスを利用できる事業所が見つからなかった。

● 地域生活支援事業のほうが単価が高いので重度訪問対応の事業所がなかなか見つかりにくい。

● 泊り介護の出来る事業所（がない）。身体介護でないと受け入れてくれない。

障害の範囲に関する資料

Ⅰ　論点整理

①障害者自立支援法の障害の範囲の見直しにおいては、障害者手帳をもっている人はもちろんのこと、障害手帳をもっていない難病等やいわゆる発達障害、高次脳機能障害においても対象とし、医師の意見書、勘案事項、１週間の利用計画表、地域の審査会の意見等の支給決定過程で福祉のサービスニーズが必要であると認められるものも障害者自立支援法の対象となるようにしてください。支援が必要と認められるにもかかわらず、サービスを利用できない現状では、非常に危険な状態に当事者を孤立させています。孤独死対策や緊急対応、若年者の家族からの自立を含めた対策は急務です。

②現在の障害者自立支援法の（定義）第４条では、身体障害者福祉法の対象者だけに限定されています。難病等も含まれるように、見直しにおいては包括的な定義に改正してください。

③福祉と医療を整理した協議が必要です。福祉施策においては、そのニーズに基づいて対象を規定し、義務的経費である障害者自立支援法によって、全国どこにおいても、必要な福祉サービスの申請ができるようにしてください。

④風邪や骨折等との違いの証明は医師の意見書や審査会の意見、現在すでに規定されている継続要件等で解決できる問題となっています。

Ⅱ　国際比較でも欧米の対人口比２０％程度に比べて、日本では５％程度と障害の範囲は狭い。使われている障害関連予算も対ＧＤＰ費でアメリカの２分の１程度にとどまる（表１、２参照）

表１　　国際社会における日本の障害者人口比

(Statistics on Special Population Groups Series Y Ｎｏ．４
Disability Statistics Compendium United Nations New York, 1990)

Figure II.2. Percentage disabled by country or area, year of data collection and type of screen

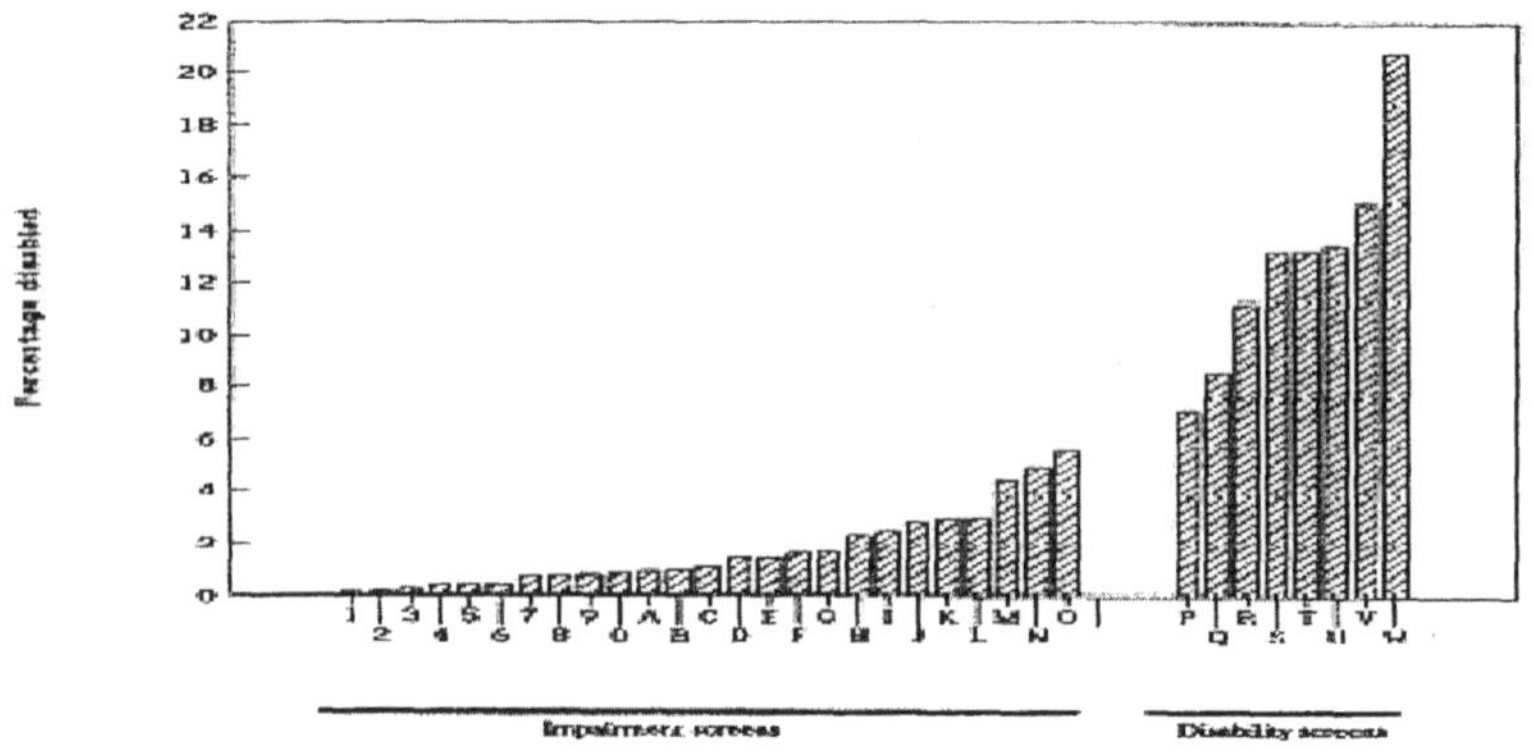

1	Peru	1981	B	Bahrain	1981	M	Philippines(S.)	1980
2	Ethiopia	1981	C	Indonesia	1980	N	China	1987
3	Egypt	1976	D	Turkey	1975	O	Ethiopia	1979-1981
4	Sri Lanka	1981	E	Egypt	1979-1981	P	Poland	1978
5	Kuwait	1980	F	St. Helena	1976	Q	United States	1980
6	Pakistan	1981	G	Comoros	1980	R	Canada	1983
7	Thailand	1981	H	Japan	1980	S	Australia	1981
8	Tunisia	1975	I	Swaziland	1983	T	Canada	1986
9	Hong Kong	1981	J	Neth.Antilles	1981	U	United Kingdom	1985/86
0	Tunisia	1984	K	Nepal	1980	V	Spain	1986
A	Fiji	1982	L	Mali	1976	W	Austria	1976

Source: Table 1 (chap.IV)

表２　ＯＥＣＤ諸国内における日本の障害等の支出対ＧＤＰ比は極めて低水準

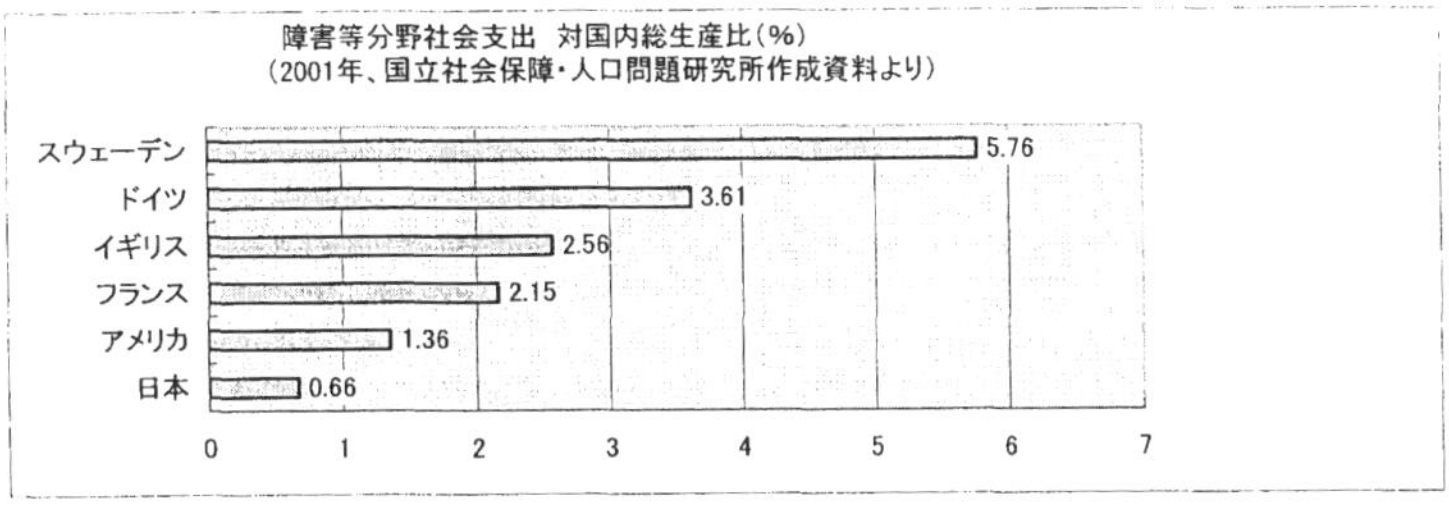

Ⅲ　支給決定の方法をEC等と比較しても、障害者手帳を要件として、入り口で規制している国は見あたらない。サービスのニーズによって要否もふくめた判定を行っている。

<出典>ヨーロッパの福祉サービスにおける障害の定義―障害者の範囲および対象者認定方式の現状―2006年3月22日日本社会事業大学社会福祉学部3年次佐藤ゼミナール

浅井万梨子、五十嵐由貴、海老沼良晃、鈴木善博、張悦、舟津千鶴、増田有佳里、佐藤久夫(担当教員)より抜粋。

表　3　15カ国21の障害者福祉制度の障害(受給資格)評価の傾向

		基準と評価尺度	
		厳密	柔軟
評価・決定職員	医療職	Aタイプ　6制度 ■ベルギー・統合手当 ■スペイン・年金の介護加算 △ドイツ・介護保険 ■イタリア・付き添い手当 ■オーストリア・　介護手当 ■ギリシャ・介護手当	Bタイプ　5制度 △オランダ・WVG △デンマーク・LSS ■アイルランド・移動手当 ■アイルランド・介護者給付 ◎ノルウエー・SAA
	SW		Cタイプ　3制度 △フィンランド・障害者サービス提供法 △スエーデン・LSS ◎スエーデン・社会サービス法
	行政職	Dタイプ　1制度 ■イギリス・DLA	Eタイプ　4制度 ■アイルランド・CAA ■フランス・ADPA ■スエーデン・障害者手当 ■ポルトガル・介護給付
	学際チーム	Fタイプ　1制度 ■スペイン・生活保護の介護加算	Gタイプ　1制度 ■ベルギー・DP

下線部は南ヨーロッパ、その他は西・北ヨーロッパ。◎現物給付　△現物または現金給付　■現金給付

日本と比べて・・・・　いくつか参考になる重要な点が浮かび上がってきた。　第1に、あらかじめ手帳制度で（つまり原因疾患や機能障害の種類・程度で）「入り口規制」を設けている国は、少なくともこれらEU15カ国にはなさそうであると言うことである。法律の目的に従って、つまり、ニーズで利用対象者を定義することが一般的である。　ところが障害者自立支援法では、第4条で障害者を定義しているが、そこに定義はなく、身体障害者福祉法、知的障害者福祉法、精神保健福祉法、児童福祉法にいう者であるとしている。

Ⅳ　サービスを必要としている難病等の例

難病等においては、病院近辺の居住が必要等の理由で一人暮らしをする方の緊急対応や介助保障、十分な資産形成前に発症した若年者等の生活支援を含めた自立支援は急務となっている。「急に症状が悪化したが、連絡することもできずに自宅で倒れていた」「緊急な対応が必要であったにもかかわらず、手遅れになった」等の声も寄せられている。しかし、現在の障害者自立支援法では入口の要件として身体障害者福祉法の障害者手帳の保持が要件となっており、サービスを利用できない現状。難病である多発性硬化症を例にみると、全身のいたる箇所に脱力、痛み、視覚障害等が多発する。障害者手帳の基準のように、限定された一カ所の症状、機能障害については波があり認定されないが、症状が多発する状態は継続しており、体力的な制限がかかり続けていること、日常生活、社会参加上の制限の継続は誰がみても明らかである。

東京都国分寺市が実施した難病等の調査。障害者福祉計画策定にむけた実態調査より抜粋

①総人口　**116,575 人**

②市内在住の難病手当を受給するすべての人を対象にアンケート依頼　**965 人**

　＊東京都が指定する難病医療費助成対象者と生活保護受給者が対象

③回答者　６１６人　回答率６３．８％

④障害者手帳をもっていない難病者　　３７９人　（６１．５％）

　内６０歳以下で障害者手帳なし　　１２６人　（２０．５％）

手帳をもっていない難病等の人すべてが福祉サービスを必要としているわけではない。

⑤特に支援が必要となる一人暮らしで 60 歳以下、障害手帳なしの方　　２３人　（３．７％）

⑥日常生活で必要としている介助の内訳　(次ページ表４参照)

　40 歳以下の手帳なしでは家事支援が中心　**5 人程度**　**(対人口比で 0.0042%程度でしかない)**

　40 歳以下で成人の手帳なし身体介護は　**1 人程度**

家事支援が必要な方がメイン。区分でもＩＡＤＬ項目に該当する区分１、２の方であるので、支給量が多く必要なわけではない。週のスポット的短時間支援でも効果的に支援が可能。

⑦職を持たない方で仕事を探している方で障害者手帳なし　**21 人**　（３．４％）

⑧職業訓練（障害者手帳がなくても受けれる）を受けている人　０人　（０％）

　＊障害者手帳がなくても受けることのできる就労施策が機能していない。

4　難病等において支給決定の際に必要となってくる視点

「特定疾患患者の生活の質（QOL)の向上に関する研究」班　主任研究者　中島孝　国立病院機構新潟病院　副院長等）においても、現行の障害者手帳が入り口の要件になっており、障害者自立支援法の対象にならないことが指摘されています。又、HIV 等ですでに認定項目として利用されている項目については、おなじように、難病等にも有効に機能することが確認されています。

①障害者自立支援法の支給決定見直しにおいては、難病等の内部障害の特性を反映するために、下記の項目を加える必要があります。

a 日中において、３０分以上横になる等の安静が必要となる強い倦怠感及び易疲労が

　1　ほとんどない　　2　月に７日以上ある　　3　毎日ある

b デスクワーク程度の軽作業を超える作業の回避が

　1　必要ない　　2　必要である

c 過去６ヶ月以内に受けた治療には「その他（　　）」の欄をもうけ、難病等において継続的に必要となる免疫抑制剤やインスリン治療等も書き入れることができるようにすること。また、下記の項目を付け加えること。

　＊長期にわたる密な治療、厳密な服薬管理が

　1　必要ない　　2　必要である

d 主治医の意見書における各疾患等における留意点については現在別途取りまとめ中。

表　4　　日常生活上で必要な介助

＊家事支援のニーズがメインであり、自立支援法の対象年齢となると人数も少ない。対人口比では０．００４２％程度

＊家事支援は単に家事だけでなく、負担軽減された体力分を就労等の社会的活動に向けることができる

＊週のスポット的短時間支援でも効果的に支援が可能。人の目が入ること、事業所との繋がり等により地域での孤立も防げる

調理

		ひとりでできる（補助具の使用を含む）	一部介助が必要	全面的に介助が必要	無回答
手帳なし	10歳未満	2	−	1	2
	10～19歳	5	1	−	−
	20～29歳	23	−	−	−
	30～39歳	27	2	1	1
	40～49歳	32	−	−	5
	50～59歳	54	3	−	4
	60～69歳	76	5	4	17
	70歳以上	63	5	11	35

掃除・洗濯

		ひとりでできる（補助具の使用を含む）	一部介助が必要	全面的に介助が必要	無回答
手帳なし	10歳未満	2	−	1	2
	10～19歳	5	1	−	−
	20～29歳	23	−	−	−
	30～39歳	27	2	1	1
	40～49歳	29	3	−	5
	50～59歳	51	5	−	5
	60～69歳	77	5	6	14
	70歳以上	62	8	15	29

買い物

		ひとりでできる（補助具の使用を含む）	一部介助が必要	全面的に介助が必要	無回答
手帳なし	10歳未満	2	−	2	1
	10～19歳	5	1	−	−
	20～29歳	21	2	−	−
	30～39歳	28	2	−	1
	40～49歳	31	2	−	4
	50～59歳	53	4	−	4
	60～69歳	80	6	6	10
	70歳以上	65	13	13	23

入浴

		ひとりでできる（補助具の使用を含む）	一部介助が必要	全面的に介助が必要	無回答
手帳なし	10歳未満	2	1	1	1
	10～19歳	6	−	−	−
	20～29歳	23	−	−	−
	30～39歳	28	2	−	1
	40～49歳	33	−	−	4
	50～59歳	56	−	1	4
	60～69歳	86	3	4	9
	70歳以上	76	16	4	18

着替え

		ひとりでできる（補助具の使用を含む）	一部介助が必要	全面的に介助が必要	無回答
手帳なし	10歳未満	2	2	−	1
	10～19歳	5	1	−	−
	20～29歳	23	−	−	−
	30～39歳	29	1	−	1
	40～49歳	32	−	−	5
	50～59歳	54	2	−	5
	60～69歳	87	2	3	10
	70歳以上	79	12	3	20

室内の移動

		ひとりでできる（補助具の使用を含む）	一部介助が必要	全面的に介助が必要	無回答
手帳なし	10歳未満	4	−	−	1
	10～19歳	6	−	−	−
	20～29歳	23	−	−	−
	30～39歳	30	−	−	1
	40～49歳	32	−	−	5
	50～59歳	56	1	−	4
	60～69歳	83	6	2	11
	70歳以上	81	8	2	23

施設入所者の地域生活への移行に関する状況について

速報値

※2，586施設からの回答を集計（回収率約92%）

1　入所者の推移

入所者数　〈H17.10.1現在〉139,009人 → 〈H19.10.1現在〉138,620人

▲0.3%（▲389人）

2　入所者数の増減内訳　→地域生活移行を倍する新規入所

〈　入　所　者　数　減　の　内　訳　〉

地域生活移行	他入所施設（障害）	他入所施設（老人）	地域移行型ホーム	病　院	その他	計
▲9,344人	▲2,967人	▲662人	▲90人	▲2,474人	▲3,408人	▲18,945人

〈入所者数増の内訳〉

新規入所等
18,556人

3　地域生活への移行状況

〈H17.10.1→H19.10.1〉

地域生活へ移行した者　9,344人　**6.7%**（H17.10.1入所者数をベースとして地域生活へ移行した割合）

〈地域生活へ移行した者の住まいの場の内訳〉

共同生活介護	共同生活援助	福祉ホーム	通勤寮（旧法）	一般住宅	公営住宅	自宅（家庭復帰）	その他
2270人(24.3%)	1661人(17.8%)	195人(2.1%)	112人(1.2%)	1072人(11.5%)	190人(2.0%)	3642人(39.0%)	202人(2.2%)

障害者予算はアメリカの約1/2

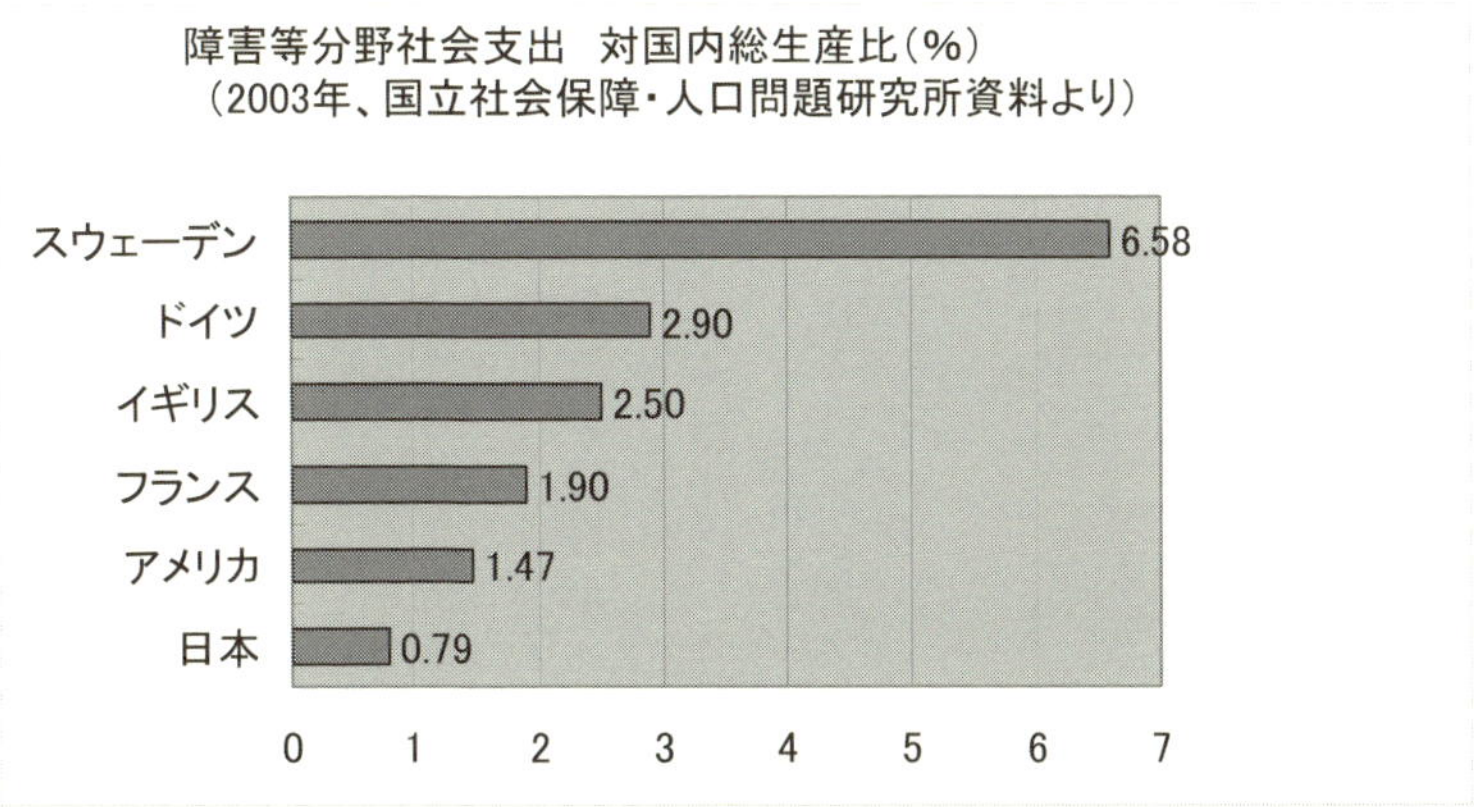

障害者福祉サービス法（仮）へ

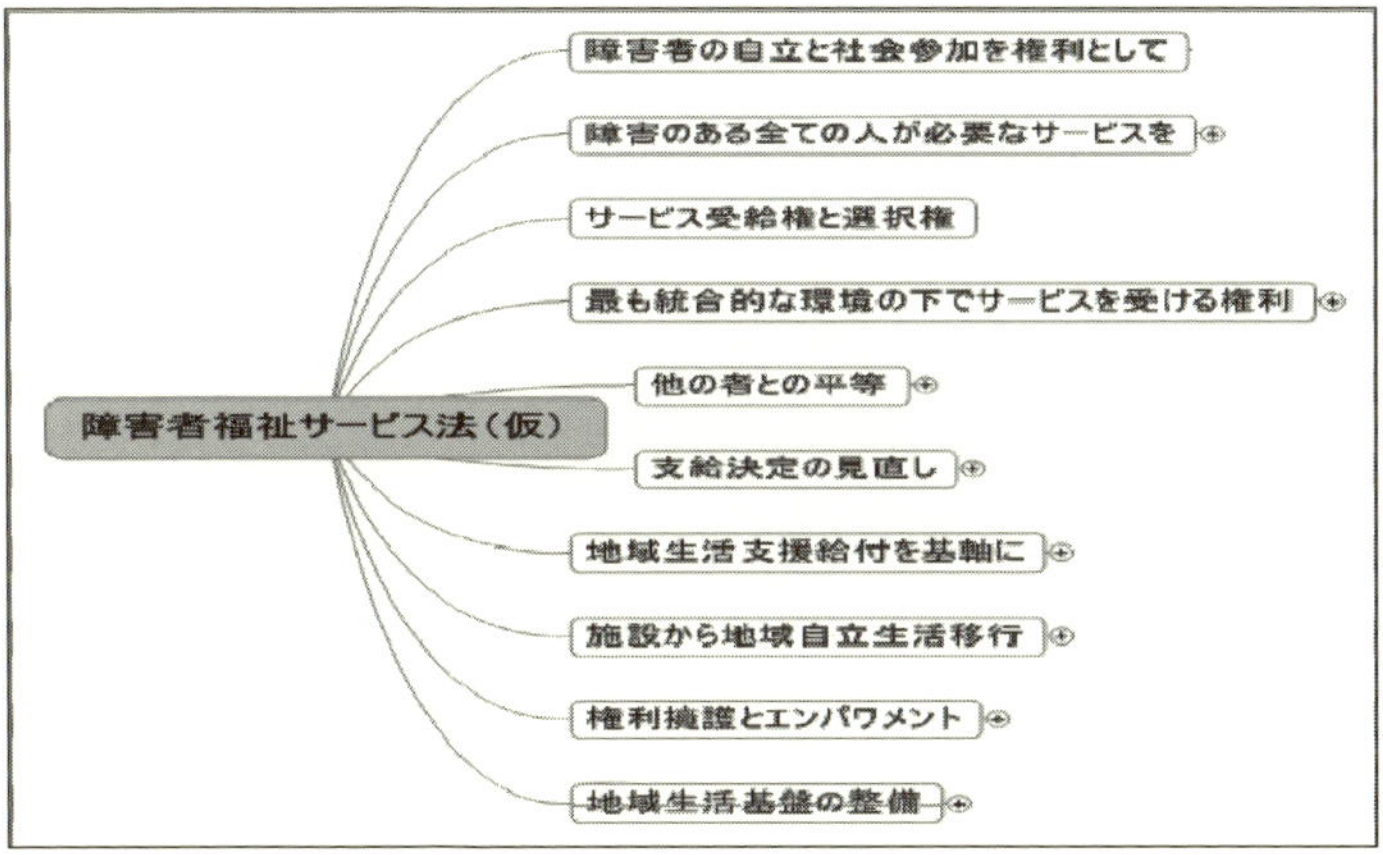

地域移行・格差解消に地域基盤整備が必須

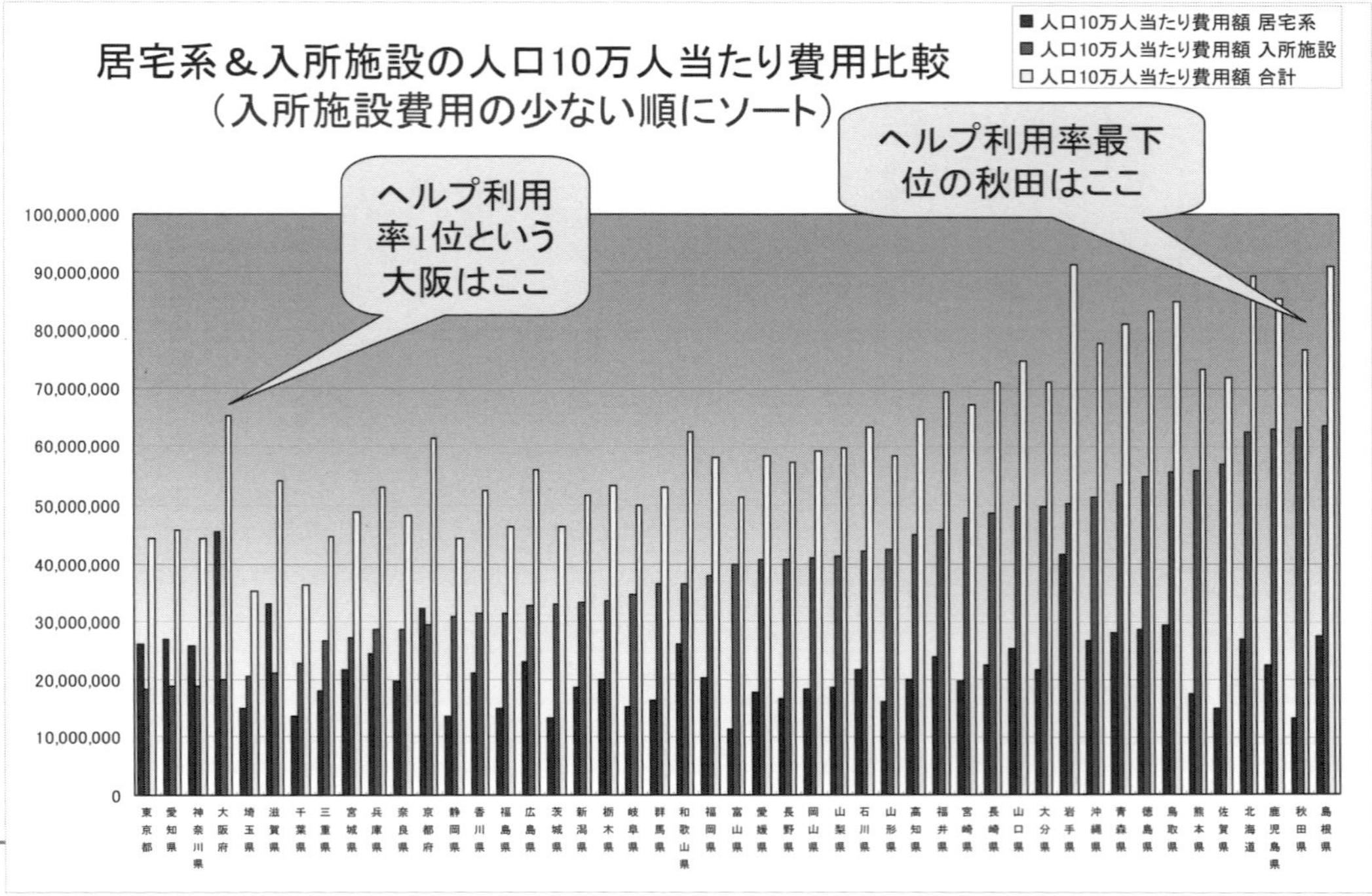

第三章　「怨《うら》み」と「憾《うら》み」、そして「恨《うら》み」

益留俊樹

この度、新田勲さんに「益留君『足文字は叫ぶ！』に寄稿してくれないか」と依頼されて正直に言って戸惑いました。と言うのも新田さんとは、全国公的介護保障要求者組合の存続を巡って激しく対立して、袂を分かった過去があるからです。新田さんにとって見れば大変な裏切り行為であったと思います。しかし、ここ数年は新田さんに活動を一緒にさせていただけるようになりました。ありがとうございます。

さて『足文字は叫ぶ！』を拝読して、改めて新田さんの二四時間介護制度要求運動の四〇年に及ぶ闘争の歴史を垣間見ることができました。その新田さんの原動力になったものは何か？　それは本文のテーマでもある「恨み」ではないかと思うのです。私が、これまで考えてきた「障害について」を自分の「怨み」と「憾み」を含めて書かせていただきたいと思います。

一　怨みの節

①受傷

私は一七歳の高校生のとき、ラグビーの練習中の事故で首の骨（頸椎）を骨折して四肢麻痺の重度障害者になりました。怪我をした当初は、頭蓋骨を金具で固定していたので頭を動かすこともできない上に、身体の感覚もまったくなく、指一本動かないことで「俺の体はどうなってしまったんだ？」と、大変なストレスを感じました。さらに夜中に発作が起きると呼吸困難になり、胸がギュウと締め付けられながら「このまま死んでしまうのだろうか？」と恐怖に駆られて、夜が来るのが怖かったことを、四六歳になった今も昨日のことのように覚えています。

②障害者！

ある朝、先生の回診がありジョクソウの様子を見るために身体を横向きにしたときです。「あっ、便が出てきた！」と言われ「エッ、誰の？」と我が耳を疑いました。だって出た感覚がないのです。しかしプーンと漂ってくる便の匂いで、自分の身体に起きた現実、「障害」を自覚しました。


「どうして身体が動かないんだろう？」

「どうしてラグビーをやってしまったんだろう？」

「どうして自分なんだろう？」


散々考えては後悔しました。そして、とうとう終いには、

「ラグビーに誘ったあいつのせいだ！」

「足を怪我していたのにやらせた監督のせいだ！」

「タックルした相手のせいだ！」


と、人のせいにして日々を過ごしていました。

③障害者手帳？

三カ月ほどで車椅子に乗るようになって、病院のソーシャルワーカーに障害者手帳を申請するように奨められました。しかし、写真を撮るように言われた途端に「嫌だ！」と拒否したのです。自分の障害者としての姿を撮られたくなかったからです。延ばし延ばしにしているうちに、父親が「これでいいだろう」と小学校三年生のときの写真を探してきて申請してしまいました。「ああ、これで障害者になってしまった！」とますます落ち込みました。

④社会の眼

一年ほど経って、病棟の入院患者数名と一緒に車イスで街に出かけたときのことです。周りの人の視線がとても気になりました。みんな私の車イスをジロジロと見るのです。中には哀れむような表情をする人もいました。「やっぱり街になんか出かけなければ良かった！」と後悔しました。

二　憾みの節

①脳性マヒの障害者と出会う

入院生活も一年半を過ぎた頃、兄が(注1)知り合いの障害者村田実(注2)さんを連れて来ました。村田さんは脳性マヒの障害があり、身体がまったく動きませんでした。その頃の私はリハビリの効果で、着替えや食事、トイレは自分でできるようになっていましたから、介助者にタバコの始末をしてもらっている村田さんを冷ややかな眼で見ていました。しばらくして「練馬区の荒木義昭さんの家に行って見ないか？」と兄に誘われたので行きました。荒木

さんも重度の脳性マヒの障害があり、言語障害がひどく少しも聞き取れませんでした。荒木さんが私に話しかけてきてもわからないので、兄に「何て言っているの？」と聞きましたが、兄は「自分で聞け！」と通訳してくれませんでした。でもいくら聞いてもわからないので、適当にうなずいていました。ところが、荒木さんは健常者の女性と結婚していたのです。お子さんも二人いらっしゃいました。しかも、奥さんがいるのにボランティアの人が介護に来ていました。「こんな人でも地域で暮らせるのならば、自分にもできるんじゃないか？」と思いました。

②退院

二年三カ月も入院していたので、そろそろ退院してくださいと病院から言われていました。一般的に言って退院先は実家か入所施設しか選択肢がないのですが、実家には脳梗塞で倒れた祖父が居たので実家に帰ることはできません。施設もなんとなく嫌だなと思っていたので、兄の知り合いの田無市[注3]のボランティアサークルが受け入れてくれると聞き、迷うことなく退院しました。しかし、私は田無市がどこにあるのかも知らなかったし、退院したいと思った第一の理由は車の免許が取りたかったからでした。一九八一年当時、東久留米市に東園[注4]という教習所があったので、そこに通うために都合が良かったからだったのです。

③宇都宮辰範氏[注5]との出会い

一九八一年十一月に退院して生活も落ち着いた頃、府中の自動車免許試験場で運転能力の適性検査を受けましたが、不適正とされ免許取得は断念しました。退院後の目標を失ってしばらく無為な日々を過ごしていたある日、一枚のチラシを手に入れました。それは宇都宮辰範さんの介護者募集のチラシでした。なんとなく連絡を取ってみたら「遊びに来なさい」と誘ってくれたので、早速会いに行きましたが、会ってビックリしました。宇都宮さんは骨形成不全の障害のため、小さいときから骨折を繰り返したことで、座ることもできずに寝たきりの生活を送っていたからです。しかも一人でアパートで暮らしていたのです。「エッ！　こんな人が一人で暮らしているの？」心の中でつぶやきました。その時、宇都宮さんが唐突に「益留君は、歩けるの？」と聞いてきたのです。

「いや歩けません」と答えると、「歩けないのに、どうしてクツを履いているの？」と聞かれ、歩けないのがわかっているのに！　なんて失礼な言い方するんだ！　と内心ムッとしながら「いやー、飾りですよ」と答えたところ、「じゃあ、飾りだったら頭にかぶればいいじゃん！」と、鋭く突っ込まれました。

「それに、中途障害者は何でも自分でやろうとするよなあ。もっと人に頼めばいいのに！」と彼は言いました。

「自分で一時間かけてズボンを履くより、手伝ってもらって五分で履いたら残りの五五分その介護者と話をすることができるじゃないか？　一緒に何かすることだってできるよ！」

「一人でやってたら誰とも接することができないし、一日を着替えに費やすことが自立生活なのか？」

「もっと頼んで、より沢山の人の介護を受けなさい。介護を受けることで障害者のことを理解してもらう。それが、君の仕事じゃないのか？」

　衝撃的でした。実は、アパートの入口に「重度健全者リハビリセンター」という看板がかかっていたので「重度健全者？　リハビリセンター？」と思いながら会った瞬間の会話だったので、その問いかけられた内容に圧倒されたのでした。宇都宮さんは、私が自分の障害について受け容れていないことを見抜いていたのです。だって、私たちは小さいときから「自分のことは自分でやりなさい。人に頼ってはダメだ！」と言われて育ってきたのです。当然、人の世話になることに抵抗があります。だから、できるだけ自分でやるようにしていました（病院のリハビリは、それが目的だった）。「重度健全者リハビリセンター」の意味は、そこにあったのです。宇都宮さん独特のウイットに富んだ表現だったのです。私は、村田さんや荒木さんのように、自分でやらない（できない）障害者は認められなかったし、ましてや「言語障害のある脳性マヒと同じには見られたくない」という差別的な見方、と言うよりまさに差別をしていました。だから宇都宮さんは鋭く私の差別性を指摘したのです。そして、私の障害者として「介護を受けて生きる道」を示してくれたと言っても過言ではありません。しかし、残念ながら一九八六年二月二十日に肺炎のため死去されたのでした。

三　恨みの節

①高橋修氏[注6]との出会い

　高橋修さんとは出会いも別れも衝撃的でした。出会いは、一九八二年頃です。宇都宮さんを通して知り合いました。そして別れは突然でした。一九九九年二月二十七日に亡くなってしまったのです。「自立生活センター立川代表」「全国公的介護保障要求者組合委員長」「全国自立生活センター協議会事務局長」「社会福祉法人幹福祉会理事長」と肩書きを列挙するまでもなく、彼の業績は輝かしいものです（彼の経歴は立岩真也氏のＨＰに詳しく出ています）。

高橋さんは幼少の頃、その障害のために他人の眼から隠され、学校にも行けずに過ごしたそうです。字は独学で学び、算数はお客さんとして来ていた信用金庫？の人に株式を習って覚えたらしいです。車イスに古タイヤをくくり付けて引っ張って体力を鍛え、写植をやるために漢字を覚える。車の免許を取り、口で車イスを車に乗せるなど、彼の行動は障害者として味わってきた悔しさをバネにした意地と根性によって成し遂げられてきたのです。そして、人一倍の努力家でもあり負けず嫌いでもあったのです。

彼の信条は「引けないな、引いたら自分は何のために……」でしたが、まさにその言葉のごとく突き進んで行く人でした。また、そのパワーを行政交渉の場でも存分に発揮して要求を通すのです。厚生省交渉の最中に役人が差別的な発言をしたとき烈火のごとく怒り、その役人の頭を押さえ込み土下座をさせたのです。その行動力、「黄金の左足」によって立川市に二四時間介護制度を認めさせ、ＪＲ立川駅にエレベーターを設置させたのでした。

高橋さんが亡くなったときのショックは忘れられません。センター運営や行政交渉など何事においても抜きん出た才能を発揮していた高橋さんは私の目標でした。いまだに、高橋さんならどう考えどう行動しただろうか？と思うことが多々あります。

②新田勲氏との出会い

新田さんの業績は本編にあるように、私がどうこう申し上げるまでもなくすばらしいものです。日本の自立生活運動の先駆者であり、介護保障制度の基礎をつくった人です。その労力や精神力は大変なものであったと、交渉の末席にいた者として感服すると同時に感謝の言葉を申し上げます。

私が新田さんと高橋さんに共通して感じる「ちから」、それは何だろうと考えてきました。特に小さいときから虐げられ、蔑まれてきた人たち特有の「ちから」。その「ちから」を使って生きてきた村田実さん、荒木義昭さん、宇都宮辰範さん、彼らにも共通する「ちから」。それは時には行動力や原動力にもなる。それは何か？　ヒントはある映画にありました。『おそいひと』(注7)という映画です。

この映画は、住田雅清（実在する人物）という重度の障害をもつ人物が連続殺人を犯すという映画（もちろんフィクションです）で、殺人の動機が「日常の積み重ねによる殺意」なのです。映画の初めのほうで、電動車イスに乗った住田雅清の行く手を阻む階段や柵を眺める住田雅清の姿が丹念に描写されているのです。そして介護者が自分の都合で勝手に行動したり、住田雅清の映像を無断で撮る学生たちの姿も丹念に描写されています。住田雅清は、彼らの行動を見つめ続けます。それがある事件をきっかけに「抑え切れない」気持ちの揺らぎが起こり、その結果、住田雅清は殺人を重ねていく。そんな内容です。何が「抑え切れない」のか？　そして動機は？私は、彼らが小さいときから虐げられ、蔑まれてきた日常の積み重ねによって培われた「恨み」だと思うのです。

この映画を見て確信を得たもの、新田さんや高橋さんに共通する「ちから」、それが「恨み」だったのです。社会という共通の相手によって、小さいときから虐げられ、蔑まれてきた人たちがどのように行動するか？　理不尽な行為に対して抵抗し正していく原動力、それが「恨み」であるのは当然なのです。批判を覚悟してあえて言います。住田雅清の殺人の動機を支持します。（笑）

③相手を思う気持ち

もう一つ共通の「ちから」も挙げなければ、「恨み」だけでは、社会も彼らを受け入れてくれません。それは新田さんが東京都と共につくった脳性マヒ者介護人派遣事業にも現れています。新田さんは要求するだけでなく、東京都の役人と話し、自分たちの窮状を訴えて理解させてきました。そこには新田さんの相手を思う気持ちがあるから都の役人も理解を示したのです。新田さんたちは、虐げられても蔑まれようとも、自分を受け入れてくれることを社会に望んできたのです。「相手を思う気持ち＝思いやること」こそが、相手を変える「ちから」だと思うのです。

④自立した生活とは

新田さんの『足文字は叫ぶ！』全般に漂う社会に対する「恨み」、そして「相手を思う気持ち」、これらの思いが「ちから」となって、ある場面では身が縮み、ある場面では優しさに包まれるような感覚が読む私たちに迫ってきます。

さらに本編の第九章「パーソナル・アシスタンス／ダイレクト・ペイメントを求めて」の「四『契約』制度は自立を阻害している」の節で「また、施設から自立しても、施設の職員から外の介護に代わったに過ぎないのです。極端に言うと、家族の中から施設に移ったに過ぎないのです。そういうところでは、介護者探しに苦労していないから、派遣されてきた介護者に対してありがたみも薄く、そこで自分の気に食わない介護者だったら、とっかえひっかえするのは当然なのです。」

第十章「介護について」の「三　介護する／される関係」の中で「対等な関係というのは、双方の関係のなかで話し合っていく努力をして、それぞれの立場の違いを自覚した上で、双方がお互いの生活をみ合っていくという関係がないかぎり、お互いに認め合った関係とは言えないのです」と述べています。これは、自立生活センターの介護派遣のあり方と、自立生活について批判されていると思いますが、まさにそのとおりだと思います。

現在、介護業界全体の人手不足が言われています。原因は、介護保険・障害者自立支援法の介護報酬単価が引き下げられヘルパーさんたちの収入が減ったのが理由だとか、好景気になってきたので他業種の求人が多くなったためと言われています。しかし、それだけが理由ではないのです。ヘルパーを志す人が就職する理由として「人が好きだから」「人の役に立ちたい」を挙げ、「収入」はさほど上位には挙げないようです。にもかかわらず「収入」を理由に辞めていく。辞める本当の理由は「指示に基づく介護」と称して家事全般を丸投げしてくる「利用者」。健常者であるヘルパーに対して「怨み」や「憾み（ねたみ）」をぶつけてくる障害者や「当事者主体」を振りかざす派遣事業所の「体質」に問題を感じて辞めていくのです。

最後に、繰返しになりますが「対等な関係というのは、双方の関係のなかで話し合っていく努力をして、それぞれの立場の違いを自覚した上で、双方がお互いの生活をみ合っていくという関係がないかぎり、お互いに認め合った関係とは言えないのです」と、新田さんが書いておられるように「自立した生活」とは、介護者と人間関係がつくれて初めて自立生活と言えるのではないでしょうか？　私は、改めて「恨み」と「相手を思う気持ち」を自分の「ちから」にできるように、このことを念頭に置いて活動していきたいと思います。

※「恨み」と言う言葉をインターネットで調べていたら次の文章があったので紹介します。
「朝鮮民族にとって『恨』とは、本来の意味は『深く自省』する心を指した。何かの物事に、深く思いを致し、自分を見つめ直すという意味が『恨』であったのだ。」

注

1 益留茂樹。一九五六年生。二歳のとき、ポリオウイルスに罹患し左半身に障害が残る。
2 http://tateiwa.kir.jp/w/mm04.htm
3 二〇〇一年一月、保谷市と合併し現在、西東京市。
4 http://www.azumaen.or.jp/tetuzuki.html
5 牧口一二著『風の旅人』解放出版社、アニメビデオ『風の旅人』。
6 http://www.arsvi.com/w/to01.htm
7 http://osoihito.jp/top/

第四章　横山晃久氏との対話

日時　二〇〇七年十一月十九日
場所　全身性重度障害者のケアライフ研修所

出席
新田　勲（全国公的介護保障要求者組合委員長）
横山晃久（ＨＡＮＤＳ世田谷事務局長）
高浜敏之（全国公的介護保障要求者組合書記局次長）

新田　最近どうですか。事業所は。

横山　ヘルパーが来ないですね。コムスン難民が来るかなと期待したんですけどね。来ないですね。コムスン難民を鍛えなおそうかと。単価が下がったのが一番大きいですよね。

新田　今はコンビニより安いでしょ。

重度障害者の運動を

横山　自立支援法について、新田さんがどう考えているか、ずっと話したいと思ってました。

自立支援法は問題だらけだけれど、自立支援法にはたった一ついいところがあると思っているんですよ。それは、自己主張が強い障害者だけにヘルパーが来るのでなく、自己主張の弱い障害者にもヘルパーが来るようになった。この一つはいいことだと思っている。

新田　ちょっと今の話もう少し聞かせて。

横山　ぼくたちが介助保障運動をやってきて、自己主張が強い障害者には介助者を引っ張ってこれた。だけど、自己主張が弱い障害者でも介助が必要なんだ、ということで、ぼくは自立生活センターを立ち上げたわけ。それはそれで成功をしたわけだよね。ただし、今、行政が公平平等という名のもとに、本当に必要な人までどんどん切られていっているわけ。

厚労省の考えは古いよと。ぼくは公的介護保障をやっていきたいと思っていて、行政は公的責任を放棄しているのよ。行政は金の無駄遣いばかりしていて、国の公平等というのは間違っていると思うわけです。

新田　きみとずっと話ししたかったの。本当に介護保険と統合されたら、それこそ重度障害者の自立そのものが全滅でしょ。そこだけはとにかく、やらせてはならないでしょ。高浜くん、厚労省がどうして組合との話し合いを強行に拒むかわかる？　それはたぶん、見守り介護を廃止していこうとしているということでしょ。昨日、厚労省の自立支援法の改正のパンフレット見たら、一切、「見守り」の言葉は入っていないの。聞くところでは、大阪でも見守りは拒否しているところがたくさんあると聞いているよ。

高浜　全国障害者介護保障協議会の機関紙に載っていたことですけど、京都市が見守りを拒否しているというので、厚労省に言って指導してもらうという経緯がありましたよね。

新田　聞くところによると、大阪の人は二四時間の介護について疑問視しているようですね。

高浜　「障害者の地域生活確立の実現を求める全国大行動」（以下、「大行動」）の報酬単価のワーキングチームが立ち上がって、何回か会議をやってきたんですけど、自立支援法の見直しを前倒しさせてでも、報酬単価の従前額に戻そうと、で、長い目で見てパーソナル・アシスタンスの制度にしていこうと話し合っている。

大行動では、意見の相違があるときがあって、大阪のほうと感覚がずれる部分がある。大阪の運動は軽度の人がやってきたのかなと。重度の人だと、一人月二〇〇万円で、年間二四〇〇万円くらいかかるわけじゃないですか。作業所でも一二〇〇万円くらいなのに、この額は考え直したほうがいいんじゃないかとおっしゃっていた。日中活動を含めて生活全体を考えたほうがいいのでは、と。やっぱり健常者の人が発言する場は必要だろうが、ここで、当事者の人にしか言えないことは、当事者の人に言ってもらったほうがいい。

横山　大阪の人間はシンパがいっぱいいるから、話せばわかる人だから、こんど話しておきますよ。

新田　そういう意見があると、本当にこっちは不利になっていくでしょ。

横山　そうだよね。

高浜　全国公的介護保障要求者組合（以下、「要求者組合」）の組合員の方で、東京と大阪と行ったり来たりしている人がいるんですが、女性なんですけど、だんなさんが大阪にいて、大阪で住みたいと思っているんですけど、大阪だとサービス水準が二分の一か三分の一になってしまうらしい。大阪と東京じゃ、財源的には変わらないと思うんですけど、これだけ違うっていうのは、運動の取り組み的にどうなのかなと。

横山　東京と大阪の運動の違いっていうのはあって。大阪はいつも全体の底上げをやっているのよ。ぼくたちは事業所にターゲットをしぼって、やるんだよね。そのへんが大阪と違うんだよね。だから、話しとくよ。

新田　とにかく、そこはお願いします。横山くんとしてＪＩＬ（全国自立生活センター協議会）として、今後、介護保険と統合させないためにどのように運動を展開して動いていくのですか。

横山　正直に言って、新田さんわかっていると思うけど、今のＪＩＬの中で、ぼくは地方に人気あるのよ。（高橋）修ちゃん系列がまだいて、今のＪＩＬは情けないと。運動がスマートになっちゃって。だから地方の声はね、ある程度ＪＩＬにはちょっとそっぽむいて、別の組織をつくったほうが、そしたらおれはついてくよ、という声が上がっていたわけよ。ぼくもそのほうがいいと思う。ＪＩＬで会議するでしょ、ぼくだけなんだよね、食事介助をしてもらうの。あとみんな自分でメシ食える人なのよね。食事の時間を使って、会議をするわけよね。だから、確かにＪＩＬの役目は終わったと思っているわけ。

(注1)

高浜　中西正司さんの本[注2]のなかでは、介護保障の成果を上げてきたのは要求者組合。そのグループの中の一部の人たちが、ＣＩＬの人たちと連帯して行ったと書いている。ある意味、そこはもとに戻るという発想ですか。

横山　ぼくはＪＩＬの中でも、生き証人だから。全障連（全国障害者解放運動連絡会議）も、要求者組合も参加してたし。ＪＩＬの中でも発言権をもっているけどね。

　ＪＩＬの「当事者主体」っていう考え方はよかったわけ。でも、個人的には日本の運動がこんなふうになっちゃったのは、一番大きいのは一九九六年頃か、社会福祉基礎構造改革。あの時、障害者運動が運動できなかったわけね。あれで「措置から契約」になっちゃったわけね。みんな聞いたことのない言葉だったのね。ぼくも「なんだ？」と思ったんだけど、あまりにも障害者の仲間が素通りした。措置から契約へというところで、ぱっと飛びついたのが中西さんなわけよ。ぼくもしょっちゅう修とはケンカしていたわけよ。しょっちゅう、そういう議論をしていたから。当時、ＣＩＬはあっちこっちにできていたけど、僕は中身の問題だと。修は、今は数をつくることだと。「数の論理」を大事にするんだと。それが先駆的事業ということで、評価されたのよね。それがさ、いつまでも先駆的事業でしがみついていてもしょうがないわけよ。いかに時代を見るかってことが大事なわけ。軽度障害者だけじゃなくて、重度障害者がやらなきゃいけないと思っている。

障害者主体ということであっちこっちに自立生活センターができてきた。でも、今、全国ホームヘルパー広域自薦登録協会（以下、広域協会）がセンター立ち上げてんのね、広域協会が進めているセンターが力をつけてきているのよ。JILのセンターは事業所の運営に力をそがれちゃって、運動はやっていないの。だから、JILの役割は終わったと思っているの。

新田　横山くんはずっと見てきてわかっていると思うけど、こっちの要求が通らないような、頭数だけ増えて、動いてしまっているでしょ。健全者の動きと同じようなことしかやらないでしょ。はっきり言って、いのちを賭けていくような真剣さはないでしょ。

横山　ぼくはこういう単純な人間だからね、悩んだらいつも原点に戻ろうと思うわけ。こんな複雑な社会になって、なにがハングリーかということだよね。

新田　（自立支援法の認定プロセスに関して）だから、一〇カ所も通らないと認められないなんて、本当に障害者の人権なんてまったくないでしょ。

横山　「見守り」っていう言葉が軽くとられていると思う。いわば重度障害者から見れば、生命維持の介助なんですよ。だから、「生命維持の介助なんだ」っていうのを訴えたほうがいいと思うんですよね。見守りを軽く見ないで欲しい。

片一方でね、無駄遣いばっかりやっているものね。毎月毎月書類が来るの、あれだって無駄遣いでしょ。

新田　毎月二〇〇枚くらい書くでしょ。

横山　そうだよ。

新田　それこそ無駄遣い。

横山　昔は六枚ですんでたんだよ。

新田　北区は一枚。

横山　ははは。

新田　しかも、介護時間もそこに費やすし。

自己主張する自立

横山　ここはちょっと新田さんと議論を交わさないといけないことだと思うんだけど、悩んでいたの。よく厚労省と交渉をするとき、いつも「国民的合意だ」っていうわけ。厚労省がおれたちに「国民的合意をどうとればいいか」って聞いてくるわけ。新田さんはどう思いますか。

新田　「国民的合意」といっても、障害者の人権や生活権を侵すような手続きの仕方こそが、おかしいでしょ。たとえば、介護保険の認定調査の七四項目のように、プライバシーをとことん根こそぎ聞くこと自体、まったく人権を侵しているでしょ。健全者が生きて生活するのに、あのようなことはやっているのですか。

横山　「国民的合意」っていうのは、いつまでたっても障害者はマイノリティなわけよね。でもね、みんな年をとるわけよ。みんな健全に生きていけないわけよ。いつ事故に遭うか、病気になるかわからない。それを「ぼくたちが実践しているんだよ」といえば、「国民的合意」はとれそうな気がするんだよね。

新田　今は障害者に対して、行政が「国民の合意」をとるために何をやっても、かまわないということでしょ。その言うことを聞かないなら死になさいということでしょ。

横山　新田さんと話していたら、人権だとか、差別とか出てきて、ぼくもよく使うんだけど。若い障害者はわかんないんだよね、人権とか。三十代の人たちとイベントをやったのね、「差別とは何か」と。何も答えはないわけね。それで、わざと聞いたわけ、「新宿駅で何分待たされましたか?」と「二五分です」と。「で、あなたはどう思いましたか」と聞いたら「ま、しょうがいないかなと思った」というの。それが今の感覚なのよ。健全者が平気で階段を上っていく、ぼくはずっとそれを横目で見てきたのね。「それは差別じゃないのか」って聞いたのよね。そしたら、「そういうもんじゃないですか」っていうのね。それを聞いてがっくりきてね。

自立支援法しかりじゃないですか。当たり前におカミがやってくれること。差別とかいえないようにさせられてるのよ。ぼくは新田さんからも猪野(千代子)(注3)さんからも「自己主張、自己主張、自己主張」と教わってきたから。今は待っていたらやってくれるっていう感覚なのよね。

新田　アメリカに行くとすごくわかる。自己主張しない障害者は浮浪者か施設で玉ころがし。自己主張する人はおれはエライんだと自分からどんどん発言していく。だから、一番底の片隅で生きている障害者は脳性マヒの言語障害の人なの。そういうのを向こうで半月間見てきたでしょ。

横山　アメリカのADA(アメリカ障害者法)にしても、ほとんど軽度障害者でしょ。重度障害者なんてアメリカで聞いたことない。それを日本の障害者が真似てしまったんだよ。

新田　あとは、ケア付き団地に住んでて、部屋や廊下に監視カメラが付いている。それを事務所で見ているのがヘルパーなの。

横山　もともと日本はずっとずっと障害者運動が盛んだったわけよ。もう一度当事者がつくったっていいんじゃないかって思うよ。重度のＣＰの人こそね、新時代を開く人だと思うよ。

高浜　「大行動実行委員会」の世話人会議に出ていても横山さんがいらっしゃるのはとても心強いですよ。介護の話をしていても、介護受けてらっしゃるのは横山さんくらいですからね。当事者主権っていうのは重要ですけどね、それが徹底されると、スマートな人たちしかしゃべることができない状況になっていく。

新田　やはり健全者の言うことに逆らっていくことで、健全者が変わっていくのでしょ。そこを塞いだら、本当に何にも変わらない。

横山　この頃、若い障害者を育てないといけないかなって、いろいろ出てんだけど、依存が激しいね。健全者に依存しちゃうのよ、何でもかんでも。自立と依存というところで、授業をやってんだけど、どうして依存っていうのが出てきちゃうのかなぁって思ってね。

新田　そこは仕方がないでしょ。自分が苦労しないでも、介護者が派遣されてくるんだから。

横山　そうなんだよね。

新田　ぼくは事業所はあってもいいし、反対はしない。だけど、もう片方のものをつくっていかないと、障害者はおんぶに抱っこでしょ。緊急時にだけ事業所は対応して、あとは放っておけばいい。

横山　「（介助者募集の）ビラまこう」と言っても、「ビラのつくり方がわからない。どこでビラまくの？」って。「ヘルパーさん集めるのは事業所じゃないの」って声が圧倒的に多いわけなんだよね。

新田　自立したいと施設から出てきた人に、「ビラまきに行こう」といったら、「こんな苦労をするなら施設にいたほうがいい」と戻ってしまった。そういう人がたくさんいるでしょ。

横山　そうなのよね。若い世代を教育してはいるんだけどさ。

新田　今のやり方は自立と言っても、親の介護から事業所の介護に変わっただけなの。

横山　自立生活センターが保護者になっているんだよね。ぼくらは親＝保護者っていうのがいやでいやで仕方がなくて自立をしたのに、今の人は親を求めているのよね。自立生活センターっていう親。人間てね、楽なほうへ行きたがっちゃうのよ。

新田　障害者自身の生きる意欲もなくしてしまうのよ。

横山　怖いのよ。「自立しなくてもいいんじゃないか」って感覚が若い世代から上がってくるんじゃないかって。「ぼくらがやってきたことは何なのっ?」って。それが怖いんだよ。

新田　昔は本当に、真冬の夜の十一時ぐらいまで駅でビラまいて、介護者探したりしていた。

横山　ぼくら毎日だったものね。五人兄弟の末っ子で、甘えん坊に育てられたんだけど。親が亡くなって、施設に入って、これじゃダメだと自立したわけ。だけど、甘えん坊だったから、何をしていいかわからないわけ。だから、朝は料理の本買って、介護者と料理を作って。昼は役所に行って、制度の勉強して。夕方は駅に行って介護者を探すわけ。そういう生活が六カ月続いたんだよ。「これがおれが求めた自立生活なのかな」って気がしたのね。それで、新田さんたちと付き合って、介助保障が大事だと。明日の介助を前の日の夜探すんだよ。それがずっと続いたのよ。「それが自立生活なの?」って気がして、だから介助保障が大事だって。それで新田さんたちと共鳴した。今でもそうだよ。

新田　真冬の夜なんて、寒くて凍死するようだった。眠くなってきちゃったり。

横山　ぼくもあった。ガソリンスタンドで屋根があるじゃん。雨が降ってきてさ、そこに駆け込んでさ、一晩くらい過ごしたこともあるよ。

高浜　当時と今の介護者との関係性の質は違いますか。

横山　ぜんぜん違う。自分で探した人は続くんだよ。ぼくの介護やっているなかには二五年やっている人いるし。うちに来たほうが落ち着くというわけ。自分の家より。

新田　生きるってそういうものでしょ。そういうところから、闘うという意欲につながっていく。

横山　生かされてる。自立生活センターも親と同じ。自立生活センターに生かされてる。生きる実感が欲しいんだよね、みんなね。やりたいことをしっかり持つってことだと思うよ。いまの若い人って「何がしたいの?」って。「深夜映画を見たい」とか、「スケベな映画を見たい」って動機はわかるよ。でもそれをずっとやってでもつまんないでしょ。第二の人生というか、自立してどう生きていけばいいのかって。女をつくりたかったら、つくればいいのよ。仕事をしたければすればいいのよ。そういう発想が今は出てこないんだな。

新田　もう一つは今の介護料の仕組みを変えていかないと、そこは不可能でしょ。

横山　それは思うね。

高浜　離職率が激しくて、単価が低いって問題は確かにあって。でも、昔はもっと低かったのに、新田さんたちの介護者は辞めずにずっといるわけでしょ。だから、単価の問題だけじゃないところもあるんじゃないですか。
新田　今は事業所を通してそこからヘルパーが派遣されているでしょ。前は行政から直接、障害者の手元に来るでしょ。そこで、行き当たりばったりの人でも自分で介護者を頼めたでしょ。そこは今はまったくできないし、介護を頼むには二〇時間の研修が必要になる。そこで逃げて行っちゃう。

資格制度の問題

横山　ぼくなんか、介助者の時給が二四円の頃の介助者がまだ残っているからね。新田さんね、ぼくの持論があって、この頃みんなに言ってんだけど、個人的に何が一番問題なのかと言うと、ぼくは資格制度。資格制度が一番問題だと思っている。学生が来るわけ、サークルでね。以前は、資格なんてなくて、自分で育ててね、それを区に提出すればよかったのね。学生なんか、ちょっと福祉をかじってみたいとか、障害者と関わってみたいとか来るわけでしょ。そこで、研修を受けなきゃいけないってなると、逃げちゃうわけよ。
　そこで、ヘルパー二級資格を二段階方式にすればいいんじゃないかと思っているの。大学一、二年の頃は無資格で時給は安くてもいいわけ。三、四年になって、そろそろこの仕事で生きていこうと思ったら、初めて資格を取って時給を上げていけばいいのではないかと思っているの。これは国もお金を使わなくていいし、人は集まるし、いいと思っているの。
新田　今、その辺、特に難しいでしょ。一つに、たくさん事業所ができてしまって、どうしてもどうせやるなら高い時間給を選ぶでしょ。もう一つは、国民自体に人間関係というのが、とにかく薄い。そういう背景のなかで、現実に考えると難しい。
横山　難しいか。
高浜　要求者組合は今でも、ビラまき、カンパ活動はやるんですけど、年配の人は取ってくれるんだけれど。
　ところで、国立《くにたち》の独自の制度(注4)をどう思われますか。あれは資格がなくても介護に入れて、「良かった」という人もいる。一方で、新田さんなんかは国の単価引き下げの口実にされるんじゃないかと言っている。
横山　ぼくもねぇ、国にいいように使われる、利用されるんじゃないかという気がしている。

新田　危ない。その単価でやれるっていう口実をつくっていくのよ。そうなると、逆に今よりまったく人は来なくなるでしょ。

横山　だから、本当に難しいよね、一長一短で。あくまでも、ぼくの原則は障害者からは時間数の確保。時間の問題をぼくは追求したいなと思っているのね。だって、障害者が単価を上げろっていうのは本末転倒だと思うんだよ。共に生きるっていうのを何かっていうのをもうちょっと探りたいと思っているのね。

高浜　新田さんは単価の問題も激しくやりますよね。その辺の問題は。

新田　やはり、そこは両立してやらないと、まさか介護者だって、霞を食って生きているわけじゃないでしょ。

横山　昔の介助者は「とにかくやってみよう」っていうのが多かった。資格がなくても「とにかくやってみよう」って。専従だと「介助者さんてこんなにもらえるんだな」って、「こういう仕事はけっこういい」と思う人はいたと思うんだよね。それが今は「資格、資格」でしょ。資格を取るのに五、六万円かけて始めなきゃいけないわけでしょ。これじゃ来ないよ。

もともとぼくの考えは、介助っていうのは近所のおじさんもおばさんもみんなできるものだと思っているの。どうしてそこに資格を持ってきたのか。厚労省はわかってないんだよね。もっとその辺でいろんな人たちとじっくり話したいんだよね。

高浜　自治労の主張は基本的に資格は必要。財務省から金を引き出すためには資格がなければならないとなる。そうじゃなくて、資格がなくても賃金が保障される仕組みをつくるべきですよね。介護は誰でもできることだけれども、個別個別の対応、経験を評価させうる仕組みを当事者の人たちがつくっていったらいいと思いますよね。

横山　一般的な資格は必要ないよね。

ぼくが一番悔しいのは、新田さんも気が付いていると思うけど、厚労省交渉、都交渉のときに役人はまた平気で「ボランティア」を使うようになってきたのね。昔は「ボランティアとはなにごとか」と言ったものだった。いま平気で使うんだよね。ぼくの前でも。

新田　横山くんの関係者のなかでこういう話の意識の人いる？

横山　いますよ。介助者が多いけどね。当事者より。

ところで、ここのところずっと関わっている若造がいるわけよ。そいつが、二言目には「働いて金もらって嫁さんをもらって」っていう夢を言うんだけど。「おまえは何者だ」と。「障害者じゃないのか」と。「この日本において障害者がどういう存在かわかっているのか」と。すごいよ、そいつのオヤジ。警視庁の幹部だもの。親が警視庁の看板をしょっているから、親から差別を受けてんだよ。それで親が同僚を呼ぶわけだよ。すると家ではお前はあっち行ってろって排除されるんだよ。小さいとき。そういう親子関係だったの。今は親から引き離して一人で暮らしているんだよね。でも、なかなか直んないよ。そう差別されて生きていた人って。親に徹底的に叩き込まれちゃったからね。

時間があればまた来たいな。こうやって話したほうがいいよね。

新田　また話しましょう。今日はどうもありがとうございました。

注

1　高橋　修（一九四八〜一九九九年）　先天性四肢関節硬直症。「立川駅にエレベーター設置を要求する会」で障害者運動に関わる。立川在障会を経て、自立生活センター立川設立、代表。全国公的介護保障要求者組合を設立、委員長。九七年に辞任し、全国障害者介護保障協議会を設立。全国自立生活センター協議会事務局長、DPI日本会議常任委員など、介護保障・自立生活運動の中心を担ってきた。（第四章の益留さんの文参照。）

2　中西正司・上野千鶴子著『当事者主権』岩波新書、二〇〇三年

3　猪野千代子（一九三六〜一九九九年）　脳性マヒ。府中療育センター闘争を経て、七三年より北区で自立生活を始める。生活保護他人介護料特別基準（大臣承認）を取り、介護保障運動や、都電の乗車運動を契機に「障害者の足を奪い返す会」で交通アクセス運動の先駆をなす。

4　国立市障害者（児）地域参加型介護サポート事業のこと。

第五章　過去から現在に向けての提言

（二〇〇八年九月十三日　講演・HANDS世田谷「障害者自立生活運動の原点に学ぼうPart２」より）

一　いのちを燃やす生き方

さて、この『地域に生きる』を見ていかがでしたか。今横山さんから紹介されました新田勲です。このビデオを制作した当事者です。

このビデオをどうして作ったかというと、猪野（千代子）さんの介護者があまりにも足りなくて、駅頭や福祉の専門校や大学のボランティアサークルに介護者要請のビラを毎日に持っていってまいても、ほとんど介護に入ってくれる人が来なくて、生活のなかでは介護者のいない日々の時間もあって、お漏らしや垂れ流しのまま過ごすことがありました。なぜなら、抱き抱えて起こす介護者もいなかったからです。また、ある障害者は車いすに乗ったら二四時間も三〇時間もオムツをして車いすに乗ったままで、夜になっても布団の中に寝かせてくれる介護者もいなくて、車いすで腰の折れたままL字型で一晩二晩も過ごし、食事もとれなくて、そのままいたりという状態の自立生活でした。

そういうところで、障害者の自立の厳しさよりも、介護者探しのためにこのビデオを福祉サークルで上映して、一人でも関心をもって来てもらうために作ったのです。

介護に入る人には少し厳しすぎたところはありますが、だけど、やはり介護に入る以上、ここまで映像によって自覚してもらうために一生懸命作ったビデオです。

どうして垂れ流しても、食うや食わずの生活をしても、車いすのまま何日も寝ないでそのまま暮らしても自立生活をしたいかというと、自分の大切ないのちは自分のために自分でつくって、どんなに苦しいつらい状況にあっても、自分の意向どおりに使って燃やして果てたいからです。人間と生まれた以上、誰しもが一番望むのは皆さんと同じ普通の生活がしたいということです。だけど、障害者に生まれたら、障害が重ければ重いほど親の意向で保護されて、その親や健全者のつくった縛りの枠の中でしか生かされていかないのです。

自立したいという意向のなかでは、当然、異性への感情が一番深く、自立の意向に付きものです。普通に生きたいという気持ちのなかでは、女性は普通におしゃれをして彼氏が欲しい、結婚して子どもを産んで普通の生活がしたい。男性は彼女が欲しい、ソープランドに行きたい、やりたい、結婚して子どもをつくって、奥さんのそばにいて過ごしたいというそういう気持ちで、少し前までは自立する障害者がほとんどでした。今までの障害者関係の福祉学者や有識者の出す福祉の本の中で、障害者がソープランドに行きたがっているとかセックスをしたいとか一発やりたいとか、そんな言葉の書かれた本が出ていたでしょうか。それこそ人間にとって一番大切なものである性のことを取り除いて、障害者の自立そのものを弾圧することとしか書かれていないのが、現代の福祉の本なのです。

今のＪＩＬのヘルパー事業所にしても、異性介護を認めない事業所なんて、そこでは事業所の管理者とヘルパーの介護を受ける障害者とのあいだに上下関係をつくってしまっていることを自覚するべきです。確かに、そこはすごくむずかしいと思いますが、一番大切な性というものを禁止して奪い取って、どうやって自立の力が出るのでしょうか。

二　本来の福祉を取り戻す

また、今の自立支援法のもとでは、ヘルパーの介護を受けるには、事業所の枠がはめられて事業所からしかヘルパーの派遣を受けられない。私からいえば、事業所の管理者は「何様だ」と言いたいです。やはり、管理者そのものが行政の感覚でいるから、そういう上下関係をつくっているとしか思えないのです。そこで「平等」とか「自立の熱意が欠けている」と言ってもくだらなすぎると思います。

少し前までは、やはり、自立というと上下関係もなく、そりゃ、介護者探しは厳しかったけど、自分の好きな介護者も入れられて、そこには性という生きがいも持てる生き方だったと思います。この辺、深く言ったらきりがないですが。今の自立というのは、親の保護や施設の職員の保護というカゴに入れられて、ただそのままカゴごと外の部屋に移されて、国の制度・政策のカギのかかったカゴの中で、うごめいているだけです。やはり、カゴの中でおとなしくしていれば食事も介護の手も苦労もしなくて自然に保障されて、守られてそのまま生きていける。これが障害者の自立の状況なのです。

　こういう状況をつくったのは誰かというと、今の活動をやっている私を含めた中心メンバーなのです。つくったものに対して、今になってこれがいけないから閉じていくような動きをしていけと言うつもりはありません。ただ、今後の障害者の自立生活の運動をどのように展開していくか。

　今の障害者の自立生活そのものが締め付けとなってしまった制度・政策から分解していくことからしていかないかぎり、障害者自身の生きているという生のよろこびや実感は自立してもわからないと思います。やはり、この数年間のあいだに、福祉の学者や有識者、厚労省という行政の管轄の中で、その現実味のないこじつけの理論や発想、その意見の中で重度障害者の自立生活の現実の状況や当事者の発想、意見は、力の強い者の空論によって、健全者の権威にすっかり弱者の思想はもっていかれました。

　まず、福祉を転換するには、そこを逆転して健全者の強い理論や発想を重度障害者が自立生活の中で奪い返していくことです。そうでないかぎり、重度障害者の生のある生き方なんて絶対に不可能なのです。

　また、自立支援法の三障害一本化のその制度・政策の一括性の保障こそが一番の問題であり、そこからいろんな問題が高じて、一番弱い者にしわ寄せが来ているのです。そのことからこの自立支援法を白紙に戻して、障害手帳は仕方がないものとしても、障害程度区分や判定、その他こまごました障害者の自立生活をとことん調べたり、障害疾病をとことん尻の毛までも見ていく、障害者のいのち、生活の尊厳をまったく無視して人権そのものをなくされたような、介護を受けるのに人間侵害の調査や判定は絶対やめるべきです。その辺をやめさせていかないかぎり、私たちの生そのものの人間としての自立生活なんて絶対に望めないのです。

　私たちは自分たちの自立生活を奪い返すためにも、重度障害者自らがどんどん発言力をもって、健全者より先手を取って、こちら側から厚労省の権力に向かって、こちらのやり方で話し合う場をつくらせていくべきです。そこが、この数年間のなかで欠けてしまっていたからこそ、厚労省や福祉学者や施設の上の者たちといった健全者に、常に先手先手を取られて、私たちはその動きについていけず、惑わされて、あっというまに自立生活ががんじがらめに縛られてしまったのです。

そのためには自立支援法を白紙とさせていく動きと、全身性重度障害者の団体を結成して厚労省に私たちの側から、制度・政策・介護保障について話し合う場をたっぷり時間を取ってつくらせていくことをしないかぎり、強い行政や健全者の足元でうごめくだけなのです。

やはり、私は古いかもしれないけど、人間が生きていく以上、つらいことや苦しいことは付きものだと思います。それが今は、楽に生きている人はがんじがらめに縛られて、人間とは思えない自立生活を強いられてしまっていると思います。人間として生のある生き方をしていないことにまったく気づいていないのです。そのように締め付けられてしまったのです。私たちは健全者の資本主義の利潤に乗せられて、その労働に大切ないのちを費やすことはないのです。そこをやるならもっと大切なことはたくさんあるのです。利潤を求める仕事をするなら、弱者のために福祉の活動のために燃やして、利潤につながらない動きをしてほしいのです。

少し話がずれましたが、今の介護保障に至るまで、最初はたった二人の重度障害者とその介護者が自分の生活を全面的に賭けて、交渉をして、介護時間以外の時間でも自分の職場やバイトを休んでまでも一緒になって行政とやり取りをしてきたからこそ、ここまでに至ったのです。今は行政交渉にしても、その日に介護に入っている時間内しか健全者の参加の動きはないと思います。やはり、そのこと自体、健全者にとっては介護料や障害者の介護というのは他人事なのです。厚労省に対しては一体化して動いて対決しないかぎり、障害者も介護者も苦しむのです。昔は常に一体化して動いてきたからこそ、ここまで来たのです。その辺の動き方も考えてみる必要があると思います。

やはり、そこには双方のいのち、生活を深く思い、人間同士の関係がつくられていたからこそ、そこまで親身になって動いていけたと思います。そういう関係があればこそ、現在の東京都の手当や介護保障の骨格が自立生活の介護保障としてどんどんつくられていったわけです。

確かに障害者自身が自立生活をするのに介護者探しにつらい苦しい日々の生活だったけれど、障害者の介護をする介護者もまた、自分の食い扶持すなわち生活するその生活費を他の普通の仕事やバイトをして稼ぎながら障害者の介護に入ることは、相当きつくつらかったと思います。それを長く続けている介護者は相当に福祉というものに賭けていると思います。確かに長く続けている人は少数と思いますが、そういう親でもきょうだいでも身内でもない、健全者がいればこそ、私たちの自立生活が発展して現在の介護保障に至ったわけです。親、きょうだいなど親族の中には、施設に障害者を捨てる人もいるけど、自立という力になる親族はほんのわずかしかいないと思います。私たちが自立生活をしていくのに、そこを一番考えて欲しいのです。

この辺、もう少し言いたいけど、話が少しレジュメとずれますので、この辺にします。福祉は当事者の意向を無視して「充実」という他の意向や意見で進めれば進むほど、まったくぐうたらな制度とされて、その保護の下で、弱者も介護する側も、まったくダメにされていくのです。

三　人間関係を基本とした障害者運動を

さて、今後のその辺の方針として、一つに、できれば自立支援法廃止、全身性重度障害者の介護制度の抜本的な見直しについて、全身性重度障害者が中心となって自ら立ち上がって厚労省や都道府県やその行政と詰めていくという動きをしなくてはならないのです。はっきり言って自立支援法は、上半身の動ける、日常生活においてほとんどヘルパーの手は必要なく生活できる軽度の障害者を対象としていると言っても過言ではありません。このようなことを言うと、異論がたくさん出てくると思いますが、全身性重度障害者の立場から見れば、そのように思えるのです。

現在の厚労省が行っている社保審の障害者部会では、全身性重度障害者の当事者の参加もなく、発言に時間のかかる障害者はその部会からはずされて、ほとんど発言の時間のかからない者が、その代表として、発言に時間のかかる障害者の代行としてさも理解しているかのようにその部会で意見を交わしたり、発言したりして進めています。団体代表としてそういう発言をするのはわかりますが、やはりわかるといってもヘルパーを入れなくても生活のできる者と、ヘルパーがいないといのちがなくなる者とは、その発言の重みがまったく違うのです。発言の時間に限りがあるということから、厚労省の関係する会議ではそのようなたぐいの障害者は締め出されていると思います。ＤＰＩ（障害者インターナショナル）日本会議やＪＩＬ（全国自立生活センター協議会）などの運動団体は特にそこを考えて動いていくべきです。やはり、ＡＬＳの障害者や全身性重度障害者が参加する会議や話し合いで、時間制限をすること自体から考え直していく必要があります。自立支援法の制度・政策を東京都の全身性障害者介護人派遣事業の要領にそっくりもっていくべきです。

「措置から契約」の件について、私の意向としては、障害者のいのちを国の責任として保障するということから、措置は残すべきです。措置が国の責任として残ったとしても、障害者の人間としての自由や判断は尊重していけるはずです。その辺、こだわること自体、まったくおかしいことです。国民のいのちは当然保障するということが、憲法二十五条に定められているはずです。

厚労省が措置をはずしたい理由は福祉予算を切るだけ切って、自己責任という言葉の中で、福祉制度を一切民間事業者や市民の責任として押し付けていくためです。やはり、措置とか契約とかこだわらせていくことによって、弱者の福祉、国の責任そのものがどんどん放棄されて、弱者が締め付けられていくという背景がつくられているのです。今は福祉活動をやって動いている中心メンバーは国の意向や方向にすっかり乗せられて呑まれて、福祉の活動やその会議をもって動いています。それは、意味のない動きと同時に、弱者のいのち、生活の尊厳をどんどん締め付けているということを知るべきだと思います。

さて、自立支援法の抜本的見直しといっても、現在の厚労省がいう審議会の担当のメンバーが全員入れ替わって、その制度を直接使って自立生活をしている障害当事者が直接審議する審議会や制度・政策論によって介護制度そのものをつくっていかないかぎり、抜本的見直しなんてないはずです。はっきりいって、全身性重度障害者が一切手を触れられないあんな制度の仕組みの書類こそ、まったく健全者の発想であって、それ自体おかしなことなのです。それによって、障害者の介護時間を取られたり、無駄な紙の書類によって、国民の税金をどれくらい無駄にしているのですか。

また、ヘルパー資格も同じです。このような下手な福祉有識者の発想で、国民の税金は使われて、それによっていじめられて苦しんでいるのはヘルパーや障害者です。事業所にしてもつぶせというのではなく、自分で介護者を探して自立していける障害者はどんどんそうして、そのような社会の体制にもっていくような制度の仕組みに変えていくべきです。このような動きのなかで、双方して人間関係を育てていく、これを私の今後に向けた自立生活の障害者運動の展望とさせていただきます。

四　最後に

さて、この集会でいろいろと話してきましたが、四〇年間の全身性重度障害者の福祉の運動の歴史を語ったら、いくら時間があっても足りません。

最後に、繰り返しになるかと思いますが、皆さんにお願いがあります。

全身性重度障害者が生きていく生活のなかで、社会的利潤を上げたり事業所をやってるという、そんな時間はないのです。それをやったら、厚労省の意向や方針に呑まれて、全身性重度障害者は確実に足元をすくわれて、自立生活の保障はまったくなくなっていきます。身体障害者の介護制度と高齢者の介護保険とは、今までの障害者の反対の声によって、建前上は統合しませんと言っていますが、福祉の有識者や学者や行政の中では、国民平等公平という意見の中で、根強く統合に沿って動いていることは、皆さんもよくご存じと思います。はっきり言って、今の介護保険制度のやり方で統合された時点で、今の自立障害者の生活は全滅となっていくのです。そのことは、ここに来ている皆さんは、特に自覚してください。

だけど、すでに六五歳以上の障害者の問題を見れば、三分の一は統合に入っているのです。厚労省からは、そこでの重度障害者については、重度訪問介護一本でも、市区町村の判断でやってもかまわないという通達は出ていますが、重度訪問介護一本でやると、市区町村の独自予算が増えてしまうというところで、介護保険にもっていかれて、介護保険の厳しい生活を強いられて、外出もできないような日々を送ることになるのです。

介護保険の要介護度4〜5に認定された時点で、寝たきりまたは危篤に近い重病人ですので、電動車イスも自分では操作は不可能と判断されて、電動車イスを作ることもできないのです。また、電動車イスの障害者が、六五歳になって介護保険に移行されると、現在ではとりあえず介護保険になっても介護時間数については、前に受けていた時間数から減らされることはないし、減らしてはいけないことになっていますが、日常生活用具のほうとなると、六五歳で介護保険になったら、電動車イスはいちいち判定しないと認められないし、乗っていた電動車イスの修理については、経過措置として、介護保険移行後の五年間しか修理代は出ないことになっています。このこと自体、まったくおかしいことです。介護保険に移行された途端に、電動車イスに乗ってはいけないというような介護保険の枠自体、すごく問題だし、そこに統合するなんて、全身性重度障害者は外にも行けなくなるのです。

これからの二、三年で、福祉制度そのものが、抜本的に見直されていきます。そういう動きのなかで、私たちは、利潤を上げたり事業所をやっているようなゆとりはあるのでしょうか。私たちは、とにかく全身性重度障害者に対する行政の意向や、今の福祉学者を倒していくような、全身性重度障害者のでかく強い団体をつくって、まず介護保険統合という発想を、行政や福祉学者に言わせないような動きと同時に、六五歳からの介護保険優先について、厚労省と徹底的にやり合って、そこを、身体障害者は身体障害者の制度でやらせていく、ということを厚労省に認めさせていくことが、統合反対ということにつながっていくのです。やはり、この六五歳の問題は、今後の全身性重度障害者の自立生活において、一番でかい介護保障の問題なのです。

次にやることは、今の私たちの行っている事業所について、真剣に考えて、自分で生きていくという時期に来ていると思います。そこでは、現在の厚労省からの発想のように、人間の尊厳に値しない制度の縛りや、その発想に縛られて生きていくことが、私たちにとって本当に正しいのか、正しくなかったら、どういう制度を厚労省との話し合いのなかでつくらせて変えさせていくべきか、その辺の動きは即やるべきだと思います。

次にやることは、地域とそこに住む人たちとの密接で温かい関係づくりや、自分が動きやすい社会構造に変えていくという動きです。私たち全身性重度障害者の、日常生活や自立生活を縛らせないような動きをしていくことが、私たちの自立生活なのです。

障害者が街にたくさん住むようになって四〇年近く経っても、未だに東京の矢川駅のようにエレベーターもスロープも付いていない危険な駅はたくさんあります。私たちの動きは、まず人間関係づくりの介護体制の仕組みや、市民との関係、どこにでも行けてどこにでも住めるような動きをするべきです。そこでも、住民との関係づくりや、自立生活のその介護においては、ヘルパー資格ほど邪魔なものはないのです。厚労省の意向や方針ほど、私たちの自立生活を妨げているものはないのです。この辺のことは、特に皆さんが今の自立生活を継続する上で、やらなければならない動きと思いますので、よろしくお願いします。

全身性重度障害者の自立生活は、社会の利潤や健全者の労働に合わせていくことはできないのです。全身性重度障害者の自立生活に適したその制度の介護保障や、社会の人々と、そこに住んでいける温かい優しさのある人間関係、また、どこに行っても困らない社会構造、私たちの日々の生活のなかで、私たち自身がそれらを仕事としてつくっていくことが、全身性重度障害者の基本的な仕事なのです。体は利かないけど、人間の能力は無限大です。発想や考え方は、手足の利く人よりもまさに上だと思います。全身性重度障害者が地域で住みやすい社会をつくっていくことによって、健全者にとっても住みやすい社会になっていくのです。このことは、絶対に健全者にはできない仕事なのです。私たちは、誇りをもってやっていくべきと思います。

第六章　立岩真也氏との対話

日時　二〇〇七年十月八日（月）
場所　全身性重度障害者のケアライフ研修所

出席
新田　勲（全国公的介護保障要求者組合委員長）
立岩真也（立命館大学大学院先端総合学術研究科教授）
大坪寧樹（介護者・介護福祉士）
加来史明（全国公的介護保障要求者組合副委員長）
三井絹子（全国公的介護保障要求者組合執行委員）
川口有美子（さくら会・立命館大学大学院先端総合学術研究科院生）

新田　あと二、三年で介護保障がどうなっていくかわからないでしょ。一つは介護保険との統合の問題もあるし、それをやられたら本当に全身性障害者の自立は破滅していくと思うのです。その辺を、今、現実に起こっていることをどのように対処して保障につなげていくか。今自立支援法以降、ヘルパーの賃金の低さのなかで、どんどん人材がいなくなって事業所もつぶれているでしょ。なかでもALSとか重い障害者を抱えている事業所はどんどんつぶれている。最近もALSの人に派遣している事業所が人材不足でつぶれた。そういう現実がどんどん起こっているでしょ。このことはぼく一人の問題でなくみんなの問題ですので、この場ではみんなで意見を交わしていきたいのです。

立岩　今回、新田さんからこんなに分厚い書き物を送ってもらって、それでもってざっと読ましていただいて、思うところはあったんですけれども、その一端を先にお話しさせていただければと。この気合いの入ったというか、怒り満載みたいな、新田さんの原稿を読ましていただいていて、とりあえずはそういうことかなというところを。

障害者運動の明るさ

立岩　しゃべるのがつらいって言えばつらい話なんだけど、どこからしゃべったらいいのかよくわかんないんですけど、ここ五、六年ですかね、二〇〇〇年に介護保険が始まって、二〇〇三年の初めに支援費の上限問題というのが持ち上がって、介護保険との統合だ云々だという話が始まって、それから四年かそんな感じですけど、それから暗い話が続いてて、なかなかしんどいんですけど。

ただまあ暗い話ばかりしていてもなんなんで、こんな話をしても暗いことは同じなんですけど、一つ言えることは新田さんたちが七〇年代初め、半ばくらいからつくってきたものがあって、それがいったんいいとこまで行ったわけですよね。それが広がっていった。数が少ない人だけが使う限りの制度においては、まあ総額としてはそんなに金もかからないし、世間にも目立たないしというあたりで、なあなあで行けたといえば行けたのかもわからないけど、全国にいる介護が必要な人のために、使えるような制度を広げていこうというところを皆さんがやってきて、それが実際に増えていったときに、「このまんまで大丈夫なんかい」ということがあって、この間のことが起こっている。

そういう意味ではたんに悪いことが起こっているというよりも、成功したがゆえに、今まで七〇年代八〇年代どうしようもない状況を皆さんが変えてきて、曲りなりにも制度というものができてきて、広がってきて大きくなって、その成功ゆえにですね、それに対して枠をはめよう、はめざるを得ないというふうに、官僚というか行政のサイドが思うようになって、それがこの間の動きを規定していると思うんですね。

という意味でしんどいと言えばしんどいが、ある意味では運動の成功がもたらしたものではある。そういう意味では大きな反撃というか抑制を食らうところまでは、この国の運動は現実を変えてきた、つくってきたということは誇っていいことだと思うんですね。

そして、これ、いつの間にやらと思うんだけれども、他の国を抜いたと言える部分も、局所的にはですが、ある。ずっと北欧であるとか北米であるとか、そういうところと比べて日本は何たることかというふうに言ってきたわけで、今も実際そういうところはもちろんあります。けれども、そういう先進国でも、こういう状態になったら積極的な治療やらを止めてしまって、というやり方でやっていたりするところがある。この国の運動が、しぶとくというか、最重度と言われる人であっても、死ぬまで介護を受けられるような仕掛けを曲がりなりにもつくらせてきたということの意味はけっこう大きくて。

我ながらこれ言ってどうだ、という気もいつもするんですけど、ただ本当につくるものをつくってきた。それはある意味、世界に誇れるようなものだと思うんですよね。それは一点確認しておかないと、元気ももたないんで。やることはやったと。それでこのままで伸びていってはえらいことになるかもしれないとお役人たちが思ってですね、枠を作ると、その一環として介護保険みたいなものに移っていくと、そういう仕掛けをつくっていくというふうになったんじゃないか、というのがまず一つ。

いま起こっている悲しいことは、新田さんや三井さんやその他の人たちが二〇年、三〇年かかって、ぼくも八〇年代終わり頃から九〇年代にかけて、傍からそれを見ていた部分があって、本当に今でも尊敬に値するというか、「ようやってるなあ」と思ってきました。もちろんいろんな意味での運動論の違いであるとか、組織論の違いはありました。それにはさて置けないところがあるとは思いますけど。ただ、まずはやはり東京ですよね。東京をはじめとするところの制度の獲得運動が全国に広がっていったその帰結だろうと思うんですよね。

要求者組合の運動でどこまで一緒でどこまで一緒でなかったかぼくにはわかってないですけれども、高橋修[注2]とずっと親しくて、彼が亡くなる前くらいですよね、まだ介護保険後の今の情勢が現実になってなかった頃ですけれども。彼としゃべってて「これからこのままじゃいかねえぞ」と。「絶対枠はめてくる、型にはめてくる動きというのは来るよな」と。「そこでどういうことをやれるのかというのは難しいよね」という話をしたのね。一〇年くらい前の話ですけれども。

厚生労働省という難敵

立岩　もう一つは今の新田さんの話じゃないけど、厚生官僚というか厚生行政ですよね。厚生労働省をどういうふうに見るのかという問題がやはりあって。

これちょっと戦術論に関係してくるんですけれども、ちょっと微妙かなという感じはするんです。昔は――ぼくも知らないくらい昔の話でもあるんですけれども、全障連（全国障害者解放運動連絡会議）なりその他諸々の過激だということになっていた団体だと、話し合い自体が成立しない状況がありました。門閉めて入れないようにしてっていうのはけしからんとしても、それはある意味当然と言えば当然だったんですよ、大方針が違うわけですから。養護学校にしても何にしても、一方は「いる」、一方は「そんなものいらん」と言っていたわけですから。

ある意味話し合いができないということがありました。今でもそういう争点、心神喪失者等医療観察法であるとかについてはあるでしょうけれども、ただテーマによってはそう真反対ということにはならず、そしてそういう部分については、それなりの交渉も成立するようにはなってきた。

基本的に厚生労働省というのはなんだかんだ言って、厚生というか、福祉というか、そういう仕事を担っている役所であることは間違いない。そうすると少なくとも介護ということに関して、「何もせん」という話にはならないわけだし、それなりに、かなり個人差がありますけれども、中央官庁であれば厚生労働省というのは、財務省だとか外務省だとかに比べればエリーティズムというかそういう官庁ではないわけで、ある種の心意気というんですか、「厚生労働行政をなんとか」という根性、そういう気分がある。そういう連中は、相対的には、いるにはいるんですよ。

そのなかで、厚労省の官僚そのものがいわゆる福祉の後退ということに関してそれに拍手を送っているとか、そういうことではないんですよね。ありていに言ってしまえば、財務との関係のなかで予算の総枠をどうするのかと、それに対して少なくとも厚労省という行政単位の中では、その財布の元締めに対してそう強いことが言えないと。そうするとあとは削れるものを削らなければならないということになって、じたばたしてみているというのが今の状況なんじゃないかなと。

そういう意味でやる気はなくはない。でも財布の元締めから言われて、削らなければならない部分は削らざるを得ないと。そういう時に、もちろん事務官の長年障害行政に携わってきた人はそれなりに現場を知っていて、机上の空論しててもそんなものは通用せんよとわかっている人もいるんだけれども、入れ替わりもありますし、若い人もいますし、いろんな人もいるなかで、上からは予算がどうのこうのと言われると、なんかして制約をかけざるを得ないと。「このぐらいのやり方でやれば、何とか世の中まわるのでは」と。そういうことにしたいわけですよね。そこのなかでこちらから見れば非現実的というか、世の中うまくいかなくなるということがわかっていることでも一応プランとして出してみざるを得ないというか、それでうまくいくと思いたいわけですよね。というのがいまの状況なんじゃないかなと思います。

そうすると二つあって。要するに結局厚労省を責めても、なかなか難しいところはあって、政治の大状況とはいかなくても、そこそこのところを動かさんことには、厚労省をめがけて何か言っても、財務がこれからどっちに舵を取るかという辺りの変更がないと、何言っても難しいだろうなというのがまず一点ですよ。

ただもう一点は、厚労省にしても何にしても、まあ地方行政もそうですけれども、現実がわかって言ってるんではなくて、むしろ希望的観測というんですか、このぐらいやっても何とか事業所がまわるだろうと思いたいところで、この間動いているんですよね。そこの部分はまたちょっと違う戦術、戦略というか、そういうやり口でやっていっても、結局それは先ほど新田さんがおっしゃったように、事業所がある部分では根絶やしになってしまうとか、「これじゃ現実は決してまわりませんよ」ということを、現場か現場に近い担当の役人に教えるというか、地道な仕事になりますけれども、やっていかざるを得ないのかなと。

資格ではなく、当事者が育てる

立岩　そして、ヘルパーの位置付けがこの間どうだったのかなという話です。ヘルパーが足りんという話です。一つ目には端的に言って労働条件ですよね、労働条件を良くする以外の解決の道はあり得ない。確かにこの間、景気が少しは良くなって、他の就職口があるといったことも影響してます。

ただ、新田さんのもう一つのポイントというのは資格制度の問題ですよね。これをどうするのかという話は、大切なところがあります。これに関して言えば、資格制度が誰のためにあるのかという話があります。

いわゆるお金の出し手、つまり、行き着くところは税金払う人がいて、それを集める人がいて、それを財務省から厚労省に渡すという仕掛けになっているんですけど、その面と、それから事業所、それから最終的にはユーザーですよね。使う側の利害は、この点でいえばそんなに正面から反しているわけではない。まあ言ってみればそこそこのお金でちゃんとした仕事をしてくれればそれでいいと。お金の出し手にとってもサービスの使い手にとっても、それは言えると。

にもかかわらず、そんな必要あるのかというような制約をかけていて、それは場合によっては、どちらにとっても不合理だという可能性がある。つまり、資格のために学校に何年も行かせて金かけて、使えるか使えないかわからない技能というんですか、資格を与えてるわけですが、それにかかる金の何百万円が、それから一年か二年かしかヘルパーの仕事ができなかったら、差し引きしたらマイナスやんかという。そういう資格に時間とお金をかけるやり方が、もちろん使い手にとってもあまりいいことはなくて、お金をやりくりする側にとってもそんなに合理的でないかもしれませんよね。

そういう意味でいえば、新田さんらが、自分たちで介護者は育てる、それだから国がよけいなことをする必要はないんだという主張は、これからの状況の中でも本来は一定の実現可能性があるはずだと、そう思います。

では誰がこうさせているのかという話ですけれども。新田さんの文章はけっこうきついこと書いてあります。つまり福祉業界・学界が悪いんだと。ぼくはそちらの業界には利害関係なくて、私はかまわないんですけど。実際問題、資格を取るための学生を採って教えて、そこの教員を輩出する大学院をつくり、という仕事で、さほど儲かっていると私は思いませんけれども、それでもそれで飯を食っているということは事実なんですよね。そういう意味で言うと、そしてある人たちに福祉に関わる政策への影響力があるとすると、ユーザーの側から見ても金の出し手から見てもそんなに役に立たないような資格制度をつくりだしたり、維持したり、あるいは拡大したりする、そういう部分に対しては確かにあの勢力というのは加担していると、そういうふうに言えんことはないだろうとは思います。(註3)

そうするとそれに対して、介護福祉士という資格そのものをぶっつぶせという、そういう勇ましい話をするかどうかは別としてね、ただ少なくとも自分たちの歴史を見たときに、三井さんでも新田さんでもいいですし、他の自立生活センター系のところもそうですし、それから難病系の「さくら会」もそうですし、自分たちが自前でつくりだしてきたノウハウ、介護者というもののほうが、実際、使えると。で、そこのところを制度の中に組み入れて、それを厚労省の官僚にわからせるというやり方が、今でも可能なんじゃないかなと、ぼくはそう思っています。

だから全部をなくせというわけには今更いかんだろうけれども、いわゆる向こうが言っている正規のルートに乗らなくても、介護者はつくれるし、あまりコストはかからんという言い方もあるだろうし。例えば難病なら難病のヘルパーもやっぱりある種の専門性というんですか、難しい技をできるようになるまでに時間がかかると、そうでない場合もあると。かかる場合はかかる場合で手当してくださいと、そうでない場合はオン・ザ・ジョブ・トレーニングですか、学校に行かなくても利用者本人の指示でやっていけると。そんなものに金をかけない代わりに、やっぱりヘルパーに金をきちんとあげて、人が逃げ出さんようにということはしましょうよと。その方向の運動の余地は、実現可能性としてはあるというようには思っています。

詐術を認めない

新田　一つは障害者の実権から健常者に実権が握られてしまったでしょ。もう一つはさっき小規模からでかい規模というなかで厚労省は変わったと言っていたでしょ。そこは少し違うと思うのです。要求者組合の全国の動きのなかで、ずいぶんでかく発展したと思うのです。厚労省としてはそこまでは認めてきたと思います。

だけど、厚労省の考えの中で、三障害一本化という思惑があったと思うのです。一つに、精神障害となると相当、施設や医療費にかかっていたと思う。そこを切っていこうとしたし、それをやるには障害者の中に組み入れたほうが都合のいいやり方でしょ。そこがあって、同時に障害者のかかる予算も一本化を口実として切ることを基本に置いたと思うのです。

立岩　今のお話の論点は三つか四つあったと思うけど、一番最後のものだけ言うと、三障害一本化という問題をどう見るかということであって、特に精神障害の場合は、医療というくくりの中でそれなりの金が使われていたと。で、それの削減ということが一つの課題としてあったと。それを医療という領域から障害者福祉という領域に持っていくことによって、医療という名目でかかっていた金を切り詰めていると、精神のほうの予算のコストカットを三障害一本化という名目でしてきたんじゃないかというお話だったかと承りました。

それは、そう理解できるところはあると思うんです。ただまず、一本化という話をどう受けるかという話のときに、病院にいなくていい精神障害者が病院にいさせられたと。医療の対象というくくりである必要のない人たちが、医療というくくりでしか対象にならなかった。それはその精神障害の当事者の人たちにとっても良からざることであったわけで、医療の対象になる前に、というかあるいは同時に、障害者福祉の対象でもあるべきであるというのは、知的・精神の当事者なり、またはその関係の人としてはあったんだろうと。それで、理念としては、一本化というのはいいんだということもあったんだと思うんですよね。

そうすると、結局はそのこと自体はそれとして受けとめるというか、精神障害をもっぱら医療の分野ではなく障害者というくくりに、というところに関しては、それはそれとして肯定するというか、そうした上で次の手をどう考えるかという話になると私は思うんですね。そうすると、医療にかかっていた金を障害のところに移すことによって、医療にかかっていた金だけをカットして、精神障害のほうには金を付けないで、合計としては金が減りましたと、ある種のはぐらかしというか、詐術を認めないというか許さないというか、そういう戦略を取る方向でしかないんだろうと。

例えば精神障害を医療のところに戻せというのは今更だし、精神障害の本人にとっても望ましくないわけだから、そうすると、例えば精神病院をつくったり維持したりするのにかかった金を減らしたとして、それに少なくとも同じ、同じじゃ足りないのでそれより多い分を精神障害福祉に回すというふうに、まあ筋論にすぎないとも言えるんだけど、そういう予算の使われ方の変化をこちらがきちんと把握した上で、そこにだまくらかしがあると、いつの間に精神障害に使われている金がそういう名目で減らされていると、これはごまかしというかペテンであるということを言った上で、「医療ではなくて精神障害者福祉のほうにもっと金をかけろ」と、そういう道筋で言っていくしかないんだろうなと。

あと、実際福祉行政に対して言ったとしても、じゃあ病院でないタイプでどういうやり方でやったらいいのかと、はっきり言ってよくわかってない部分もあるんだと思うんですよ。例えば、身体障害者の介護はそれなりにイメージがつきやすい。つくられてきたものがある。他方、それでは精神障害者の介護といったときに、それをどうやるんだと。どれだけの時間をかければいいんだと。そういうことは素朴にわかっていないというか、今のところはつかめてない部分はあると思うんですよね。そこの部分は当事者のほうで、精神障害の場合だったら地域で暮らしていくためにはこれくらいのサポートがあればいい、あるべきということを言っていくのがいいのかなというか、そういうやり口しかないんだろうなと思うんですね。

最後に言うと、結局、障害者が「医療から福祉へ」という、いちおう建前としては受け入れてもいいスローガンとして、医療から福祉に移ったとして、障害者福祉になんぼの金が使われているかというときに、やっぱりいわゆる先進国のレベルからいって、めちゃくちゃ低いことは確かなんですよ。それはおかしいだろ、と。障害者福祉にもっと金を回したって別にこの国は何ともならんはずだと、だいじょうぶだと、そのくらい他の国も出しているという話、これはやっぱり言っていくしかないんかなと思いますけどね。

掛け声に乗ってしまわない

新田 だから、これまでも府中療育センターのテント座り込みの闘争のなかで、重度障害者を医療の管轄の中に置くか、それとも身体障害者福祉法の管轄に置くか、そこが一番ネックの闘いだったのです。いまから四五年前のその経費が、医療の中では一人、月に二〇〇万円出ていたの。いまは八〇〇万円くらいでしょ。

立岩 いろんな意味で、前から言ってきたことが言葉としては先方も使うようになってきた。すると、言葉に騙されないように頭を使わなければいけない時世になってしまって、そのこと自体が厄介なんですけど。

例えば障害者運動はずっと「医療から福祉へ」ということを言ってきたし、それはおおむねというか原則的に間違っていないと思うんです。それは正しかったと思うし、今でも正しいと思うんです。ただ、その掛け声を行政がパクっているということがあるわけじゃないですか。そこで何が行われているかというと、先ほどの新田さんの話は「医療から福祉へ」という掛声のなかで、「医療切って福祉もやらん」と。「結局切っただけやんか」と。そういう話だったと思うんですけど、実際そういうことはあると。

それと同時に、例えば病院にいなくてもいい人が病院にいるのと同時に、医療を必要とする人もいるわけですよね。そういう人たちが結局その「医療から福祉へ」、あるいは「施設から在宅へ」という掛け声のなかで、必要な医療というようなものを削られてしまって、あるいは「病院から在宅へ」という美名の下で、今の現実から考えたら病院くらいしかいる所はないのに、「そこはあなたのいる場所じゃないでしょ」というような、そのなかで「地域へ」という名前の下で放り出されて、行く場所なくてというか行ける場所なくてどうにもならなくなるというのが、ここのところ起こってきた出来事だと思うんですよね。

そういう意味で言ったら「医療から福祉へ」というのは原則正しいし、「施設から地域へ」というのも原則正しい。しかし、そのことを昔は敵だった人が言ってる、やってるという現実があって。医療に関して言えば、その掛け声の下で医療を必要な人も医療を削られていると。それから、地域はいい、在宅はいい、けれども、在宅やら地域やらで何もないまま、医療しか取りあえず使う場所のないような人たち、あるいは実際に医療の必要な人たちが病院を追っ払われてるっていう現実ですよね。それに対してごまかされないというようなことも必要だろうと。

そういう意味で言うと、昔だったら「障害者と病人は違うよ」という言い方で、「おれたちを病人扱いするな」という言い方をしてきたわけだし、それもまったく間違いないとぼくは思っています。ただ、病人でもあるし障害者でもあるような人たちもいるなかで、状況がさっき言ったような状況だとすれば、医療を受けている人たちと福祉という文脈にいる人たちが共通する利害を持って、「やっぱり医療もいるときはいる」というふうに言っていくしかないんじゃないかなというふうに思うんですね。

昔は向こうが言ってることとこっちが言ってることが一八〇度違ってて、昔はある意味シンプルに言っていけばそれですんだんだけれども、今は言ってることは同じなのに「全然違うやんか」ということが、ここ一〇年、二〇年多くなっていると思うんですよね。そこんなかでこっちとしてもある程度頭使って、数字のトリックというようなものに、騙されないようにしていく必要があるなと思うんですよね。

新田　だから、障害者の基本は「措置から契約へ」というのは、厚労省もずいぶん言ってきたでしょ。医療となると措置という強制が基本でしょ。そこでは全く違うでしょ。

立岩　そうですね。現実に医療というのが医者なら医者の指図で動いていると、これはそうです。ただ医療の部分についても、言われたことをそのままにという話ではないだろうなということは、障害者が障害者について語るのと同じように、患者が医療のサイドに言っていくことはできただろうし、実際に言っていく話もあるんだろうけれども、そういう意味ではそこでも患者なら患者サイドが、障害者運動が言ってきたことを真似してというか、引き継いで言ってくことはあるんだろうと思います。

それからさっき新田さんが言った「措置から契約へ」という話も、「医療から福祉へ」、「施設から在宅へ」というのと同じように、運動側が言ってきたスローガンを向こうも「そうです」という話のなかの一つでしょうね。そこでもやっぱりどこかで話のすり替えというか、話が違ったんだろうなと。「あれをやれ、これをやれ」と言われているのは嫌だと。どういうものを食ってどういうところで生きていくか、誰からサービスを受けるかということは自分で決めることだと、決めたほうがうまくいくことだと。それが運動サイドがずっと言ってきたことだし、それはそのとおりだと。その話はそれで正しいと思うんですよ。ただ、その話、「本人が選んだほうがいい、本人が選んだほうがうまくいく」と、「もらうもんは、受け取れるべきもんはきちんと公的な責任において与える、受け取る」という話は本来は両立するわけですよ。ところが、「措置から契約」という話が政策の流れになった段階で、「選ぶ」ということと「選ばなかったらあんたの責任よ」というか、「後のことは知らんよ」という意味での公的な責任の放棄というものが「措置から契約へ」というスローガンの中でなんとなく入ってきてしまった。なんとなく入ってきてしまったというより、そういう意味を持たされてしまったわけですよね。そこは、騙すというか、話が違ってしまったうちのもう一つだと思うんです。

そこのところは、まさに公的介護保障を要求してきた人たちが、はっきりとしたことを言ってきたとぼくは思うんです。契約というか、保障というか、誰を育てて、誰に介護してもらうか、そういうことは自分たちでやっていくほうがうまくいくと。だけど、それを自分たちがちゃんと使えるためのお金、その他の責任というのは、まさに公的なものとしてあるということをはっきり言ってきたと思うんですね。その線で行けば、「措置から契約へ」でいいわけですよ。ところが、現実の「措置から契約へ」の流れのなかでは、「やらなかったらあんたのせい」、「うまくいかなかったらあんたのせい」とある種の「自己責任」とかの話の流れのなかに取り込まれたというか、そういう色合いを持つものとして、受け入れられてしまった。

これはすこしややこしい話ですよね。自分たち運動のサイドが言ってきたことと同じ言葉を言うけど、でもやっぱり意味が違ってしまっているということ、もう一つのかなり大きいことだと思うんですね。やっぱり、そこで原則的には今まで言ってきたことでいいわけですから、「自分たちは選ぶ、だけどそのための責任は公的なレベルにある」ということは確認していくということですね。

これはちょっと話は飛ぶようですけど、介護の財源をどこから持ってくるかという話のときにあった、保険なのか税金なのかという話とも多少は関係あります。公的な保険は基本的に強制的な責任ですから、税金と変わらないという話は基本的に可能なんですけど。ただどちらかというと責任という部分が薄くなるとすれば、最終的な責任、基本的な責任というのは公的な部分にあるというのは、今までの流れでいえば、やっぱりちゃんと税金から出せという話を言っていくということになるんじゃないかなと思います。保険でも良しとして、それを民間の保険のようなものと考えてしまうと、やはり社会的責任という部分が薄れてしまう。

実権を取り戻す

立岩　新田さんが先ほど、障害者の実権が健全者のほうに実権が握られてしまったとおっしゃってたんですけど、それは具体的には介護者養成の資格の問題だとか、自分たちを離れて、介護者養成校や大学に行って、そこで教えている人は誰だとなったとき、それは学者だと、そういう話ですか。それともそれだけではなくてもっと大きな、他にも言える話なんですか。

新田　そこだけでなく、東京都の福祉施策というのは障害者の主権と関係の役人だけで進んで保障されてきたでしょ。そこには一切学者の意見とか入ってこなかったでしょ。

立岩　新田さんは、まずは東京都のことを言っている？

新田　まず東京都から発展して全国に波及する段階でも、一切学者の意見なんて入らなかったのよ。

立岩　私は一六年くらい東京に暮らした後に、東京出てから一三年くらいたつのかな。という感じなので、この間東京都のやり方がどうなっているのかは知らないんですけど。ぼくは東京から松本に移ったんですけど、その頃の記憶をたどってみると、ケアマネジメントをどうするんだという話があって、それで中西（正司）さんやあの辺が「このままケアマネジメントを障害者に導入されたらいかんだろ」みたいなことになって、東京都に談判しに行ったりして、それで委員会をやるということになって、それで私も、東京都のなんたらという会議（注4）に、二年ぐらい一〇回か二〇回か、出た記憶があるんですが。それは、当事者が仕切るまではいかなかったけれど、当事者にどちらかというと発言力があって、いわゆる学識経験者というのももちろん来てはいたんだけど、まあたいしたことないなと。

その時はある種運動サイドが強くて、言ってみれば「自分たちの言うことにおまえ知恵貸せ」という感じで、結局たいした結論は出なかったけれども、さしあたって高齢者福祉のケアマネジメントを障害者に導入するのはやめようと、やるんだったら違うものをやろうというところまで持って行ったような気がするんですよ。

それがその時点ですでに変わっていたということなのか、どうなのかというのは、まず端的に知らない部分があって。あとぼくは福祉の業界の学者ではないけれども、という意味では福祉業界の学者の生態というか、影響力だとか知らないわけですけど、ただ知らないから何とも言えない部分はあるんですが、そんなにあの方々の影響力というのは強いのかな、というのはちょっと素朴に疑問の部分はあるんですけど、それは新田さんの見立てではどんな感じですか。

新田　やはり、いまはそこが仕切っているでしょ。

立岩　そこがというのは学者たちがということですか。例えば、国の審議会だとかですか。

新田　厚労省の審議会のお抱えの福祉学者K氏。知ってる？　あの人、昔、世田谷の福祉に首突っ込んで、障害者のほうから追い出されたの。

立岩　おおむねだいたい言うとおりにしてくれるというふうに官庁に受け止められているんじゃないでしょうかね。審議会ってそういうものなんですよ。あんまり突っ張るやつがいるとちょっと面倒くさいから、はずすと。ただ全部イエスマンでも、これでは審議会の体をなさないんで、一応、少し文句言いそうな人もちょっとは入れると、でもまあ最終的に話もこっちのほうに持ってくるから、座長はこの人だったらだいたい話をこっちの方向に持ってくるだろうと、そういうふうにして、物事を決めていくという日本流の政治的な意思決定というか、審議会政治のやり口だと思うんですよ。

そういうふうに見たときに、そういう使われ方で自分はいい、かまわないと思っている学者がいるということはあると思うんですけど、どうなんですかね。そこは私、新田さんと見立てがちょっと違うかもしれないですね。学者そのものの発言力というかあるいは権力というんですか、ここのところに来て強くなっているのかどうかというのは、少なくとも現場を知らんところもあってよくわからんですけど、どうなんですかね。

新田　一番でかいでしょ。

障害者運動第一世代の介護保険反対闘争が始まる

三井　私もうすぐ介護保険（六五歳）でこれから大変になるので、闘わないとと思って。また昔に戻ってる。私すごいと思ってるので。重度障害者だから重度障害者の制度をやろうと思ってます。介護保険になると生きた屍になる。

立岩　三井さんもそうだけど、結局六五歳をまたいで今まで障害者の制度でやってきた人が介護保険の制度の適用になるということがこれから出てくるわけですよね。

新田さんの世代というか、それ以降の人たちなわけで、今までの人たちよりは文句あったら言う人たちの割合が少しは増えるんじゃないかと。そうした場合に「介護保険がこのままでいい」という話じゃないだろうと。「どうするんだ」という話は今までに比べたら出てくると思ってますし、八王子の中西さんあたりから、高齢者福祉のことやってきた人たちと、障害者の制度を見てきた人が話して、「じゃあどうするんだ」(注5)ということを提言するという企画があることはあって。

実際には、じゃあどうしたらいいのかというのはけっこう厄介なところがあって、そうすぐにうまくいくとも思えませんけど、一つには三井さんが言ったように、迷惑だけどその制度に巻き込まれた人がその制度に対してものを申していくというのが、言ってみればあまり表立って文句を言われなかった介護保険みたいなものに対して、「これはどうなんだ」という話をしていくことにつながるんだと思います。

三井　力になってくださいね。

立岩　非力でございますが。

ヘルパーの人材不足問題

新田　今のヘルパーの人材不足をどう解決するか。そこが一番でかい問題でしょ。

立岩　昔だったら、施設職員、役所のヘルパーは労働組合にいて、その時は労働組合として反対運動をしたりした。今はみんな組織労働者ではなくなった。とすると働いている人の側からの運動が難しくなります。今不安定就労の運動をしている人たちがいて、その人たちの動きなんかと一緒にやっていくというのはあるでしょうけど。

新田　でも、今のやり方している以上、介護料の時間単価が増えても障害者の介護は絶対良くならないと思うのです。

立岩　厄介な問題だとは思うんですけど、一つは介護保険型のヘルパーの労働形態というのが、基本的にピンポイントで二〇分とか三〇分とか、そういう短時間のところを転々と回るという形であると。そうすると結局一時間当たりの総経費で言ったらけっこう出てると思うんだけれども、そういった人をいろんなところに配置したり、順番に回ったりとか、いわゆる間接経費というか、そういう部分に金が回って、一人ひとりの労働者の労働時間というのは細切れで、一日合わせても何時間にしかならない。そういうなかで実際に働く人に回らんということがあると思います。そういうピンポイントの巡回で足りるんだったらそれ自体が悪いとは言わないけれども、実際には足りないのは明らかです。必要に応じて長い時間いて、時間単価はそれほどではないにしても、×（かける）何時間としたときに、一人の人の生活に足るような労働形態というか介護の使い方を認めさせていくしかないのかなと。

今の介護保険の在り方だったら、実際に介護に入っている人じゃないところにお金が流れていく状況は変わらないだろうと。そういう意味では新田さんたちもみな言ってきた滞在型のヘルプというか介護／介助という部分をすべてじゃないにしても、必要に応じて認めさせるしかないかなと。

川口　一つには介護保険の中にも長時間の滞在型をつくってもらう。ただそうするとそういうヘルパーは安くていいんじゃないの？　ということになって、自立支援法の重度訪問介護のように低い単価にされてしまうかも。そんな安い仕事やる事業所、一般の介護保険の事業者にはいないわ。

介護給付と事業所経費の別立て支給を

新田　いまお二人が言ったことの前に、それ以前の問題があるでしょ。一つに、福祉を社会の儲けのために置くことがいいのか、利潤のために置くことがいいのか。そこからみんな始まっていると思うのです。このまま介護料が高くなってもヘルパーのほうにもいかずに、事業所がみんな吸い取ってしまう。

立岩　それ、けっこう厄介な問題でね、日本でいま介護事業所のどの程度を営利企業がシェアを持っているのか、細かい数字はよくわかってないんですけど。込みで渡して、一人ひとりのヘルパーに払う金はその事業所の中でやってくださいというんじゃなくて、ヘルパーはヘルパーで、一時間いくらというのは、それはそれとして払い、間接経費というんですか、事業所の運営の金は別に下ろせということですか。

新田　ヘルパー一人雇えばいくらと事業の経費として、その保障は補助金として下ろすべきだと思うのです。

立岩　その案はあると思うんですよね。働く人が一時間いくらで決めちゃうというのは、制度が簡単になるということですよね。そうすると事業にかかる、間接経費という言い方はどうかわかりませんけど、それをどういう基準でやっていくかということを決めることができれば、現実的に動かせる制度にはなると思う。あとは、基本的な枠組みはあまり変えないで、働く人の賃金を一定以上に決めてしまうとか。
お金のことは難しいところがあります。利用者の側を査定して細かにランク決めるのもどうかと思う。ただ、手間はかかるけれども金額の加算はないといった人をたくさん利用者として入れてるようなところだと赤字になってしまう。だからそういう利用者をあまり入れないとか、そういう現実も一方ではある。ただ、そのでこぼこを事業所内で融通してという事業所も他方にはある。

新田　そういうところは時間に加算つけていけばいい。

立岩　介護派遣のための経費を、どういうところにどれだけいるのかということは、こっちで示してもいいと思いますね。

新田　やはり、ヘルパーの時間単価と雇われるヘルパーの身分保障は全国一律にすべきだと思うのです。

立岩　これはありだと思います。新田さんの話は働く者の働くお金は全国ほぼ一律でいいと、それ以外の経費は必要に応じて別途というやり方ですよね。それは筋通っている話だと思います。

新田　それならヘルパーの人材も集まるし、働く権利も保障されるでしょ。

立岩　『足文字は叫ぶ!』（私家版）のための原稿の中に出てますよね。社会保険料、税金などを抜いた手取り、まあ試案というか、一時間一五〇〇円くらいは手元に残るという。で、社会保険を含めた名目賃金としては二五〇〇円くらい。それにさきほどの話じゃないけど、けっこうしんどいヘルプもあれば、そうでもないヘルプもある。そのあたりの加算はどうするのか。けっこう、その線で行くのはありだと思いました。
全国一律でいいかどうかという話はきっとあるでしょう。介護保険の単価でも微妙な差がつけられている。けれどあえて一律でいいじゃないかという主張もありかもしれませんが、その是非はそう大きな問題ではないでしょう。結局、一つは時間あたりの手取りをどのぐらいに持っていくか。どのぐらい働けるかによるけれども、一五〇〇円から二〇〇〇円はありだろうと。あとは、働きたくてもまとまった労働時間がないと、結局たいした収入になりませんから、それが確保されることでしょうね。

新田　身分保障されたら、ヘルパーも少しぐらいきつくてもやるでしょ。公務員時代なんてこっちが喧嘩して断っても、いやでも来ていたの。

立岩　利用者の利害と働く人の利害というのは一致する部分と一致しない部分と両方あって、それをどういう塩梅にするのがちょうどいいかというのは、けっこう技術的には面倒なところがありますよ。以前は、むしろヘルパー側の力が強くて、してほしいことをしてくれないとか、そういう人を交替させたくてもできないとか、そんなことがあって、まさにいやでも来てた。それに対して利用者主権・消費者主権を対置させたのが、自立生活センター系の運動だったんだろうと。ただ、その消費者運動にしても、自分のために働いてくれる人の労働条件が悪くて、来てくれないのは困る。

身分保障も、どういう意味での身分保障にしたらちょうどいいのか。例えば、雇用保険などがちゃんとしているという意味での身分保障でいいのか、それともそれに留まらないところを考えるのか。いろいろ具体的なところでは細かい話はいろいろあると思いますけど。

新田　やはり高齢者や障害者が亡くなれば、そのヘルパーが生活できなくなること自体おかしい。そんなところに誰が勤めるの。

立岩　そこら辺の一番いい形を考えないと、ということですよね。例えば、新田さんの原稿の中にもダイレクト・ペイメントとかパーソナル・アシスタンスが出ています。一つの形態として、個人事業主（一人の人）が自分の必要のために雇うという形態もあるというわけですよね。そうすると、その人がいらなくなれば、あるいは亡くなったらその時点で契約はなくなり、仕事はなくなるという。そういうふうにもなりうるわけですよね。それはどうなんだというときに、この人があかんようになったときに別の人のところで働けるような仕掛けをどのようにつくっておくかということでしょうかね。ある程度の範囲で人を回せるような形を、どこにどれくらいつくっていくかという問題はあると思うんですよね。

新田　そこはある程度、社会保険でカバーできる。その間に勤め先を探す。

立岩　それが一つの形態です。一対一も含めたある意味雇用の流動的な形態もいったん認めた上で、つなぎが難しいぶんは失業保険できっちりカバーするという解決でけっこういけそうな気もしますし、あるいは人材をプールしたり流通させるような仕掛けがどこかのレベルであったほうがいいという考え方もあるだろうし。どの辺がいいのかというのは、技術的な問題なんだけれども、考えたほうがいいだろうなという気持ちはあります。それで現実との距離はあまりにも大きいと。そこは、こちらの側に寄せる形でやっていけばいいという主張を今回の本で世間、社会に対する提起としてはありだと思うんですよね。

新田　いまは何もかも一緒くたでしょ。そこがすごくまずいからこうなってしまったの。

川口　新田さんのところは事業所じゃないよね。

新田　他の事業所に登録して、そこで個人個人で介護料をいったんプールして、それで事業所には社会保険つけさせてるの。だから僕が死んでも、労災とかそこの事業所に勤めていくこともできるでしょ。

大坪　そこのケアマネが理解ある人で、事業所方式が始まったときに、ここの研修所もそうだけど、どこも障害者介護をやってくノウハウがないわけでしょ。やりましょうというときにどうしたらいいかわからなくて、そこの事業所と持ちつ持たれつになったんですよ。新田さんの事務所で研修をやった人が地元の事業所で働くようになってる。

介護は市場原理ではうまくいかない

川口　じゃ、操さん（橋本操・日本ＡＬＳ協会前会長）は新田さん方式なんだね。重い人はそっちのほうがよりパーソナル・アシスタンスっぽいのかな。

立岩　おなじ介助・介護の仕事といってもわりあい誰でもできる仕事もあるし、そうでない部分もある。利用者の側でも誰でもいいという人もいれば、コミュニケーションのこともあるから、やっぱり経験があったり付き合いが長かったりする人でないという人もいる。そういう人はそれほど多くないとしても、特定の人にきちんと来てもらったほうがいいわけでしょう。それはいろんな人がいる。そういう人にあった事業の形態もあるだろうし、そうじゃないのもあるだろうし、一つの事業所が二つの事業形態を併存させることも不可能じゃない。やりようはいろいろあるんですよ。それはまぁ、こちら側の工夫の話。

もとの話は金の話で、金の話はこちらじゃどうにもならないところがあるじゃないですか。そこですよね。介護やっている人に、どのくらい金を払うか。でもそれだけで介護が回るわけではない。事業を回す、研修をさせる、そういう部分の間接経費を、どういう計算でどこに出せるのかという話だと思うんですね。その話さえできればすっきりできると。

新田　やはり、問題はコムスンとかニチイ学館とか、利潤を一番重く置いて、「儲かる仕事だからやる」ということになったでしょ。厚労省もそこを容認したわけでしょ。

立岩　その話のポイントは、一つは、ああいうところが参入してシェアを取れたということは、かなり初期投資に資金はいるということですね。豊富な資金源を持ってて、全国展開して新しい事業所をつくるのにどんどんどんどん使えると。そういう仕組みを持っていたから全国津々浦々にできたと思うんですよね。地域の小さなNPOだと、結局自分たちの今やっているところで精一杯で、それ以外のところは手が回らないという状況なんですよね。そういう意味でいえば、営利企業の参入を原則禁止にするというやり方もあると思うんですけど、それ以外にも、非営利のところでも資金調達のやり方をより容易にするやり方が取れて、そして非営利のところのほうがいい仕事をしているということになって評価されれば、それでやっていけるはずなんですよね。

そういうふうにして非営利のところが資金調達して、今まで事業展開できなかったところでも展開できる仕掛けがなくて、営利もだめだということになると、結局難しいところ、田舎や客があまりいないところ——まあ客がいないところはもともと営利企業は行かないだろうけれども——事業を伸ばしていくというのは難しくなると思うんですよね。そういう部分の手当をしないなかで、かつての（グットウィルに買収される前の）コムスンなりは、そういう弱小の事業所がやれないところまで手を伸ばして、重い人の介護であったり、二四時間のケアをやった部分があって、あれが事実存在するときにその代わりを、非営利なら非営利の部分をきちんとやり切れるような仕掛けをつくっておかないとまずいということですよね。

新田　そこもあるけど、介護を経済の流通の流れに置こうとしたわけでしょ。

立岩　一方で営利企業の参入を認め、一方でそれで足りない部分は依然として家族を頼りにし、それと中間ぐらいのところで、主婦であり、ヘルパーの仕事だけで暮らしを立てなくてもなんとかなる人にNPOをやらせるというのが高齢者の介護保険。それで一切合財なんとかやろうとしてきたのが厚労省のやろうとしてきたことなんで、それがうまくいっていない。

他方、障害者の部分に関しては、それと違う形を模索してきたわけだから、今あるものが最善のものではないとしても、こちら側からすれば、こういう事業形態で行けば行けるはずだと、行けます、と言えるとは思うんですよ。例えば時給はこのぐらいで、フィックスで設定しましょうと。それ以外の事業所の経費は合理的な基準を設けて、別途金を出すような仕組みを提案していく。他の団体もそういうのはあって、違うかもしれないけど、そんなに大きく違うものにはならないとぼくは思うんですよ。そうやって、なし崩しに今のシステムがすべてに及んでしまう前に対抗的な提案をしていく、その意義はあるんではないか、この本に関してもそういう意義があるのではないかと思います。

だから、これはこじつけではなくて、新田さんたちが七〇年代から模索してきた形がまさに、やってきたそのものが基本だと思うんです。公的介護という話をきっちり通して、その点では譲らず、なおかつ、それは全部役所まかせなのか、専門家まかせなのかというとそうではなくて、自分たちがつくっていったほうがいい部分は自分たちでつくっていく。その基本線をまじめに考えていったら、理にかなった仕掛けになるはずなんですよね。税金からきちんと出してもらうと。

それで事業の形態はいろいろなパターンがあるんだけれども、適・不適があるわけじゃないですか。介助者は誰でもいいからという人もいれば、やっぱり気心知れている人、やり方を知っている人に長時間やってもらわなければ困るという人もいて、いろんな人いるわけですよね。でも、それぞれに合った事業形態というのは、自分たちの側で工夫できることだと思うんですよね。ＣＩＬ（自立生活センター）的なやり方でうまくいく場合もあるだろうし、組合的なやり方でうまくいくパターンもあるだろうし、それと中間的な、あるいは両方合わせたようなものもあるだろうし、それはまあこっちでいろいろ工夫できる。

新田　ぼくが最初に入った町田荘という施設が民間だったの。職員を雇えば、一人いくらという人件費が下りて、やめると切るけど、また雇えばその分はお金が下りるという仕組みだったの。職員の人件費と施設経費と在所生の生活費は別個に下りるの。

立岩　町田荘というのは三井さんの本にも出てきました(注6)よね。普通は、定員が決まっていて、その定員どおりに人がいれば、それに応じて職員が何人という決め方ですよね。例えば施設なら施設で、在所者というかそこに住んでいる人の実人数に働いている人の数が大まかに対応すると。これはある意味仕方のないことですよね。それはそうだと思うんです。利用に応じて働いてもらって、働きに対して出す。ただ、実際には、一人ひとりに渡る額が少ない。そこをなんとかしないと実際に介助・介護が成立しない。一人に少なくとも一人分＋子ども一人分ぐらい暮らせるだけの金を出させるしかない。

新田　それなら職員の何人という雇い入れのなかで、二四時間の見守り介護も体制が取れる。

立岩　細かい話をするといろいろ出てくると思うんです。同じ介護労働といっても、時間は同じでも労働の質によって重さってあるわけじゃないですか。そういったときに一律でやってたら、楽な仕事にみんなが集まってしまうということもあるだろうしね。そうすると、ちょっとしんどい介護にはちょっと多めにとか、あるいは夜間寝ていいよというところにはいくらと、その場合議論はいろいろ必要だと思うんです。そういう足したり引いたりする部分は必要だと思うけど、まあそれはオプションというか、プラスアルファの話なんですよね。基本は全国一律、ヘルパー時給いくらという、大まかにはそれで行こうではないかというところで。

事業所を運営することが自立ではない

加来　絹さん（三井絹子さん）のところで介護人やってる加来といいます。いまずっと話を聞いてて、そもそも事業所形式というのが支援費で始まって、それで良かったという話もあるかもしれないけど、悪かったという点で。いま二つ考えたのは、行政の責任、公的な介護、いのちの保障というところの責任を事業所の責任にして、国立市は、「ちょっと単価下がりますけど、事業所努力で何とかして下さい」とか、「事業所の中で一時間いくらで出ているお金を二時間に延ばして何とかやれ」とか、「ヘルパーの賃金を一〇〇円下げて、浮いたお金で時間数延ばせ」とか、もともとは行政が時間の保障をちゃんとするとか、単価をちゃんとしなければいけないところを、事業者の責任でなんとかしろということを、けっこう強気に言う。

それで自分たちは事業所なんて今までやったことないのに、基準該当事業所とか「やれ」なんて言われて、なんか「事業所努力しなきゃいけないのかな」なんて気にもちょっとなってきて。それをやっている労力がすごい。その事務が大変すぎて、死んじゃった人もいるんですよ。それで「事業所なんてできないよ」ということで、自分の周りに大手もなかったらどうすればいいんだという話がかなりある。

行政は措置時代にやっていたものを完全になくす方向でやっていて、どんどん請求の方法も介護保険の統合に向かっているという流れのなかで、事業所というのは行政としては事務の手間が省け楽なんだけど、いろんな最終的な保障の問題というところまでも投げてしまって、例えば事業所と言っても自分ではできないし、自分で見つけられないといったら、そうしたらその部分は行政が肩代わりしていくというか、残さなければいけなかったという部分もあるんだろうけど、そういうのもなくして全部事業所のほうでということになっている。

立岩　本人がやったり民間がやったり、小さいところがやったり大きいところがやったり、いろんな形があるということはたぶん悪いことじゃないんですよね。でもそうやっていろいろやってもカバーできない部分というのはほとんどの場合出てくるというね。そこの部分はなければないでいいのかというと、そういう話じゃないだろうと。筋論なんだけど、結局そういうところで最終的に「落ちこぼれたら知りません」というふうになっちゃってるんですよね。そこはそうじゃないというのが一つ。

それから事業所という形態も人によっては敷居が高すぎるという部分を、どういう形でやり切れるかということ。一人でやり切れるという方はそれはそれで結構だけれども、できない場合に自分で全部やり切るか、全面的に大手に委託するかという二者択一ではなくて、半分くらいしかやれないし、やる気ないけれども、半分は自分でやるからという方法もありで、事業所の書式にしても何にしても手続き的な煩雑さみたいなもの、およそ素人がやってもいいと言いながら素人ができるような形式になってないというところは改善できる点だと思うんですよね。

加来　あとどうしても資格というものが付いてくるというのがもう一点。介護者の質のところで言うと、新田さんなどは厚労省の役人に対して「特殊な介護を要する介護」という言葉をこれまで使ってきて、やっぱり障害もそうだし、その人の人となりということも含めて、付き合いのなかで深めて学んでいかなければしょうがないという介護の種類があるじゃないですか。そういうものを教えるにしたって、本人と一緒にやってきた介護者が新しい人を迎えて、介護の部分も含めて生活全般というか人となりも含めて教えていく、やっていくという形でないと。地域で生きていくということはいろいろな応用を利かせないと、その場その場での介護が活きないから、対応できないはずなんだけど、やってる暇も気力も失せてしまっているというか……。

それで何が気になるかというと、「新しい人来たから、資格を取らせなければ使えない」というのが先に来てしまって、その人の介護というか生活というか親身になって考えてくれるというところは後回しになって、一緒に見届けようというところまで届かなくなってしまう。

立岩　もっと簡単にシンプルな形でいい。書類を全然書かなくていいということにはならないと思うんですよ。だけど本当はもっと簡単になるはずなんですよね。ぼくも役所じゃないけど大きい組織に勤めているから、書類の煩雑さみたいなものはある程度わかるんですけど、そういう大きな組織の人たちって、書類というのはあるもので、書類というのは面倒くさいもので、そのことに不感症になっているんだよ。経理のことなんか本格的にやったことがない人にとって、そういう書類がいかに煩雑で面倒くさいものであるかという感性のレベルが落ちてるわけね。でも本当は、もっとシンプルな形でもそんなむちゃくちゃ不正とか、起こらない形はできるはずだと思うんですよね。頭の固い人にどこまで通じるかわかりませんけど、例えばよその国ではこのシステムでけっこう回っているということであれば、それを研究者らが調べて、こういう仕掛けになっていればわりあい簡単にやれると言うとか。お金をきちんと使うことは大切ですけど、誤差みたいなものをまるっきりゼロにすることは不可能なわけでね、そこそこでいいんですよ。コストに見合っただけ、そういうことをゼロにしよう思ったら無限のコストがかかりますから、監視があって、監視の監視があって、監視の監視の監視……。そんなことやったら切りがないから、そこそこ起こらないような仕掛けというのが、あるはずなんですよね。

新田　とにかく立岩さんに言うけど、介護保険との統合だけではさせないように食い止めて下さい。

立岩　政策をやれる研究者、とにかく人が必要ですよね。人といっても二〇人も三〇人も必要なわけではないんですよ。そんな人たちが幾人かでも出てくれればなと思っているんですが。(注7)まあそれまで、言えるだけのことは言わないと、と思います。

注

1　「上限問題」については、http://www.arsvi.com 内を「上限問題」で検索すると、当時の状況、運動の様子を伝えるファイルがある。

2　一九四八年〜一九九九年。新潟県生まれ。自立生活センター立川代表他。高橋について立岩が書いたものに「高橋修――引けないな。引いたら、自分は何のために、一九八一年から」全国自立生活センター協議会編『自立生活運動と障害文化――当事者からの福祉論』現代書館、二四九〜二六二頁。

以下は追悼のために書いた文章（「高橋さんの死を悼む」『CILたちかわ通信』一九九九年）の一部。

「一九八〇年代後半から一九九〇年代の障害者運動のもっとも力強い部分が辿った道は、まったく高橋さんが悩みながら通ってきた道なのだった。理想家肌の運動家だけでも、商人的あるいは行政官吏的実務家だけでも通れない道だった。理想を持ち続けながら、同時に『勝つためのいくさ』をするということの厳しさとその魅力を、私たちは彼から、彼がやってきたことから感じた。彼は取るべきものを取るための戦略をもって臨んだ。雨が降ろうが雪が降ろうが、傘をさして、市役所の課長さんがやってくるのを役所の前で待ちかまえるといったこともやった。何もないところから作っていくというその大きな流れを象徴するような人だった。障害者の運動は、これからもっと大きくなるとともに、より難しい舵取りを迫られる部分もでてくるだろう。私は、これから高橋さんは、これまでの一〇年より、ある面じゃあ――というのは高橋さんの口癖だった――厄介なところに乗り込んでいくのだと思っていた。そう思っていたら亡くなってしまった。」

3　このことについて書いた文章として以下。

「資格職と専門性」進藤雄三・黒田浩一郎編『医療社会学を学ぶ人のために』世界思想社、一九九九年、一三九～一五六頁。

「だれにとってのなんのための、資格?」『ばんぶう』二〇〇二年六月

4　「東京都障害者ケア・サービス体制整備検討委員会」。一九九八年の四月から始まり、翌一九九九年三月に「東京都障害者ケア・サービス体制整備指針」を発表した。その間私は、七月の委員会に意見「こうしたらよいとおもいます」を提出、十一月に「メモ・二［案・ver．1］」を提出している。いずれもホームページ（http://www.arsvi.com）で読むことができる。また関連して、この委員会が始まった年の一月に刊行された報告書にヒューマンケア協会ケアマネジメント研究委員会『障害当事者が提案する地域ケアシステム――英国コミュニティケアへの当事者の挑戦』があり、中西正司との共著の文章「ケアコンサルタント・モデルの提案――ケアマネジメントへの対案として」が収録されている。

5　上野千鶴子・中西正司編《シリーズケアをひらく》『ニーズ中心の福祉社会へ――当事者主権の次世代福祉戦略』が二〇〇八年に医学書院から刊行された。立岩はそこに「楽観してよいはずだ」という題の文章を書いた。

6　↓　三井 絹子『私は人形じゃない――抵抗の証』「三井絹子60年のあゆみ」編集委員会ライフステーションワンステップかたつむり、発売：千書房、二〇〇六年五月、二九九頁。

7　もっと政策の研究をする研究者を、という文章は以下。

「問題集――障害の／と政策」『社会政策研究』四：八－二五、二〇〇四年。

二〇〇五年の障害学会大会シンポジウム「障害者運動と障害学の接点――障害者自立支援法をめぐって」での発言『障害学研究』二、二〇〇六年。

また介護保険に関して書いたものとしては、以下等。これらの文章の多くはＨＰ http://www.arsvi.com で全文を読むことができる。

「介護保険的なもの・対・障害者の運動　一〜二」『月刊総合ケア』一三－五、一三－七：四六－五一、医歯薬出版、二〇〇三年。

「介護保険制度改革の方向」『生活経済政策』二〇〇四－一一、二〇〇四年。

「障害者自立支援法、やり直すべし――にあたり、遠回りで即効性のないこと幾つか」岡崎伸郎＋岩尾俊一郎編、メンタルヘルス・ライブラリー一五『「障害者自立支援法」時代を生き抜くために』批評社、二〇〇六年、四三－五四頁。

「障害者運動・対・介護保険――二〇〇〇～二〇〇三」平岡公一・山井理恵編『介護保険とサービス供給体制――政策科学的分析』、東信堂（二〇〇四年に書いたもので、刊行されるはずだが、されていない。ＨＰで全文を読んでいただける。）

　足りないとされることしかしそうと思う必要がないことについては、『唯の生』（筑摩書房、二〇〇八年）第3章「犠牲と不足について」。にもかかわらずだんだんと足りない気持ちにさせられ実際に足りなくなってきた事情の一端については、『唯の生』（筑摩書房、二〇〇九年）第3章「有限でもあるから控えることについて――その時代に起ったこと」。では具体的にどうするか。政府のするべき仕事の大きな部分は、市場において多くを得た人・ところから、そうでない人に金を渡す・流すことだと、税という仕組みを使ってそれを実現すればよいと、『税を直す』（青土社、二〇〇九年）他で述べた。

第七章　新しい介護保障のビジョン

一　全身性重度障害者の自立生活にかかる費用について

さて、ひと月に一人の障害者の自立生活の介護料がいくらかかるか考えてみましょう。数百万円という数字だけが目に入ったとたんに、国民の九割の意識は障害者一人の自立の介護になぜ私たちが汗水流した税金をかける必要があるのか、そこで反感をもって拒絶意識をもちます。

しかし、東京都のかつて日本一といわれた府中療育センターでは、いまから四〇年前に、入居者に対して月に二〇〇万円、東京都の補助金を施設にかかる経費として出していました。その他の療育施設においても一〇〇万から一五〇万円の補助金が施設入居者に対して、その障害者の入居料として下りていました。また、国の施設となると、一人の利用料が月四〇万～五〇万だけど、ほとんどの施設は全身性重度障害者でなく、軽度か中度者が入る施設でした。今から四〇年前、それから相当物価が上がっています。その頃の二〇〇万円というと、現在の物価で換算すると相当な経費になります。とにかく、これだけの額を障害者の施設に、障害者が隔離されて生きているなら、国民は何も言わずに施設に出すことは良いこととして認めてきたわけです。

だけど、全身性重度障害者の自立について二四時間一対一の見守り介護を含めてその介護料が二〇〇万円以上かかるとなると、私たちが汗水流した税金をそんなにかける必要があるかと、大半の国民は目くじらを立ててその理解に乏しいと思います。この辺、すごく考えて欲しいのです。たぶん二〇〇万円という数字は障害者が施設で過ごすなら、国民は許すでしょう。だけど、欧米の福祉国家なら当たり前ですが、地域自立をしていくとなると、日本の国民の感情は許しません。この辺が全身性重度障害者の地域自立の一番のネックとされていて、自立そのものが健全者という国民の意識の中ではできないようにされているのです。この国民の意識は昔も今も変わらないと思います。施設では一対一の職員の配置の中では問題とはならないけれど、それが全身性重度障害者の地域自立の一対一という二四時間の介護体制を取ると「ぜいたく、何様だ」と思うようになっていきます。だけど、一対一という対応は国会議員の秘書を見ればわかるように、手足の効くあらゆる政治家にも対応されていることなのです。全身性重度障害者についてはは二四時間の一対一の介護がいのちの保障ですので、そこでは当然という国民全体の意識にならないかぎり、福祉の保障とは言えないのです。

さて、一人の全身性重度障害の自立障害者が、一対一の介護体制で二四時間つけていくには、最低七名以上の介護人が必要です。一日二四時間を三で割ると一回の介護時間が八時間です。一日三人の介護人が必要です。労働基準法の原則は一人週四〇時間となっています。だいたい労働基準法の時間でやると、四名から五名で割り出すことはできますが、そこに土日や有給休暇の休日を含めると七名ぐらいの介護人が必要です。その七名に対して二〇〇万円を七名で割ると、一人約二八万円です。その二八万円から福利厚生やボーナスや退職金、有給休暇に回す分を引くと、障害者の介護料が二〇〇万円出ても、介護人の給料は月一五万円にもならないのです。二〇〇万円という数字を一目見たら誰しもがどひゃーとくる数字ですが、介護料の内訳はこういう現実なのです。

そういうところで、国民の意識が変わらないと国民のいのちそのものが守っていけなくなります。そういうところで、全身性重度障害者が社会で一対一の見守り介護を擁して自立していくには月二〇〇万円という介護保障がされないとできないのです。医療費にかかる経費と思えばわずかな経費なのです。

二　全身性重度障害者の新しい介護保障のビジョン

さて、今後どのような仕組みの介護保障制度にもっていくか。従前のヘルパー制度までに戻せとは言わないけれど、最低、支援費制度の段階に戻すべきだと思います。また、その支援費制度の項目の中で、全身性重度障害者についてはは日常生活支援という項目と同時に、その時間単価に戻すべきです。日常生活支援の単価にしても身体介護の半額です。そこでは多くの障害者から批判が飛んで、同時に低い単価によって全身性重度障害者の自立生活のヘルパーを請け負う事業所が少ししか出なくなって、自立障害者へはヘルパーが派遣されなくなってしまって、相当、困りました。

　そうしたなかで基準該当事業所や指定の事業所を少しずつ理解させていくなかで、派遣するところが増えてきたと思ったら、今度は自立支援法でヘルパーが生活できないような単価の引き下げがされて、全身性重度障害者の介護をやる事業所は、介護者を募集してもまったく来なくなりました。この辺の現実を見れば日常生活支援の単価に戻すことを先決にすべきです。

　また、介護制度の仕組みは、現在のように定期的に障害判定をし直すのではなく、そのままの判定を認めていくべきです。介護料の支給方法については、事業所を通すのではなく、直接、障害当事者に渡るようなパーソナル・アシスタンス、ダイレクト・ペイメント方式にしていくべきです。また、支給額については施設もグループホームも地域で自立生活する障害者も同じ単価にして、施設やグループホームの人件費については別枠としてそのかかる補助金の加算が出て、自立障害者については区市町村の窓口とすべきです。また、支給額の差についてはは重度・中度・軽度とし、社会保険・福利厚生・ボーナス・退職金も含めて、その障害程度によって、介護料が支給され、保障されればいいと思います。介護料の時間給のなかに福利厚生・社会保険・ボーナス・退職金などを組み入れれば、施設もグループホームも自立障害者のヘルパーについても、平等に保障されていきます。ただ、その支給額のなかで予備のヘルパーの人材保障を考えて、施設やグループホーム、また自立障害者のヘルパー賃金をいくらにするかは、それぞれが考えていかないとならないことです。

三　全身性重度障害者の新しい介護保障モデル

■1.　介護料	
（福利厚生・社会保険・ボーナス・退職金等を含める）	
2500円／時間	1500円　ヘルパーの賃金
	1000円　福利厚生費

■2.　支給時間
【軽度】　――月、最高360,000円を支給――
360,000円÷2,500円／時間＝144時間／月
144時間÷30日＝4.8時間／日
【中度】　――月、最高1,000,000円を支給――
1,000,000円÷2,500円／時間＝400時間／月
400時間÷30日＝13時間／日
【重度】　――月、最高2,000,000円を支給――
2,000,000円÷2,500円／時間＝800時間／月
800時間÷30日＝36.6時間／日

介護保障の支給モデル

【図1】　——ダイレクト・ペイメントモデル——

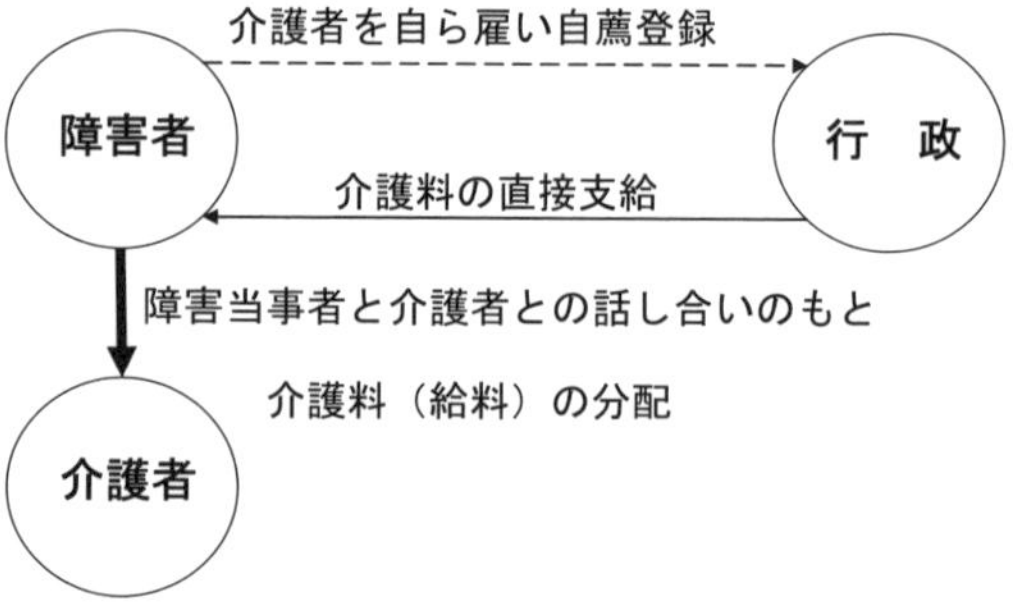

【図2】　——介護事業所を利用した
ダイレクト・ペイメントモデル——

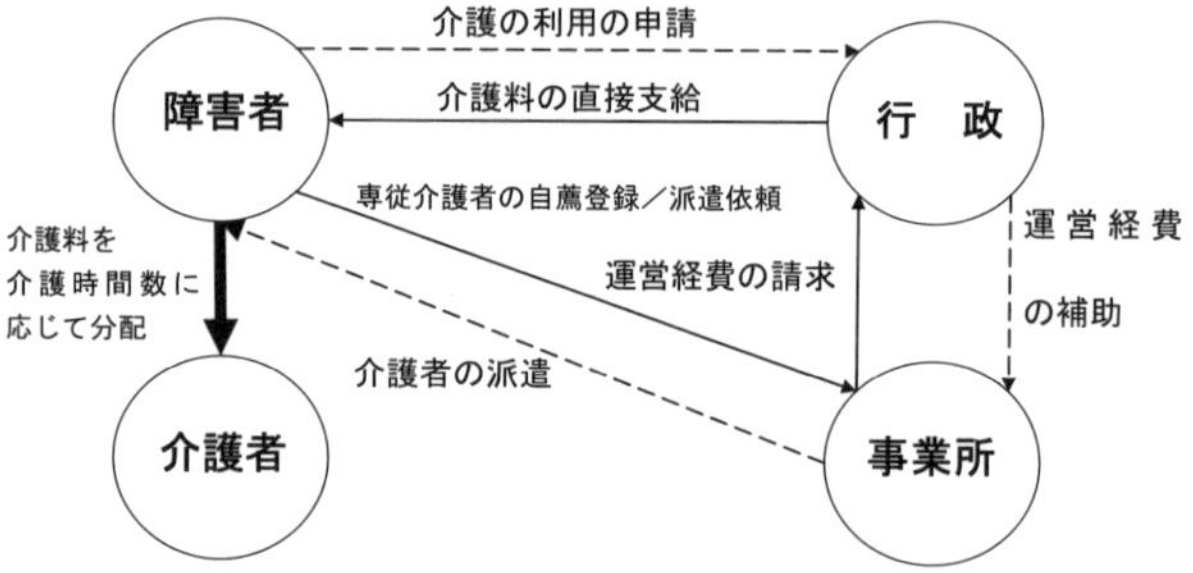

【図3】　——基準該当事業所モデル——

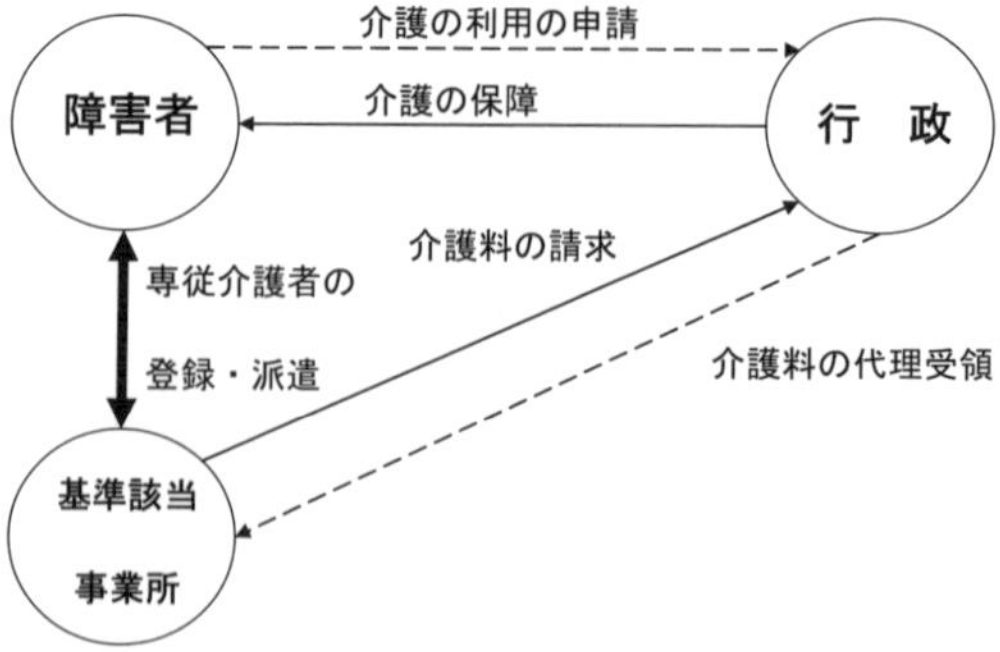

自立障害者の新しいケアに向けて

障害者の自立の尊厳を貫きながら全面的なケアにゆだねて生きていく。今、そんな自立を考えるべき時に来ています。例えば、意思疎通ができなくなって、介護者に自分の意思を伝えることができなくなったとき、私たちはどのように生きることができるでしょうか。また、意思さえはっきりしなくなったときに必要なケアとはどのようなものでしょうか。そして、そのケアの体制の中で保障される自立とはどのようなものでしょうか。ここでは、自立障害者の新しいケアのあり方を提案します。

◇介護　パーソナルアシスタンスを基本にします。自分で介護者を探し関係をつくることのできる人はそうやって生きていきます。
その上で、複合型のケアハウスを創設します。このケアハウスが中心となって、意思疎通の困難な障害者をサポートします。

◇対象　介護を必要とするすべての人。全身性障害者も知的障害者もカバーします。

◇単価　地域で暮らすにしろケアハウスで暮らすにしろ報酬単価は同じにします。

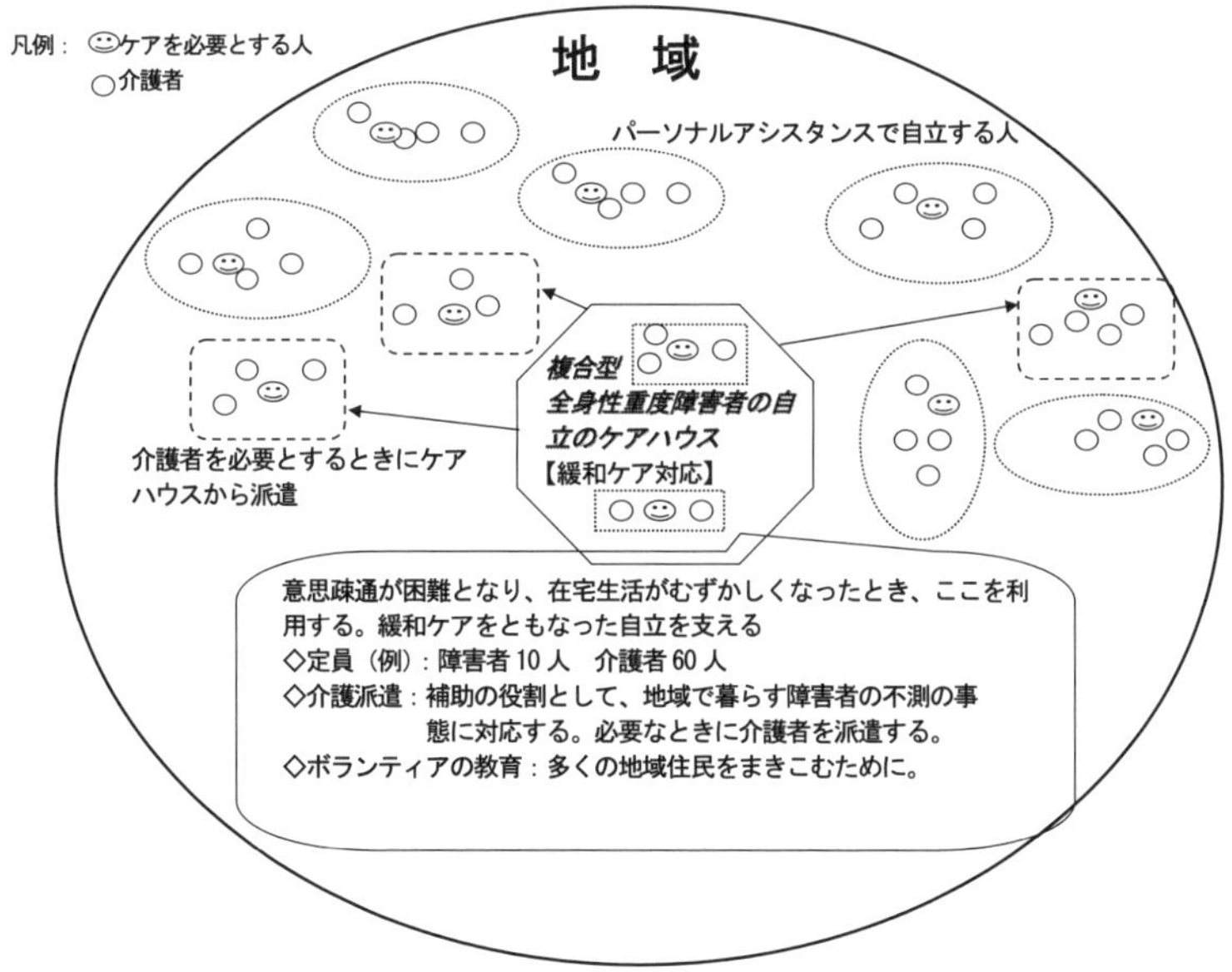

凡例：
ケアを必要とする人
介護者
地　域
パーソナルアシスタンスで自立する人
複合型
全身性重度障害者の自立のケアハウス
【緩和ケア対応】
介護者を必要とするときにケアハウスから派遣
意思疎通が困難となり、在宅生活がむずかしくなったとき、ここを利用する。緩和ケアをともなった自立を支える
◇定員（例）：障害者 10 人　介護者 60 人
◇介護派遣：補助の役割として、地域で暮らす障害者の不測の事態に対応する。必要なときに介護者を派遣する。
◇ボランティアの教育：多くの地域住民をまきこむために。

第八章　これからの障害者運動のために

一　障害者運動を振り返って

さて、介護保障の活動というのは私が自立してから、たった二人の全身性重度障害者、現在は他界してしまった猪野千代子氏、その介護者と私の介護者が真剣に厚生省（現・厚生労働省）や東京都の行政に働きかけてやってきました。私たちの要求に対して、行政が鉄砲玉を向けてもがむしゃらにそこに突っ込んで、命を張って私たちの自立についての介護保障、生活の手当の保障、全身性重度障害者の自立の制度の骨格を勝ち取ってきました。

その次に、この活動の代表として一緒にやってきたのが、自立生活企画の益留俊樹氏、ハンズ世田谷の横山晃久氏、立川の故高橋修氏、練馬の荒木義昭氏、また、国立・かたつむりの会の三井絹子氏、多摩市・つばさの木村英子氏です。この皆さんは介護保障の動きと同時に、全身性重度障害者を家族や施設から地域に出して自立させていくという大変な動きをされて、その二つの動きのなかで、ともに動くなかで介護保障が東京都から全国へと広がり、全国公的介護保障要求者組合が発足し、その役員たちが各地の行政との交渉に率先して飛び込み、話し合いのなかで各地方での介護保障がどんどん発展したのです。また、役員の松本氏、佐藤友信氏は三年間ぐらい二四時間、各地からの電話の取り次ぎで悲鳴をあげる時期があったり、役員の高橋氏は地方回りの忙しさに疲れ切って、他界しました。

要求者組合は特に全身性重度障害者を基本として活動してきました。その後、要求者組合は国際的な障害者運動団体であるＤＰＩ（障害者インターナショナル）日本会議や事業所を中心に福祉活動をするＪＩＬ（全国自立生活センター協議会）と、要求者組合の障害者を基本として一緒にやってきました。そういうところで、要求者組合の動きとしてＤＰＩやＪＩＬの動きへの移行に踏み切ってきました。

各団体の福祉活動はたくさんありますが、やはり全身性重度障害者の細かい心の支えを、そこを深く理解するのはすごく大変です。その一番大変な障害者を深く理解して動いていくのが福祉活動の基本的な動きです。こういう活動は自分のいのちや生活をある程度捨てて、心底そこに賭けていかないと、行政も社会そのものも絶対に変わらないのです。人間社会の生活、いのちというところでは、これほど大切な活動はないのです。

私の福祉の考え方や制度要求のやり方は国家政府の権力者や世論を先に置くのではなく、常にその現場、現状、現実に、日々の生活の中で体当たりして、そこを先に基本に置いて、そこから国家権力や世論を相手に動いていています。

はっきり言って、日本の福祉予算の立て方は国民のいのち、人権というところから立てるのではなく、国家の奉仕、弱者に対するお恵みとして国家予算の一番最後として、「弱者が死のうとかまわない」という、そういう予算の立て方で出してくるのです。つまり、国家政府の権力者や健全者社会の意向や世論を先において、その次として福祉の思想を語っても、弱者にかけていく福祉予算は無駄使いとして、一番後回しにされていくのは当然なのです。そこでは、弱者が権力者に対していくら「人権」と声を上げても、相手にもされないのです。国が話を聞くのは、福祉行政にとって都合の良いことを言う福祉学者です。はっきり言って、全身性重度障害者の生活やその意向や現実をまったく無視して国家の制度に関わった福祉学者や有識者といった人たちは、現場の現実を体で体験していないメンバーなのです。学歴や権威の衣をまとった人たちが、単なる福祉の空論を何度も交わして厚労省ともどもつくったのが、障害者の自立や生活を強い者の支配下に置いた今の障害者自立支援法なのです。

今になって誰が悪いと言っても仕方のないことですが、行政の言葉に乗せられて何も知らない障害者を乗せて、今の切り捨てや締め付けをつくってしまったのは、運動側の問題であるとも言えます。人間がつくってきたもので、想像だけでつくるものほどロクなものはないはずです。やはり、人間のいのちやそこに置かれた状況に直接触れて接して、福祉というのはそこから入っていくべきです。その次としてそれに対して国家予算がいくら必要か、国民のいのちの保障、国民の生活を守る保障として予算を付けていくのが国家の責任です。今はそれがまったく逆転して、国民のいのちや生存権はどうでもいいということで国家や権力者の巧みな言葉に乗せられて、福祉は切りたい放題切りまくるという状況に入ってしまいました。

二　貧困化する福祉

　まず、医療費削減のなかで医者や看護師の職業の保障が奪われて、いわゆる「老人病院」に入っていた高齢者は大勢そこから叩き出されていきました。また、厚労省の障害者の「自立」「就労」という言葉の下に、重度障害者のいのちの最後の保障である施設への入所はどんどん削減されて、施設は廃止されようとしています。はっきり言って少し前まで、障害者の家族が介護に疲れて障害者が殺されていくような瀬戸際になれば、施設に入るか、施設が空いていないときは施設が空くまで病院に入って一時的に待機するというような、そのようないのちの保障がありました。高齢者も同じでした。この意味で施設は私たちの「いのちの最後の砦」であり、私は施設の存在を完全否定はしていません。しかし、入る施設が今はまったくないのです。そこでは障害者は虐待されて殺されていくしかないのです。グループホームやヘルパーの施策はありますが、職員の低賃金労働のさらなる切り下げのなかでは、その職員のなり手がなくてヘルパーを頼みに行ってもどこの事業所でも人材がいないということで断られる始末です。

　保育所も民間となるし、福祉の切り捨てについて言ったら切りがないのでこの辺で終わりにしますが、今までつくってきた福祉というのは、その現状や現場の現実のなかで、国家として国民のいのち、生活を守っていくためにつくられたと思います。だとしたら、今、国民は「死ね」というような、今までつくってきた福祉の方策をどんどん廃止して切り捨てていくような小泉政権が立てた方向性に対して、国民が怒りもしないこと自体、おかしいことだと思います。

　それから、四〇年間の福祉活動の最悪の欠点というと、一七年前頃に高齢者が増えていくというひとことによって、公務員正規ヘルパーから保障のない民間ヘルパーの事業所に移管されたことです。それをきっかけとして、この一〇年間の動きは公務員ヘルパーは廃止されて、民間ヘルパーの事業所に私たちのいのちやヘルパーの生活保障も放り出されました。「施設解体」という私たちの言葉を国家はうまく利用して、施設をグループホーム化して、施設解体をしていくなかで、その施設職員の公務員なみの保障をなくしてくるし、グループホームの職員たちはパートなみの保障とされて、どこでもヘルパーの人材不足になるような切り下げられた国家予算となってしまったのです。そこにたくさんの障害者を巻き込んでしまったのは、私たちの責任です。

また、現在、自立イコール労働ということが基本とされて、自立支援法にそう謳われて、作業所に行かない障害者や仕事を持たない障害者は「ダメ人間」として、怠け者のように言われ、肩身の狭い思いをする状況です。

今挙げたいくつかの問題点や全身性重度障害者の自立そのものを考えて、それを取り戻すという時期に来ていると思います。学歴を持つ者や権威者や福祉学者・有識者という強い者の意向や論理、その支配下に置かれて私たちの自立生活そのものががんじがらめに締め付けられて、生活を監視され、強制されて生きていませんか？

やはり、全身性重度障害者はすでにその障害によって動きそのものが縛られているのです。自立生活というのは、個人個人の生き方を認めていくような自由な生活を国家そのものが認めてこそ、全身性重度障害者の自立生活なのです。少なくとも、一二〜三年前の障害者の自立はそのような傾向でしたが、現在では介護制度そのものが障害者をがんじがらめに締め付けていかないとその介護保障も認めないという形式が先行していくなかで、そこでは自由もないのです。

この傾向を良いものとして行政ともどもつくってしまったことについては、多くの障害者団体の代表は責任があります。今、障害者の福祉活動、特に自立の活動をやってきた代表者は自分勝手なひ弱な自立障害者をどんどんつくってしまったことについて、大変悩んでいます。障害者の自立については再度、見直していく必要があると皆さんは感じていると思います。

そのこともありますが、今の時代はどんどん福祉切捨ての状況に入っています。そこは今、自立をしている重度障害者たちやグループホームで暮らしている障害者たち、そこに関係する職員の皆様方、強く自覚してください。

一つには重度障害者の「いのちの最後の砦」となっていた施設、その職員の保障がどんどんなくされて重度障害者が家族に戻されて、追い詰められたその家族に殺されていくという現実が起こっています。家族が困ってもグループホームの数は少ないし、申し込んでも肝心の介護者が足りなくて断られて、かといって施設も病院も入るところはないし、地域医療・看護といってもほんの一部しかやっていなくて、そこでは特に医療行為の手の焼ける障害者は殺されていくしかないのです。私たちの福祉活動はいかに表面しか見てこなかったのか、そこは反省しなければならないと思います。

三　福祉に経済はない

支援費制度が始まって「措置から契約へ」と謳われるようになりました。そのなかで介護派遣事業所が広がっていったといわれます。しかし、介護保険や障害者の支援費制度をつくったとたん、国はその予算が三倍から五倍と増えたといって、赤字が莫大なものとなったと騒ぎ立てました。また、「何年後に高齢者はこれだけ増えていく」という国の言葉に乗せられて、ヘルパーは民間事業所に移されて、公務員ヘルパーは廃止されました。その挙句、介護保険料はどんどんとられ、その上、一割の自己負担をさせられて、身分保障のない低賃金のヘルパーは使い捨てられていくという時代になりました。

障害者の福祉も、自立支援法になって、障害者ヘルパーも同じく賃金はどんどん下げられて、ヘルパーをする人も足りなく、障害者の自立を請け負う事業所も見つからないという現実が広がっています。だけど、これだけ福祉が危機的な状況となって、国家予算だけがどんどんと膨らんで、満足な保障が欠けている現状はまったくおかしいとは思いませんか?

この辺どこに一番問題があるかというと、この赤字予算の原因が、事業所の建物やその事業所の事務経費やその書類の無駄遣い、その事務員の人件費に取られており、介護に関わる予算の総額のうちかなりの額がそこに吸い取られているからなのです。このように事業所が乱立することによって、従来は行政一カ所ですんだ経費が何倍にもふくらんでいるのです。

やはり、弱者の福祉というものを国家の資本主義的経済政策に乗せて、福祉政策そのものを賃労働として利潤を上げていこうという、普通の労働としてその背景をつくったこと自体、間違っていたと思います。そういうところで、国家の福祉予算はどんどん削られて、そこで働く人々は低賃金、まったく保障の付かないきつい労働とされて、ヘルパーの人材不足が深刻化していったのです。そこで殺されていくのは高齢者や障害者なのです。

国の福祉予算が逼迫しているとか赤字だとか騒ぎ立てているのは、こうした無駄な予算の使い方に原因があるのであって、こうした無駄を省いていけば予算はもっと有効に使えるはずです。それこそ、行政からの直接のやり方（ダイレクトペイメント）のほうが、間接経費はかからないし、それだけ生きたお金として介護者に手渡すことができるし、関係も豊かなものになっていくはずです。そういうところで、介護保険と支援費制度以降、介護派遣事業所が増えていったことが果たして「共に生きる」社会づくりに効果的だったのか、そこは大きな疑問が残ります。

福祉をつくっていくときに、利潤を上げていくような社会の体系や、国家の予算を増やしていくような背景をつくっては絶対にいけないのです。そういう体系や背景をつくればつくるほど、介護そのものがきつい労働とされて、高齢者や障害者は絶対に殺されていくのです。国家の本音は福祉、まして高齢者や障害者には絶対に予算を出したくないのです。国は福祉に利潤を上げていくような背景をつくろうとしてきます。そこでは、障害者自身の人間としての尊厳も生き方も奪われて、自立心そのものが貧弱にされて、障害程度区分の判定というところで個人個人の生活や肉体そのものが、行政の意向によってとことん解剖されて、その解剖を受けないと殺されていく息の根を止められていくというのが今の国家施策なのです。その動きをつくってしまったのは今の福祉の活動を行っている障害者運動の中心メンバーであり、そこを止めることのできなかった私にも責任があります。

四　介護保険との統合反対と「見守り」の保障

私たちが血のにじむような動きのなかでつくってきた自立生活の介護保障の予算がどんどん減らされています。介護保険と障害者の介護保障の統合については、まさしく障害者と高齢者の介護保障の平等・公平というひとことによって、統合になれば障害者の介護保障が最高で月三六万円というように、介護予算が切り下げられていくことは当然、わかりきったことです。行政のやることは高齢者の介護保険が、その予算が低いからと言って、障害者の介護保障の高い水準にまで持っていこうなんて絶対にしません。そこを認めたら、高齢者の介護保険の予算だけで一二兆円の国家予算の負担になるのです。

はっきり言って、高齢者の介護保険と障害者の介護制度、とくに重度訪問介護が統合されたら、それと同時に全身性重度障害者の自立生活は全国的に全滅してしまうことは確実です。支援費制度から自立支援法に移行する時点で、厚労省は自立支援法に移行しても支援費制度のときと同様に、全身性重度障害者の介護保障は絶対に同じように保障していきますという確認でした。ところが、障害の認定調査は入るし、障害程度区分はつくし、それでも足りなくて医療行為を前提とした加算という仕組みが取られていき、締め付けがすごいものであったことは皆さんもご存知だと思います。

その上、支援費制度の要綱には「見守り介護」という条項が入っていましたが、自立支援法の重度訪問介護ではその「見守り介護」という条項が外されていました。この見守り介護の条項を重度訪問介護の中に組み入れていくのに、全国公的介護保障要求者組合と他の団体の力を借りて厚労省と一年以上の話し合いを続けて、やっと見守り介護の条項を重度訪問介護の中に組み入れさせました。この見守り介護の条項がないかぎり、全身性重度障害者の自立生活を続けていくことは不可能です。

今、現実に医療費削減、看護師の人手不足のなかでは、二四時間介護の必要なＡＬＳの障害者、呼吸器を付けている重度障害者については、病院に入院すれば必ず殺されています。この辺の病院のデータを取ったら八割の病院で行っているという現実なのです。この現実から見ても、介護保険との統合を認めて、見守り介護の条項も外されていくようなことになったら、全身性重度障害者はどんどん殺されていくことはわかり切ったことなのです。

今回、この本を出した一番の目的は、介護保険と統合だけはさせてはならない、見守り介護の条項だけは外してはならない、そういうところのいのちがなくなるという瀬戸際に立たされているのだということを、全身性重度障害者の一人ひとりが自覚をもって福祉というものに真剣に取り組んで動いてほしいという願いを込めて、この本を出版したわけです。

五　労働することが自立ではない

さて、障害者といっても、その障害には様々な疾病があります。その個人の疾病によって様々な動き、生活はあるものの、その個人個人の疾病に合わせて、その個人の生きがいや自立という意味を見出していくことによって、生きがいのもてる生き方をしていくことが、その障害者の疾病に対して一番望ましい、その人の生活にあった自立の生き方と思います。

脳性マヒの障害者、頸椎損傷の障害者、進行性の障害者、ＡＬＳの障害者、このような全身性の重度の障害者については、はっきり言って、資本主義、利潤を上げて社会の経済の流れに乗って、健全者と同等に動いていくことは全く不可能です。

私は脳性マヒという疾病の障害者です。そのなかで長年自立生活してきました。その脳性マヒの疾病という者の現実を語ります。脳性マヒという疾病については、産まれて四～五歳くらいまでの障害が固定するまでは、リハビリという訓練期間は必要ですが、それ以降はリハビリを受けても、あまり意味はないのです。それでも、そのリハビリを続けていくとしたら、固定された障害より重くならないように、障害の進行を抑えているに過ぎないのです。だけど、その訓練にしても、やり過ぎると、やり過ぎた後遺症が、二〇～三〇歳を過ぎれば必ず重い二次障害となって、寝たきりになる人やそこで亡くなる人も出てきます。

この辺のことを、少し今の自立支援法と照らし合わせながら、障害者の自立とは何かということを語ってみます。

障害者自立支援法の自立の理念は、障害者の就労、健全者と同等の労働というのが、基本の位置付けの理念となっていることは、ご存じと思います。その理念については大半の障害者たちは賛成で、疑問も持たない人はたくさんいます。しかし、私から見れば、このこと自体とんでもないことなのです。二〇～三〇年前の「青い芝」の活発な動きのなかで、全国の脳性マヒの障害者の生活をまとめた資料のデータの中では、はっきりと、子どものうちに厳しい訓練を無理して行った障害者、またある年齢（一五、六歳から二五、六歳まで）に自立しようと少しでも収入源を上げていこうと無理した脳性マヒの障害者たちは、三五歳～五〇歳くらいで二次障害となって、寝たきりになって、それから二～三年後に亡くなる率が高いというデータがあるのです。特に脳性マヒというのは、アテトーゼ（不随意運動）や緊張もひどくて、首もすわらない人もたくさんいます。何もしなくても首の緊張によって軟骨がすり減り、頸椎の神経にさわって、頭を動かしてもしびれるくらい痛くて、寝ても起きても痛むのです。無理して就労した人や、自立、リハビリということで車いすを自分で動かして暮らしていた人は、首も痛いし、腕もしびれ、腰も痛くて、四〇歳を過ぎると脳性マヒは二次障害というところで、寝たきりで二～三年後に死んでいくという人がたくさんいるのです。

ですから脳性マヒというのは、絶対に無理した日常生活を送ってはならないのです。今回の障害者自立支援法では、自立イコール就労が基本となっていますが、そこの理念を見ても、学者や行政が考えてつくるものは、いかにいい加減かわかると思います。

また、脳性マヒの障害者と労働について、いかにその労働が脳性マヒという障害に対してそぐわないか、私の生きてきた経過のその実例を話します。

全身性重度障害者、とくに脳性マヒという障害の疾病は、全身の運動神経を破壊されているという疾病です。その障害が重度であればあるほど口の嚙む機能や、食べ物や水をふくむ機能も、飲み込む運動神経もやられて、日常的な生活においても、だ液を自分で止めることもできずによだれをたらたらとたらしている脳性マヒの人はたくさんいます。

　私が最初に入った施設は、そこは生活の場としての施設でした。ところが民間施設なので、授産施設として施設の在所生に少しでも働いてもらって施設の存在を認めさせないと行政から予算が取れないというところで、その施設は授産施設としました。重症者が対象でしたが、職員の数の都合で軽度障害者も半分くらい入れないと、生活の面で不可能でした。授産施設となってその仕事は紙袋の紐通しやお菓子の箱づくり、水道のゴムのパッキンの輪抜きや化粧品のふたのところの切り取りの作業でした。上半身の障害のない人は手が効くので月に二〜三万円取っていましたが、私のように手もまともに動かない全身性重度障害者になると、朝の九時から夕方の五時まで緊張して硬直して汗水流してよだれをたらし、毎日一生懸命やっても月一五〇円か二〇〇円を取れればいいほうでした。

　それと、こういう仕事というのは下を向いてやらないとできない仕事です。下を向けばよだれもたくさんたれます。口にタオルを巻いてやれば、そのタオルがビショビショになってしぼれるくらいよだれが出ます。三カ月、半年とやって体調が悪くなり、障害も重くなって、ちょっとした風邪をひいても、そく肺炎になってしまうという日々を繰り返すようになってしまったのです。それもそのはずです。だ液というのは、一つには消化する作用をするけど、体の体力を維持していく大切な働きをしていく分泌液なのです。その大切な分泌液を出すような行為をやれば、体が弱っていくことは当然なのです。

　そういうところでは、全身性重度障害者とくに脳性マヒの全身性重度障害者にとって、労働というのは死につながる、自殺しろという行為なのです。この辺のことにしても、行政や学者や有識者はまったくわかってないので、自立イコール就労という、全身性重度障害者を殺しに追い込んでいくような制度がつくられているのです。

　やはり、福祉制度といいながら労働のまったく不可能な障害者に対して、自立支援法で応益負担をかけたり、六五歳から介護保険に統合されていくことは、全身性重度障害者については「死んでいきなさい」ということです。全身性重度障害児・者にとって、医療というのは生きていく上で欠かすことができないはずです。このように脳性マヒの機能障害者は、資本主義という生産主義社会の動きに対してまったく適合することは不可能なのです。

果たして、自立イコール就労として一括してそういう方向だけが自立ということでいいのか。そうだとしたら、身体を壊しても就労するのが自立なのか。何も私は、脳性マヒの障害者だから遊んでいろとは言っていません。それこそ退屈すぎます。だからといって、利潤を上げて資本に役立つ労働をしろとは言っていません。私は資本に役立つ労働をすることは反対です。しかし、私たちは国民の汗水流して働いて納めた税金で生きている以上、この世の中に同じように生きている以上、国民に対して、少しでも貢献していくという気持ちをもって自立生活していくべきです。

六　自立という生き方

障害者の自立については多様な意見はあると思いますが、支援費制度や障害者自立支援法という制度ができたなかで、各地で今まで埋もれていた障害者が多数、自立したというけれど、それだからといって施設や職員たちの労働保障の待遇を、そこで廃止したりなくしたりしてでは絶対にいけないのです。そこの存在を守らせていくなかで、グループホームやヘルパーの労働保障を国に認めさせていくべきです。

障害者の自立イコール、介護の自立と言っても、そこでは自立しても自分の力で介護者を探せない障害者、うまく対応できない障害者もいて、自立が到底できない障害者もいるのです。そういうところで、介護者を自分で探して生きていける障害者も探して生きていけない障害者も、事業所が一括してヘルパー派遣という形で、事業所に申し込めば即、ヘルパーが派遣されるようになりました。このような仕組みに乗っている限り、「自立」と言っても家族介護または施設職員の介護が、「自立」という名の下でヘルパーの介護に代わっただけなのです。

自立というと、生活費の勉強、住まい探しから始まって、半年から一年は不動産回りが当たり前です。そこで断られても断られても粘り強く探していくなかで、社会の厳しい現実や、どうやったら他人とうまくやれるか、そういう他人との関係ができてくるのです。また、生活費にしても、市区町村の役人と厳しいやり取りがあり、介護にしても、一日中介護人探しに明け暮れ、駅頭や福祉系学校のサークルあたりで五〜六時間も介護者募集のビラをまいたりしないと、自分のいのちが維持していけない現実があるのです。それが全身性重度障害者の自立であり、まずは自分の生活や健康をきちんとつくっていくなかで、その次にそこで自分のゆとりの時間があれば障害者の労働をやればいいことです。だけど、労働といっても国民が幸せになるような福祉活動をやっていくべきと思います。が、その福祉活動にしても、利潤を基本においた活動はやるべきでないと思います。

今は家族、施設からの自立と言っても、グループホームもあるし、生活介護も事業所からヘルパーが派遣されてくるし、ある程度の生活費も保障されているし、コーディネーターが自立のテクニックや住まいも紹介してくれるという、このようなおんぶに抱っこの自立、単なる家族・施設から事業所の保護に代わっただけの自立のなかで、それでどうして障害者自身の生きていくという強い意欲や生きがいが湧くのでしょうか。

今は自立イコール労働ということが基本に置かれていますが、労働に入る前に障害者の自立には、やることがたくさんあるのです。まずは他人との対応、そこができていないから、事業所からヘルパーが派遣されてきても、関係がうまくつくれなくて、こじれて対応できないのです。また、自立生活については、自分で生きていくために栄養管理能力や料理の指導能力、また、生活を組み立てる能力、家計を管理する能力、障害者が地域に出てもいじめられたり疎外されない近隣との関係づくり、そういう自立の根本的なものを先につくっていくのが、自立という自分のいのちや生活を守っていくことなのです。

今から一二〜三年前は障害者の自立と言えば、このような動きだったと思います。確かに、介護者探しに毎日明け暮れるというのは、とにかくつらく苦しいことです。それが自立なのかと言うと、そうとも言えませんが、家族・施設から自立したいと出て、たった一日の介護者探しのビラをまいただけで「こんな苦しいことをやるくらいなら、家族・施設・グループホームに戻ってそこで暮らしたほうがいい」という言葉を吐いて、戻っていく障害者がたくさんいます。

このようにひ弱な自立障害者の背景をつくってしまったのは何か？　自立の能力をみんな奪い取っているのが今の国家の介護保障の仕組みであり、障害者、特に身体障害者、自分の意向や自立に強く能力を出していける障害者が進めてきた介護派遣事業所なのです。

七　無限大の力

では、障害者が生きがいをもって生きていくために私たちは何を考え、どう行動すればよいのか。まず、自分で自分の健康、生活、いのちを日々の生活のなかで大切にすること。また、様々な疾病に合わせて、自分の動ける範囲で、社会の関係や連帯、自分が外で転がっても、手を差し伸べてくれる関係を地域の中でつくっていくことです。

障害の疾病によって、様々な自分なりの動きがあると思います。例えば、これは一つの例ですが、今は全身性障害者はほとんど電動車いすに乗っています。何人かの障害者が集まって高齢者からFAXで買い物の注文を受けて買いに行くことを仕事としてやればいいし、駅で電動車いすの後ろに高齢者を乗せるタクシーみたいなことを安くやればいい。そういうなかで、人々と交流を持っていき、地域との深い関わりをもつことが大切なのです。

全身性重度障害者の自立とは、健全者をそばにおいてその自分の仕事を健全者にやってもらうことではないと思います。自分でやることが仕事なのです。また、全身性重度障害者の自立とは、どのくらい自分の力によって地域との深い密接な関係がつくっていけるかが自立なのです。

人間の能力は無限大です。その無限大の能力を自分の自立に沿って力いっぱい引き出して生きていくことが自立なのです。今はそこがほとんど抑えつけられてしまっています。やはり、ヘルパーの事業所を通した一括のお金の出し方、そういう一括のやり方のなかで、良い関係なんてまったくできないと思います。介護者も自分で探して生きていける人は、そういう生き方をさせるべきだと思います。障害の疾病によって、生産を上げていけない障害者はたくさんいます。そこでは、社会に貢献するような生き方をしていけばいいことなのです。

さて、今後の全身性重度障害者の自立生活の転換については、一つ目は、全身性重度障害者が四〇年かかってつくってきた介護保障をなくさないために、全国の障害者が立ち上がって行政に対する動きをつくっていかなければなりません。その闘いの動きから始めて行くことが一番肝心なのです。

二つ目は、全身性重度障害者のいのち、生活、その自立の自由を勝ち取っていくような、自立生活の運動に転換していくべきです。少し前の私たちがつくってきたいくつかの自立の事業所では、そこに手伝ってもらって自立して、その団体と合わなければいつでも飛び出て、全身性介護人派遣事業を使って自分の好みの介護者を入れ、その介護料は行政から直接支払われて、自分なりの自立生活ができました。今は、自立してその団体と仲たがいしてしまったら、他の事業所に移籍しないと介護料も出てこないし、いろいろと厄介な手続きや移籍した事業所のヘルパーは押し付けて来るし、時間は区切られてくるし、そのような一括した制度の体質自体から壊していかないと、全身性重度障害者の自立という生活、自由はありません。

三つ目としては、全身性障害者の地域との密接な関係を自分から積極的に社会の人々と触れ合っていくような動きを自分でつくっていくことが、労働するより一番大切な動きなのです。全身性重度障害者の自立とは私たちが自ら積極的に外に出て社会の人と触れ合い、人々の温かい手をつくることで、その私たちの自立そのものができて保障されていくのです。

最後に、介護というのは絶対、介護者をお金で叩いて使うものではないです。そこを乗り越えて、介護者と関係をつくっていくのが全身性重度障害者の介護なのです。そこは自覚してください。

第二部　ともに生きる関係

第九章　パーソナル・アシスタンス／ダイレクト・ペイメントを求めて

一　全身性重度障害者が地域で自立して生きるとは

日本の介護保障制度というのは、一九七〇年頃、府中療育センターを生活の場にしろ、という重度の全身性障害者の闘いから始まりました。その闘いは東京都の都庁テント座り込み、そこを経て、全身性重度障害者が社会に出ても国家保障として、何一つ生活保障や介護保障のないところから、全身性重度障害者が立ち上がって、そこから全身性重度障害者の社会に進む自立の保障のための闘いが始まったのです。

最初は、多少の障害者年金と生活保護しか生活費としての保障がなく、全身性重度障害者は生活できないというところから、全身性重度障害者が社会の中で自立していくとき、その障害にかかる経費として重度手当や福祉手当を東京都に対して交渉し、発足させました。また、自立すれば当然、そこに付き添っている介護者は施設同様に、その介護は過重労働です。介護者の身分保障や生活保障を実現しなければ、全身性重度障害者のいのちの保障はないのです。重度脳性マヒ者等介護人派遣事業という介護人の派遣を充足させて、同時に厚労省に対しては、生活保護の他人介護加算の特別基準（大臣承認）を認めさせました。そこに付き添っている介護者も命がけの闘いでした。

生活保護の他人介護加算（特別基準）については、介護人一人を代表と書いて、加算の分も含めて保護費は障害者の口座に振り込まれますが、東京都の脳性マヒ者等介護人派遣事業については、介護者の代表の口座に介護料が振り込まれます。その介護料を障害者が預かり、障害者の意向を基本に、介護の必要度に合わせて介護者の人数・入る時間数などを介護者と話し合って、分配して使っていくというやり方をとっている重度障害者がほとんどでした。

その頃はまったく介護者にはヘルパー資格もなく、介護料については、一切、税金も取られませんでした。確かに、時間単価も安かったのですが、少しずつその時間単価も上がって、国が決めたヘルパーのパートの単価（一時間一四二〇円）で二四時間出ていました。行政から直接障害当事者に落とされていく形でしたので、介護者が不足すれば、障害者とその介護者とで介護者を探していく。簡単ではないけれど、そういう人がほとんどでした。そのやり方のほうが、介護者がいないと生活やいのちそのものがなくなるので、障害者自身が真剣に介護者探しをするなか、人との関係も広がり、そういうところでは真剣に介護者の身分保障を考え、介護者をいっそう大切にしたり、温かく育てていくという、双方が理解し合っていくという関係ができてくるのです。そこでは自立したからと言って、さびしいからと言って、酒におぼれたり、テレビに明け暮れたりしている時間なんてまったくないのです。自分の生活である以上、自分の介護者は自分で探して擁して、生活も介護料のお金も自分で管理して、自分で判断して使い、介護料も介護人も、その自分の生き方に沿った使い方をしていくのが、介護保障なのです。

　一九九七年まではそういう形で使っている方が八割くらいいたと思います。今のように、まったくのおんぶに抱っこというやり方が本当に自立ですか。介護料というお金だけの関係がたくさんできても、全身性重度障害者の自立に対する理解をさせていく人間関係の根本的な双方の思いやりや、温かさがどんどん遠のいているのが、事業所からの派遣ヘルパーというやり方だと思います。人間関係の輪がつくれないという全身性重度障害者の社会の自立については、脳性マヒのような不気味な障害者が電動車いすで部屋から一歩出て、一人で街中を歩けば、邪魔者と言われたり、子どもに石を投げられたり、学生に暴言をはかれたり、殴られたりすることもあるのです。

　全身性重度障害者が地域で一人も自立していない、理解されていない、地域との関係ができていない時代は、そういう状況でした。今でも、障害者が街中に出ていないという雰囲気の街では、障害者が一人で買い物をしようとしても、無視されたり、邪魔者扱いされるという地域もあります。

　やはり、障害者が一人で出歩ける街や、雨が降れば飛んできてかっぱを着せてくれたり、車いすが止まって動かなくなったとき、押してくれたり、買い物をするとき財布からお金を取り出してくれたり、そういう関係を自ら街につくっていくのが、全身性重度障害者なのです。そういう関係を街につくらないかぎり、自立しても、一人で恐くて部屋から一歩も出て行くことができないのです。自立した以上、その生活もその介護料も障害者が一切、管理して行うのが、ダイレクト・ペイメントの基本なのです。

全身性重度障害者の社会・地域自立とは、就労だけを基本とするものではありません。まず、自分の健康生活、介護の保障が整った上で、地域との関係づくり、その関係を少しずつ広げていくなかで、一人でどこに出かけても安心できる、なにが起こっても手を貸してくれる、助けてくれる関係づくりを、日常的な仕事として動いて、他の障害者が外に出ても邪魔と言われない関係をつくっていくことが、全身性重度障害者の自立と言えます。そこを経て、自分にとって就労するだけの時間や、それだけのゆとりがあったら、やればいいと思います。

やはり、全身性重度障害者という名のとおり、その重い障害から自分の身体の健康や生活を管理、維持することと、その生活の動作で精一杯なのです。まして、緊張の強い脳性マヒ者は、それ以上無理にやったら、頸椎がどんどん磨り減って、まったく動かせなくなるのです。その辺は、いろいろとありますが、怠けて仕事に就かないのではないのです。そこは、批判されても自分のことは自分にしかわからないので、自分で判断して日常生活を送ることが一番大切だし、生きがいを持って、いのちというところを一番、基本にしてやっていくことが大切です。

二　ヘルパー派遣事業所の是非を問う

さて、介護保障については、ほとんどの障害者がダイレクト・ペイメントに近い形で、介護者も自分で探して選んでやっていましたが、もう一つの声として、大学の福祉サークルや駅頭で朝から夜までビラをまいても、なかなか介護者が見つからない、その動きに時間を取られて、何のために自立生活をしているのかわからないという声もあります（こういう動きが地域の人たちとの関係や福祉というもの、全身性重度障害者の障害機能や生活を深く理解してもらう、一番、大切な動きなのです。その努力をして生きていくことによって、健全者も障害者を理解するのです。頻繁に障害者が外に出て、たくさんの健全者の目に触れる動きをしないかぎり、福祉そのものもまったく理解なんてされないのです）。

また、介護者を探せない障害者もいるというところで、全身性重度障害者の介護人派遣センターを発足して、そこから介護人が派遣されていくようになりました。それがつくられたのが、だいたい一九八〇年代後半くらいでした。その最初の事業所は東京都の地域福祉財団というところから全身性重度障害者の地域自立をつくるという名目で補助金を受けて、それを全身性重度障害者の自立のためのヘルパー派遣の事業所の運営費として当てて、また、介護者の派遣を頼んでくる障害者から、ヘルパー派遣について一時間当たりいくら、と取って、介護者の派遣を行っていました。その当時は、障害者自身で判断して、そこに介護者の派遣を頼んで、自分の判断で行政から出た介護料を自分で使う形がとられていたので、ここまでは良いとか悪いとかは言えませんでした。

東京都でこのやり方で進んでいた頃、全身性重度障害者でストックホルム自立生活協同組合の議長であるアドルフ・ラツカさんが『季刊福祉労働』五〇号記念シンポジウム「ノーマライゼーションの現在」のために日本に招かれたのを機に、あちこちでスウェーデンの介護保障やラツカさんの自立の介護保障について講演をしていただきました。

それによると、スウェーデンでも公務員ヘルパーによる介護は、時間で割り切った一つひとつの介護の契約にもとづいてしかやってくれないので、まったく全身性重度障害者の介護にはそぐわない。例えば、緊張の発作が起きて「薬を飲ませてください」と言っても、介護の契約には入っていないということで断って帰ってしまう。雨降りに子犬が玄関から飛び出て、泥足で部屋の中が汚れて、ヘルパーに「拭いてください」と頼んでも「契約書には書いていないのでやることはできません」。全身性重度障害者の生活介護に伴っていないし、いのちそのものに融通のきかない介護なんて役に立たないというところで、スウェーデンの行政に対して三年前から公務員ヘルパーを拒否して、全身性重度障害者が自らの生活や人間の尊厳を尊重する介護者を自分で選んで、自分の生活を守っていくというダイレクト・ペイメントの方法の試行事業をして、スウェーデンの行政に認めさせていったところだと言っていました。「東京都ではすでにそれができて一〇年以上経つ」と言ったら驚いていました。

三　パーソナル・アシトタンス／ダイレクト・ペイメントとは双方がいのちを看合っていく関係

さて、行政から支給される介護料について、障害者か介護者かどちらが采配する権利があるのか、この辺、労働権を主張する介護者と障害者のあいだで、常にもめて、時にはこじれて敵対関係になって介護を辞めていくということもずいぶんと起こっています。障害者から言えば、この介護料については自分の動かす手足、そのいのちの保障です。そういうところで、自分が生きていくために死にもの狂いで行政といのちを懸けて闘って、勝ち取ってここまで行政に保障させてきました。

というところでは、障害者から言えば、行政という〝銀行〟からその介護料を引き出して、その介護料を障害当事者という〝社長〟が使って、そのお金を使う采配権は障害当事者の生活といのちというところで使っていく権利があって、その上で介護者という〝社員〟に障害者の生活と介護者の生活を勘案しながら、介護料を双方で話し合いながら使っていくということが筋だと思います。ここでは会社をたとえ話としましたが、介護料というのは、そこに介護の必要な障害者がいて、その次として介護をやる人がいて、介護料として支給されていくのです。

公務員のヘルパーはすでにそこに介護の必要な障害者がいる・いないの問題ではなく、行政の庁舎に入ったとたんに、その労働の権利として介護をしなくてもその生活は保障されていきますが、自立してダイレクト・ペイメントで生活をしている障害者は、その介護者が行政に行って、介護料を請求しないと出ないし、介護料を払うこともできないのです。逆に介護者が一人で行政に行って、「誰々の介護をこれだけやりました。労働の対価としてこれだけ請求しますので出してください」と言っても障害者自身が認めないかぎり、介護者一人が行っても絶対に出ないのです。

労働者の権利を主張する介護者が、障害者の介護に入って、障害者の介護料を勝ち取っていくとき、まったく関わっていない介護者が、行政から出てくる介護料については国が決めた労働の対価としての時間給の保障があるので、「おれにそのまま時間給をわたせ」と障害者に請求する場合があります。そういう労働者として権利があるという意識で、障害者の介護に入っている介護者はたくさんいます。その辺は、勘違いもいい加減にしてくれと言いたいです。

やはり、介護料というのは障害者の生活といのちを基本として、介護者の身分保障や生活の保障を確保していくためのものなのです。双方が、いのち・生活というところを話し合って、使っていってこそ、ダイレクト・ペイメントという理念なのです。

四 「契約」制度は自立を阻害している

さて、一九九五年くらいから東京都では、障害者自身が個人に出ているその介護料を活用して、その地域の障害当事者のグループをつくり、介護人派遣センターという事業所をつくってきました。それがつくられていくなかで、二〇〇三年、障害者の介護保障は措置制度から契約制度という、障害者の人権や生活権、生存権を謳い文句とした支援費制度が発足しました。この介護人派遣センターをつくっていくことで、全身性重度障害者の真の自立につながっていくかどうかというところで、悩んでぶつかっています。

というのは、一つに全身性重度障害者の労働や就労を基本として、その派遣センターを立ち上げても、そこの事務所で動くのは健全者です。そういうところでは、健全者の労働思想のなかで、強く発言されたり、それによって締め付けられたり、ましてコミュニケーションの困難な障害者は、健全者の発言に太刀打ちできなくて、そのような健全者に依存しながらやっているという事業所は意外とたくさんあります。この辺についてはコミュニケーションの大変な障害者や社会的にまともな教育を受けていない重度障害者は、健全者の強い思想やその意向によって、どうしても事業所の主体はその強い健全者に押さえつけられていくのです。

また、全身性重度障害者の自立の介護については、黙っていても動かなくても事業所に介護人を派遣してくださいと行けば、わずかな手続きを取れば介護人は派遣されてきます。ここで言えば、家族から自立しても家族の身内の介護から、外の他人の介護に代わったに過ぎないのです。また、施設から自立しても、施設の職員から外の介護に代わったに過ぎないのです。極端に言うと、家族の中から施設に移ったに過ぎないのです。そういうところでは、介護者探しに苦労していないから、派遣されてきた介護者に対してありがたみも薄く、そこで自分の気に食わない介護者だったら、とっかえひっかえするのは当然なのです。派遣された介護者のほうも、時間給いくらという契約ですので、そこに介護に行って、その介護を契約どおりにこなして、時間どおりに帰っていく、このような介護料と障害者の関係では、障害者の福祉に理解をもたせていくこと自体、不可能なのです。

また、そういう障害者に「生きがいを持て」とか、「もっと動け」とか外から言われても、そんな動きなんてできないのです。このような自立障害者にとって、おんぶに抱っこの事業所がつくられていくことが、本当に重度障害者の自立なのでしょうか。

措置から契約、支援費制度以降は、まったく自立障害当事者の手もとに、一切介護料が来ない仕組みが取られました。行政から事業所、その事業所から障害当事者を素通りして、介護人の介護をこなした時間給だけが個人個人の介護者に落とされていくという仕組みになりました。そこでは当然、介護の労働体系として、直接、介護者に落とされていく以上、ろくな介護をしない人でも、介護料をそのまま受け取るという労働の権利主張に対して、その障害者は何も言えないのです。

このような障害者を素通りするような介護料の仕組みが果たしていいのか。この介護料の仕組みこそが、障害者の自立そのもの、生きがいを阻害して、国民の福祉の理解度や、障害者と健全者の一番大切な、人間関係そのものを奪っているのです。このまま今の事業所や介護料の仕組みが続くことが果たして、全身性重度障害者が人間として受け入れられていくような社会がつくられていくことになるのか。その辺、やはり、私たちは考えていくべきだと思います。

五　私の生き方

最後に、全身性重度障害者、重度機能障害者は、日常生活のその機能は労働に当たるものだから、無理して労働をしなくてもよいと言う人も障害者のなかにいます。だけど、私はこの言葉に反対です。確かに、自分の重い障害で何もできない、生活のことだけでゆとりのない機能疾病の障害者もいるというのが現実です。だけど、人間が生きているかぎり、精一杯のことをやって生きていくことがごく自然だと思います。

私の生き方は国民の税金で生かされているという汚名を感じて生きているつもりはないけれど、ただし、国民の血と汗の税金を使う以上、福祉という動きのなかで、その国民に対して貢献とか奉仕という動きをしていくことが私の福祉という信念の動きです。

第十章　介護について

一　介護という仕事

この仕事は、すごく重い職業です。介護に入るその人の対応の仕方や精神状態によって、その介護を受ける者の動作が全く違ってくるのです。この介護職は、「人間そのものを看ていく」という奉仕の心が七割で、常に「自分にとって介護そのものを勉強させていただいている」という謙虚な気持ちで接していかなければ、良い介護なんてできないのです。

というのは、障害者と健常者とでは、まったく違うそれぞれの生きてきた歴史や感性があるからです。れっきとして違うのは、弱者と強者という立場の違いです。そこで対等にぶつかれば、当然、弱者の勝ち目は望めません。別に、弱者に対して変にへりくだった気持ちで接していけというのではなく、次のことが、人のいのちを看ていくという介護職にとって、一番大切なことだと思います。

1　奉仕の気持ち
2　双方が人間を思いやる関係
3　双方がお互いの生活を思いやる関係
4　双方がこじれても関係を切っていかない関係
5　あくまでも話し合いのなかで解決していく関係

この辺の関係までいくには、一、二年介護をしたからといってできるものではありません。相当なぶつかり合いがあってこそ、「関係」も出てくるのです。

介護職で、介護を普通の一般職のようにやられたら、その介護を受ける者はたまりません。介護の研修は、全身性障害者の心の支え、手足の支え、いのちそのものの基本的な支えとなる介護という仕事の、介護職のための研修です。この辺の、介護職としての基本的な考え方をきちんと受け入れて、自分自身が生きていく糧として、介護職に就いてください。

二　介護の倫理

はっきり言って、自立の障害者の介護に入ったら、障害者の意向を全面的に認めていくという、その障害者の手足の代行となるサポートとしての心構えが必要です。それが、自立障害者の介護職務です。これが、障害者から見た介護職の倫理と思います。そこを通して、双方が理解し合っていくことで、お互いの関係や、自立の能力も伸びていくのです。この辺、大変難しいことです。

だけど、介護者から見た介護倫理というのは、「そつのない介護をすればいい、今は不況だから一時しのぎとして介護でもやるか」という人が多いです。そこでは、人間のいのちを扱う仕事だということを忘れて介護職に就く介護者が、意外に多いのです。この仕事に就くために研修を受ける以上、人間の尊いいのちや生活を、一人ひとりの介護者のその手でサポートすることになるのです。

介護の職に就く以上、業者の規定された枠や、契約の枠どおりに、事務処理のようにこの仕事をこなす、という意識で介護をするなら、介護という仕事に就く資格はないと思います。人間のいのちを看ていく仕事に就くということは、医師、看護師のように二四時間休みもなく、それが何日も続いて過労死することもあります。それが、人間を看ていく仕事です。その辺の覚悟が、介護職としての倫理だと思います。

三　介護する／される関係

ここで、まずはっきりさせておかなければならないことは、介護をする側と介護をされる側という前提としての立場です。言うまでもなく介護をする側が強者で、介護をされる側が弱者ですが、そういうところでは、強者と弱者という関係は、どう転んだところで絶対に変わらないのです。いくら利用者の主体性、自己決定と言っても、圧倒的に強者のほうが強く、何事においても、主導権と決定権は、常に強者側に握られているのです。

簡単に言うと、普段、障害者が自己決定でやっているように見えますが、そこは、「介護者の許せる範囲の中」で動いて、生きているのにすぎないのです。介護者のその人の感性や意向に対して、許容を超える要求をすれば、介護者はそこで辞めていき、そうなれば、障害者は死ぬのです。そのような絶対的な格差が歴然とあるということを、双方が関係していくとき、特に強者である介護する側は自覚をもって関係を築き、深めていくことが大切です。

　支援費制度以降、強者である介護する側に有利な形がとられて、障害者の主体性や自己決定というものが、一切、強者である介護する側に握られてしまったのです。例えば、介護料は、行政から直接障害者の手に下りるのではなく、行政から業者に下りて、そこから個々の介護者の口座に振り込まれます。

　本来、介護料というのは、行政からまず障害者の手元に下りて、介護で使った分を障害者が業者に納めて、最後に業者から介護者の口座に振り込むという形こそが、障害者の主体性や自己決定を認めた形というものです。そこを逆にしておいて、障害者の主体性も自己決定も言えたものではないのです。

　さて、介護という仕事は、利用者の感情すなわち手足の代行としての仕事です。だけど、当然介護をする人にも感情があります。介護を職業とする以上、そこは、障害者の主体性や自己決定というものに対して拒否してはいけないという思いとの葛藤の連続です。その辺の関係が、一番大変で大切です。

　ただ、この介護職に関しては、利用者に対して助言、指導をする立場にあるといわれることもありますが、もしそのとおりにそんなことをしたら、弱者と強者という格差は絶対に埋められないし、弱者を介護する者としては失格だし、人間関係をつくることなんてできません。健全者といっても様々な人間がいます。それと同じように、障害者の考え方や生き方を認めていくことで、障害者の主体性、自己決定を認めたといえるのです。

　相手との対等な関係ということは、弱者と関わるとき、誰しもがみな思うことですが、こういう思いそのものが、白々しく、関わる人のうぬぼれなのです。例えば脳性マヒ者は、障害による緊張で顔の筋肉が強ばって、どう見ても普通の人とは見られないし、また、トイレも好きなときに行けません。

　そういうところで、いくら対等といっても、あり得ないことです。対等というより、そこでは、両者の立場の違いを、はっきりと双方が自覚した上で、そこは両者の思いやりのなかで、深く理解し合っていくしかないのです。そして、障害者は、介護者を入れて介護を受けないと生きていけないし、介護者は、自分の生活を支える仕事として介護をやる以上、そこは、人間社会の中で生きていく以上、社会人として常識のある対応をしていく努力を、双方ともにしていくべきだと思います。

　ただ確かに時と場合によっては、お互いに甘えた関係もないと、さびしいことです。でも、割り切った関係がないとお互い成長していくことはできません。割り切り方にしても、双方が納得のいくまで話し合っていくという努力をすることが大切です。対等な関係というのは、双方の関係のなかで話し合っていく努力をして、それぞれの立場の違いを自覚した上で、双方がお互いの生活をみ合っていくという関係がないかぎり、お互いに認め合った関係とは言えないのです。

四　介護に資格は不要

皆さんは、人間が人間を看るのに、どうして資格がないと介護の仕事につけないのか、疑問をもって考えたことがありますか？　身内の動けない人の介護をするのに、資格は必要ですか？

厚生労働省としても、障害者団体との交渉を重ねるなかで、「介護資格については、役立たずで無駄だと分かっています。だけど、厚労省としては、介護に予算を付ける以上、その予算を取らなければなりません。国民の税金を介護賃金として出す以上、介護資格を通して出さないと、社会通念上、厚労省の面目も立たないし、予算も認めてもらえないのです」と答えています。厚労省としては、介護研修そのものが、無駄なものだと分かっているのです。介護資格とは、この程度のものです。

介護に関する具体的な知識というのは、受け売りの知識を詰め込むのではなく、実際の現場での個々の関わりのなかから、介護者としての知識を得て、それを深め研いていってほしいのです。

人間を看ていく仕事に就く以上、自分に甘えた妥協をしたら、相手を殺していくことになるのです。この仕事は、関わる方に勉強をさせていただいている、死ぬまで勉強をし続けていくということです。

五　障害者の生と介護

障害者というのは、重度であればある程、自分の身体の身動きが閉ざされたなかで、明かりというものを強く求めて、それを自分の生きていく配下に置こうとします。その明かりというのは生きていく上で頼れる人、孤独なときに甘えさせてくれる人、信じることができる人、生きていくのにいつ何時でも手を貸してくれて、生きている限り救ってくれる人のことです。

そんな人には、両親でもなれません。まして、それを他人に求めていくこと自体、全く不可能だと分かり切っていても、身動きできない立場に置かれると、自分の介護に関わる人に、そのように自分の存在やいのちまでも託してしまうのです。

託すことが思うにままならないと、介護者に裏切られたということになって、健全者を敵視するという関係が、常にできてくるのです。その辺、大変難しいことです。だけど、まったく自分が動けなくなったとき、頼るのは動く手足をもった健全者なのです。自分の関わる介護者しかいないのです。そこで頼る気持ちが出ても当然です。

自分のいのちのすべてを誰かに依存するという考えはよくないけれど、ある程度、頼り頼られ、また、介護者もいろんな弱いところを見せていくなかで、関係ができてくるものです。そもそも介護という仕事は、介護される側との関係でいえば、あなたの動く手足を借りますよ、あなたの動く手足を頼りにして私は生きていきますよ、ということが前提の仕事なのです。依存してはいけない、頼ってはいけないと言っても、そもそも、誰にも依存しないし、誰も頼らないというような人間は、健全者にもいないと思います。

人間社会は、他人との共存というなかで成り立っています。そこは特に、介護という、弱者の介護を仕事とする以上、頼られていく存在であるということを自覚して、この仕事をやってください。

第十一章　異性介護バンザイ！

この章の中身については、全身性重度障害者に限ります。全身性重度障害者の生かされてきた経過のなかでは、幼いとき、また成長期に入っても、性のことを考えること自体、まして「セックスするなんてとんでもない！」として、そういうことを考えない動物として生かされてきました。

一　異性介護は是か非か

介護とは、動けない人間の障害疾病を補助して、その障害者の手足として自立生活を支えていく仕事ですので、現在の一般的な多くのヘルパー事業所は、ヘルパーの多くが女性であることもあって、異性もこだわりなく、仕事である以上、対応していかないとならなくなっています。だけど、肝心の全身性重度障害者の介護を基本とする障害者団体のヘルパー事業所においては、その事業所の管理責任者の意向ひとつによって、異性介護は禁止されています。その理由として、異性介護にはセクハラの可能性が付いて回り、ヘルパーと障害者とのあいだでもめたり、こじれたりすることが多く、そういう男女間のもめごとについては事務所のコーディネーターやケアマネージャーでは解決できないから、全身性重度障害者の介護の多くの事業所では、異性介護は禁止されています。

私はその辺、すごく問題だと思いますが、みなさんはどう思いますか？　そこでは、異性介護＝セクハラと考えられて、異性介護で対応すると介護者が障害者に対してセクハラをする、一方で障害者がヘルパーにセクハラをするという前提があると思います。その辺、全身性重度障害者の人格をまったく無視して認めないのは問題だと思います。全身性重度障害者にも介護者を選ぶ権利があります。その選ぶ権利を、たとえヘルパー事業所でもその障害者から奪っては絶対にいけないのです。

全身性重度障害者の異性介護禁止の根源をたどると、それは府中療育センターの在所生の入浴時において、多くの女子の障害者たちが男子の職員から、介護というところで、セクハラをされたり、ひどいと胸を触られたり膣に指を入れられたりすることがあると、たくさんの入所生から声が出たことに始まります。そして、施設には職員と入所生の月一度くらいの話し合いはあるけど、そういう声は外に漏れないようにほとんど消されて、セクハラされた女子は泣き寝入りするしかありませんでした。特に、重度重症の障害者の施設となると、入浴介護は異性介護がつきものです。というのは、入浴となると女性職員だけの力では不可能というところで、男性が基本的に一番重労働の抱きかかえや洗い場の介護や湯船に入れたりします。そういう場には女子の職員もわずかしかいなくて、男性職員は見えないように面白半分にセクハラをします。

そういうところで、ある女性障害者Aさんが「入浴に男子職員を入れるのは反対、男子職員を入れるなら女子の入浴は拒否します」と入浴拒否を行いました。そのことが社会的に公になったとたん、多くの福祉学者や一般の人たちからAさんに対して「人の世話にならないと生きていけないのに、このような問題を社会に公にすること自体、何様だ！　国民の税金で生きている障害者は少しぐらいそういうことが起こっても我慢しなさい、生意気言うな！」という抗議の手紙が来ました。（Aさんが自立して妊娠して子どもを産んだときも、同じように「障害者が子どもをもつなんてわがまま言うな！」というような抗議の手紙が来ました。）

はっきりいって現在でも重度障害者、また、知的障害者の施設となると女性の入所者がセクハラされています。しかし、それを分かっていても、その親でさえ施設から子どもが出されたら面倒をみきれないというところで、ほとんどの親は見て見ぬふりをして施設管理者に説き伏せられて、ほとんど外には漏れません。知的障害者のセクハラについての訴訟も、ほとんど証拠がないということで負けています。こういう経過のなかで、Aさんの福祉活動では、それがトラウマ経験となってしまって、Aさんの事業所では自立生活している障害者においても異性介護は絶対禁止ということになりました。それが他の事業所にも次々に広がっていったのです。

だけど、ここでよく考えてほしいのは、施設に入るということは、生きていくために何をされてもその施設のやり方や、そこの管理者の意向に絶対逆らうこともできないし、服従するしかないという現実があるのです。逆らったら、共同生活を乱すというところで、追い出されて死ぬしかないのです。そういう障害者の弱みにつけこんで、そのようなセクハラの問題や、職員が障害者をいびるということがたくさん起こるのです。しかし、施設ではなく、地域に自立して生活する以上、同性介護をとるか異性介護者でも自分が信頼できる介護者であれば入れていくかは、自分の自立生活の意向の生き方の決断で決まってくる問題だし、そこは自立生活の障害当事者の意向を尊重して任せるべきと思います。

二　自然なものとしての異性介護

以上のような経過がありますが、一九七〇年頃からの府中療育センターの施設問題をきっかけとして、特に都庁テント座り込みの一時期は、全国からいろいろな施設の障害者たちや学生や労働者の運動団体が関わり、そこにはセクトの団体もいました。そのような府中療育センターの、施設を「医療の場から生活の場にしろ！」という激しい闘争の動きのなかで、男女が集まれば、このことは世の常ですが、男女関係のもつれがつきものです。それを目当てに関わる男性も来ます。障害者をダシにした健全者同士のみだれた関係もたくさんありました。闘争のなかでは、その活動の支援者の男女問わずに、施設の中にいる障害者の送り迎えをします。施設の出入りを頼んだり、そこで電車や、車でのつきそいや食事の世話など、障害者の介護は当然、そのつきそいの人が世話をします。障害者と健全者との関係においてもほんのわずかですが、施設から出て介護という接触のなかで、支援に来た男性と密接な関係に落ちることもありました。私の妹もある支援に来た男性と密接な関係に落ちていったのです。そういう男女間の密接な会話や世話をする関係のなかで、障害者と健全者が結婚して子どもをつくるという夫婦の数も増えていったのです。愛するということは自然の摂理ともいえます。そうした人たちは、福祉活動の動きのなかで男女ともども一緒に接し、そのなかで介護や会話をしていくなかで、障害者と健全者が結婚までいたって、現在まで一緒に住んでいる人がほとんどです。

また、厚労省の支援費以前の自薦登録ヘルパーでは、特に介護者については自分の力で探して教育して自分のヘルパーとして擁するのは自由でした。そこで入れた介護者と密接な関係となって結婚する障害者も幾人かいました。また、女性の障害者が男性の介護者を選んで入れて過ごすということもありました。そのなかでは、健全者同士の結婚と同じように別れる障害者もいます。また、健全者の男性と結婚したのはいいけど、だんなが物足りないからというところで、自分の男性介護者と浮気をして、小さい子どもをそのまま置いて介護者と逃げた障害者もいます。

しかし、これらのことは健全者同士の関係でも普通にあることです。「障害者だからといって、健全者と結婚して、そこで不満があったり虐待されたりしたら、我慢までして生きるな！」と言いたいです。障害者だって人間だから、不倫はいけないと分かっていても、時には間違いも起こすし、取り返しのできないこともやります。健全者社会の中で生きていくということは、健全者という強い者に頭を押さえつけられて生きていくことではないのです。何をして良いか悪いかを、健全者と同じように、自分自身で判断して生きていくことが障害者の社会での自立であって、それが自然ととらえられるような社会の意識でなければおかしいのです。

三　一律に異性介護を認めない制度はおかしい

今の障害者介護制度の仕組みが、全身性重度障害者が自立したら異性とは関係をもてないようになっていることこそが問題なのです。というのは、全身性重度障害者をあつかうヘルパー派遣事業所は、もともと数が少なくて選べないうえに、全身性重度障害者や女性の障害者が運営する事業所では異性介護はほとんど禁止です。そしてその事業所にヘルパーの派遣を頼みに行く全身性重度障害者の立場というのは、事業所のケアマネやコーディネーターに障害者の自立生活そのものが一切握られてしまいます。このことは事業所が権限をもったとたん、その権限によって権力者の立場として、権力者が異性にまったく触れ合うこともできない全身性重度障害者をいじめているのと、たいして変わりはないのです。

ヘルパー派遣の事業所が異性介護というところで異性と触れ合ったり、接したりする機会を障害者に与えていく必要はないだろうということで、異性介護の禁止をしている事業所がほとんどです。全身性重度障害者にとって、異性との触れ合いや日常的な関係が地域社会の中でないことがそもそも問題なのは分かっています。何もヘルパーだけにそうした関係を求めているのではないのです。

しかし、「異性と触れ合ったり接していきたかったりしたければ、他でやって下さい。女性とやりたかったらそういうところに行って買ってやって下さい」と言われても、それができない全身性重度障害者はたくさんいます。まして、言語障害やコミュニケーションの大変むずかしい重度障害者となると、何かの集まりで異性が身近にいても、まったく声をかけることもできないしコミュニケーションもとれないし、障害疾病によってはやりたくてもできないし、そういうところに行っても、外見だけで受け付けないところはたくさんあるのです。ALS、筋ジスや、「く」の字に固まったその他の障害者は、生きていくことに異性との関係は本当に縁遠い現実があります。全身性重度障害者で結婚までいたるというのはまれなことです。女性も男性も全身性重度障害者、特に重度であればあるほど、そこにコミュニケーションが大変となると異性と触れ合う機会もなく、一生涯終える障害者はたくさんいるし、そこでよく聞く言葉は、男も女も「生きているうちに一度やってから死にたい。そうでないと成仏できない」というものです。そこまでこの問題は奥が深いのです。

そういうところで、セックスの有料ボランティアが出てきました。全身性重度障害者が自分で生理現象を処理できない苦しさやつらさ、また女性関係が縁遠いのも理解できるし、そこでは、セックスもまったく程遠いだろうということで、さも天使のように協力してその生理現象を処理してあげますというものです。全身性重度障害者からセックスの要望があればその障害者のところに行って、自分の体を使って私がやってあげますよと、そういう女性が幾人か現れました。一部の障害者はそのような女性を活用してセックスしていたようですが、その辺、やはり「あなたは気の毒でかわいそうだからさせてあげます」、「私はかわいそうな障害者だからさせて下さい」と、そのような異性関係でセックスをするなんて、空しいと思いませんか?

これは異性関係ができている障害者の言葉ですが、異性関係がもてない障害者に対して「女性とセックスしたかったら、そのような所に行ってやって下さい」と、このような言葉で片付けてしまっています。この辺の言葉は、やはり男性が女性に対して、男性の生理現象を処理する道具として見ているように思います。セックスというのは、異性との出会いがあって、そこから始まって終わるのです。しかし、この言葉はきれいごとの言葉です。この関係が全身性重度障害者にできないがゆえに、問題提起しているのです。異性関係ができれば異性介護の問題は提起しません。

施設や作業所、また、グループホームという団体生活の中では下半身の問題は別として、同性か異性かを問わず介護を付けます。一方、地域で自立すると同性の介護しか受けられないので、施設に入所を希望したり、施設から出たがらない障害者も多くいますし、施設にいれば若い女性職員や、ボランティアで来てくれる異性との接触もあります。Aさんも最初の施設の中で若い男性職員と接する時間が多かったので、そこからその男性に恋心をもって、そこが終わって、次の男性、今のだんなに走ったのです。やはり、まったく異性のないところの自立生活では、そういう縁ももてないのです。

四　異性と母性

異性介護の問題については、女性の障害者のなかでは、特に違和感やこだわりや拒絶感をもって事業所をやって活動している障害者もいます。それだけ根にもって拒絶するだけの、トラウマやつらい思いや苦しんできた現実があることはすごく分かります。だからといって、他の障害者が生きていく上で、同じ目に遭うとは限らないのです。自分のつらい思いや、苦しい思いをさせたくないということを、他の障害者の自立生活を支える介護者を選んでいくときに、一律に押し付けていくことには疑問があります。

男性の全身性重度障害者の異性介護について、その自立生活の介護者が異性でも、あまり違和感をもつ男性はありません。「介護とは自分の手足としての補助的仕事としてやってもらう」と割り切れば、たいした違和感をもっている男性はほとんどいないと思います。男性が女性から介護されることについて、どうして強く拒絶する気持ちをもって自立していかないのかというと、男性と女性の障害者とでは生きてきた経過は同じでも、その人間のいのちを世話する存在は、ほとんど女性であることから来ていると思います。そのなかで男性と女性とでは異性に対する感覚が違うのです。男性は女性を「異性」とは見ずに「母性」的な存在として育った時間がほとんどだからだと思います。

というのは、どんな男性でも、いのちが宿ってからは女性の母体で育ち、女性の子宮から出てきます。その後、女性との肌と肌との温かい接触の中で、マシュマロみたいなおっぱいを吸って育てられていきます。成長して保育園に入れば、ほとんどの保育士は女性であって、オムツやトイレや着替えをしてもらって女性の保育者に育てられて、家に戻っても、お母さんという女性にずっと接して過ごします。

まして、障害児との場合は、父親は世話することも接することもない家族となって、そこでは障害児を女性に押し付けて離婚する男性もたくさんいます。離婚しないまでも、女性が障害児を産んだということで、障害児の世話は女性がしろというところで、男性は仕事に逃げていくのです。忙しいといってまったく障害児の世話なんてせずに逃げまくるのです。障害児の世話は母親がほとんど担っているのです。また、施設に入れない障害者にしても、三〇、四〇歳過ぎても母親にオムツやトイレという下半身の世話を受けて、生きている障害者の生活は、ごく当たり前なのです（それが良いといっているわけではまったくありません）。

そういう家庭で障害者の介護を担うのが主に母親であるという現実のなかで、自立して女性ヘルパーに下半身の世話を受けていくことについては、人が想像するようなエッチな妄想というのはあまり感じないし、大体トイレの介助を受けるたびに妄想して勃っていたら出るものも出ないのです。そりゃ勃つときもあると思うけど、何にもしなくても勃つときは勃つのです。この辺、自然の人間の構造なのです。そこでは、人間をあつかう仕事の自然の摂理として、互いの人間関係として、やっていくしかないのです。

五　関係の可能性をひらくことが事業所の役割

私が異性介護を一律に禁止する事業所に対して一番ムカつくことは、その事業所の管理責任者の障害者は結婚したりセックスをして子どももつくって、家族という中でその健全者に異性介護であってもだんなや奥さんというところで、入浴やトイレ、オムツ交換という下半身の世話をさせています。だんなや奥さんは、どう見ても異性です。それとも、籍を入れたら異性とは言わないのですか。それでいて、他の自立していく障害者には一番大切な、生きる源を断ち切っていくこと自体、どこに生きていく張り合いが出て来るのですかと言いたいのです。

確かに、介護という密接な世話をする関係のなかでは、圧倒的に力が弱い障害者が強姦やセクハラされることもないとはいえません。不特定のヘルパーを入れるような場合、密室ではどんなにヘルパーに職業倫理を求めても、ないとはいい切れません。逆に、ヘルパー（男性であれ女性であれ）の側からすれば、体力的には圧倒的に弱い障害者であっても、物理的に何かをされなくても、エッチな言葉や視線を受けるだけでセクハラと感じられるかもしれません。

しかし、だからといって、ヘルパー事業所の管理者の意向によって、一律に異性介護禁止と決め付けていくのはおかしいのではないですか。障害当事者の自立を尊重していくという以上、全身性重度障害者のヘルパーを受ける権利と、その介護者の世話をする権利も尊重して、受ける側とやる側の話し合いの関係のなかで、双方が合意してやっていけばいいだけのことなのです。そこで、片方がイヤと言えば仕事とはいえ強制はできないし、その辺の役割はケアマネやコーディネーターが中に入って障害者の要望に沿って可能にしていくのが、全身性重度障害者のヘルパーの派遣事業所としての役割です。それに、男と女が同じ社会に住む以上、性の問題はつきものです。それをないことにすること自体おかしいし、まったくつまらないし、男と女は常にそこから始まり、生きていく源が湧いたりしていくのです。

　私は何も異性関係づくりについて、ヘルパーの介護だけで考えろと言うつもりはまったくありません。だけど、健全者社会の職場の中であるように、異性との日常的な接触、会話、そうした異性との関係の中で、恋愛や結婚が生まれるのです。全身性重度障害者は本当に異性との接触や会話はまったく閉ざされているのです。いのち、生活という、一番大切な、身近な接触や会話は、その介護者なのです。昔は今のように事業所からのヘルパー派遣というものもなく、自分が見つけ、育てた介護者との密接な福祉活動のなかで異性の介護もされてこそ、障害者と健全者の結婚があり、また自薦登録ヘルパー制度を利用する障害当事者が、異性の介護者を入れることによって、福祉や障害当事者の気持ちも理解でき、そこで互いに求め合うような恋愛の気持ちが起きてきたのです。支援費制度以降は派遣事業所によって異性介護禁止というところで、その異性との関係については蓋をされてしまって、健全者と障害者の恋愛というものも、結婚というものも、全身性重度障害者と健全者の間では、ほとんどなくなってしまいました。

六　本音で生きる

　さて、全身性重度障害者の女性が三、四名集まったところで、異性介護について意見交換をしてもらいました。かなり本音の話が出ていました。女性障害者のところに男性ヘルパーの介護者が来て介護されることについては拒むという雰囲気の会話の中で、「若い男の人の介護が来ると私はムラムラして性欲が抑えられなくなって、上半身の肌を見ただけで、その男性を舐め回したくなる。まして、海パンの姿でモッコリした物を見ると襲いかかりたくなる。襲いかかってもらいたいような雰囲気や、そのような格好の仕草や、そういう介護をあえてさせるように仕向けたくなる、だから、異性介護は口では反対といっても心では反対ではない」という会話のやり取りをされていました。このような人だけとは思いませんが、異性に対する性的な感情というのは動物的な本能でもあり、本質と思います。

人間の体というのは、それぞれ同じにできているようで、それぞれ複雑です。だけど、性欲に対しては、全身性重度障害者だからといっても、健全者と大差ないのです。人間は誰しもが幼児期を通って成長期を迎えます。人間の自然の流れというのは、残酷であり、そこが素晴らしいともいえます。勃つものは勃つし、そこは抑え付けることなんてできないのです。その辺の、体から流れる脳の中の分泌液の量や、ホルモンのバランスの個人差があるとは思いますが、成長期に入った健全者は自分で始末ができます。しかし、全身性重度障害者、まして脳性マヒというアテトーゼや緊張のある障害者は、自分の手で始末できないので溜まれば溜まるほどアテトーゼや緊張がすごく強く出て、生活するのに苦しくていられなくなる障害者もいます。在宅に住んでる障害者は、そういうことを、お母さんが気が付けば始末したり、自立してそういうことに音を上げている障害者は、男性ヘルパーが来るのを待って、オナニーの介護からやってもらって落ち着いてから生活の介護に入る、という障害者もいます。

こんなことは支援費制度ができる以前の自立障害者では当たり前でした。だから、人間としての自然の体の摂理ですので、当たり前のこととして、人間をあつかう仕事をしている方は受け止めて欲しいのです。また、女性障害者も健全者の女性も生理間近になると、ホルモンの関係の中で男性の肌が強く恋しくなって、襲いかかりたくなる、やりまくりたくなるという人もいます。もちろん、それは相手があることで、相手の合意がなければ単なるセクハラでしかありません。しかしそうした性的な欲求を障害者であっても当然もっているし、それをないことにしておくほうが不自然で、おかしなことです。

話が異性介護の問題とはずれましたが、少し前に介護保険のコムスンのコマーシャルの中で、若い男性ヘルパーが派遣されてくる前、おばあさんが身なりを整えて自分でお化粧して、来るか来るかと正座して待っているというコマーシャルをやっていたけれど、動けなくても、年をとっても、異性との関係から生きる強いエネルギーが生まれるのです。

七　当たり前の人間関係としての異性介護を

介護というのは、動けない機能障害をケアすると同時に、その介護を受ける方の心や身体の内面、その他含めて理解してケアしていくのが、人間を看ていくという、この介護の仕事なのです。看護師の仕事は、その病人の病気や怪我を医者の指示で治療のフォローをして、同時にその治療に対して患者が治すという意欲が出るように、その患者の精神面や、身体の内実もケアしていくのが看護という仕事なのです。看護師は患者の精神面や心の内実面をどこまで入って仕事として、ケアしていく義務が問われていくのかと調べた結果、溜まって精神面や身体に異常をきたす患者については、それを自分で解消や始末のできない患者については、オナニーまでもケアする義務付けがされていると医療関係の書物に書かれているものを読みました。

その辺、ヘルパーの介護という仕事については、自立生活の手足となって生活をケアするということが基本の仕事であると同時に、その介護を受ける利用者の精神面や心の支えや身体の体調面もケアするという義務の仕事なので、オナニーまでするという義務が問われているかどうかは、そこまでは調べたことはないけれど、いずれにしても、看護も介護も異性というのを問わない仕事です。だとしたら、女性・男性が介護に入って仕事をする以上、その対象者が女性・男性を問わず、それで身体に異常をきたしているとしたら、その対象者のオナニーまでケアしてあげるのが、ごく当たり前の仕事とならない限り、介護の仕事とはいえないはずです。

当然、そこには双方の拒否権は認められるべきですが、そこは双方の人間関係が優先とされて、そこで双方が合意の下でやっていいはずです。人間である以上、生理現象というのは自然の原理なのです。そういうところでは、同性が介護をやらなければいけないという固定をしなくても良いはずです。この世の中、男性と女性しかいないのです。その辺のことを、深く理解し合っていくことこそが、人間の思いやりの社会となっていくのだと思います。

今現在、男性全身性重度障害者の生理現象の対症法は、自立障害者は、ＮＰＯ法人を名乗ったデリバリーヘルス系の事業所と、または障害者が車椅子タクシーで送り迎えされて、そういうところでやって始末したり、男性ヘルパーが来たときにオナニーをやってもらったり、その他、お母さんが処理しています。自薦ヘルパーでやっている障害者は、そういうところに介護者に連れて行ってもらって処理していますが、事業所からの派遣ヘルパーとなると男性でしか処理できないのです。これはまだいいほうで、事業所によっては派遣ヘルパーの仕事には、そこまでは入ってないといって、まったくやってくれないという事業所もあります。そういうところでは、生理現象もまったく処理できないし、まして、異性介護禁止となると、まったく異性と接する機会もない生き方を強制されていくのです。それで生きているといえるでしょうか。このことは単なるセクハラ問題で片付けていくような問題ではすまないのです。

動物が生きるうえで、自然な摂理に蓋をしてはならないのです。蓋をしても噴火するものは、絶対に止められないのです。異性介護禁止そのものが、生きる源をみな奪ってしまっているのです。人間というのは男と女、その二人の関係や接触によって双方が一番成長していくといわれます。その生きていく過程の生きる源に蓋をすること自体、生きていく意欲を奪っていくことにもつながっていくということを事業所として考えていく時期に来ていると思います。このことは、全身性重度障害者の異性介護禁止と、高齢者の異性介護禁止ということは、まったく違うのです。この辺のことを書くと、また長くなるので、これでやめます。以上です。

第十二章　ともに生きる時間を志して

一　新田さんの専従介護者として過ごしたこの十年

大坪寧樹（介護者）

　僕が新田さんの専従介護者となって約十年たちます。当時はまだ支援費制度も始まっていませんでした。この間、新田さんが親元から施設へ、施設での生活権の運動から施設を出て地域へ、生活保護の他人介護料請求の運動へとどんな思いでやってきたかは、折につけ聞かせて頂いていました。介護にお金を介在させることには猛反発があるなか、それでも自分と介護者の生活を思い、必死で求めた介護料……。それは、新田さんが、自分自身をとりまく様々な人々、施設時代の気心の知れた職員の方、また、施設を出るなかで支えてくれた多くの仲間たちへの思いやり、また、より良い関係を築いていきたいという思いから始まって、自身で生活保護法を猛勉強しながら行政との必死なやりとりのなかで、勝ち取ってきたものでした。

　でも、行政はなかなかこの障害当事者が自分で求めた出会いのなかから、お互いを思いやっていく関係をつくっていくなかで築き上げていく関係に〝公金〟を出すことを認めたがりません。でも、そうしたなかでしかできない介護というのが当事者にとっては、死活問題につながる程大切なものなのです。そして、このお互いを大切に思いやっていく気持ちから始まった他人介護料が「措置から契約」「対等・平等」「事業所方式」といった美辞麗句のもとで、介護関係が時間いくらの賃労働へ、介護料が労働対価としての当然の権利へと位置付けられて、すごく割り切った関係へとすり替えられていきました。そして、その先にあるのが、今現在問題だらけのあの介護保険への統合ということになるのでしょうか……。

　新田さんが求めているのはあくまでも、いのちを大切にしていきたいという思いであり、それが介護者との関係においても、お互いを大切にしていく関係へとなっていくのであって、積み重ねていく時間のなかで育まれていく信頼関係であります。現場の実態とかけ離れた〝技術〟の押し売りのような資格でも、時間をお金に換算していくシステムの押し売りでもないのです。〝高度〟な医療による一方的な息詰まるような関係のなかから、何の明日の保障もないままに身一つで社会へと飛び出し、様々な出会いと対話を繰り返すなかでやっと手にした他人介護であり、介護料なのです。

　また、二四時間の介護が必要というなかでやってきても、国民の税金なのだからということで、介護者に対しても、介護料に対しても、もらいっぱなし、使いっぱなしという意識では決してやってきていないし、「事業所方式」へ移行する以前から、少ない介護料でも、自分でやりくりすることでなんとか生活してきました。決して際限なく介護の時間や金をよこせと言ってきているわけではないのです。「介護者との関係をつくり上げていったら、今度はそれをどうやって社会に還元していくかを何故、今の若い人たちは考えないのかなぁ……」と嘆息していたことを思い出します。自立と社会参加がテーマなら、自分でお金のやりくりもしながら、出会いを大切にしつつ、介護者との関係をつくりながら、それを社会に還元していく道を開いていく……。この辺の柔軟性を絶対に封じ込めてはいけないと思います。ましてやそれを国の経済の流れに乗せて営利の対象としていくなんてとんでもないことです。どのような美辞麗句であろうと、このかけがえのない関係を安易な税金の対象としていくような動きには決して乗せてはいけないと思います。支援費制度施行当初、事業所の方の口からこんな言葉を聞いたことがあります。「鴨がネギをしょってやって来るようなものだ……」と。私たちは鴨でもネギでもありません！

　そして、この辺の柔軟性を必死で守りつつ求めていった結果、今の自立支援法にある重度訪問介護に引き継がれてきている「見守り」の文言が制度の表現として盛り込まれました。見守り介護というのは、全身性重度障害者を基本として特にコミュニケーションの難しい、介護の対応が困難で、身体的にも重度で常にそばについていないと自立生活をして生きていくことができず、そのために事業所からの入れ替わりの激しいヘルパー派遣では絶対にその対応がむずかしい障害者が、事業所に代わって個別の状況にあった自立生活にそって雇い入れて、自らの見守り介護体制をつくっていくという意味で、いわゆるパーソナルアシスタンス、セルフケアマネジメント、ダイレクトペイメントに通じるニュアンスの言葉だと思います。

ちょうどその頃の思い出されるエピソードがあります。それは、同じ北区在住の新田さんの知人である女性が、知的障害の男の子を、父親が逃げていなくなってしまったため母の手一つで育てていましたが、生活保護を役所に申請したところ窓口で恫喝されて追い返されてしまったという相談を、新田さんに持ち込んできたのです。相談している最中にも、少し声が上ずって涙声になりそうな感じで、切実さがうかがわれました。そして新田さんと介助者の私とこの女性とで保護課の窓口へ訴えに行きました。普段は〝プライバシーの保護〟ということで入室できない相談室にも、女性の必死な訴えで三人とも入ることができました。威圧的な態度で臨む男性相談員を前にして必死で訴える女性は、プレッシャーで声も震えてしまうほどでした。そこで新田さんは機転をきかして、相談相手を女性相談員に替えてもらうように要求しました。やっと出てきた女性相談員を前に、生活保護法の理念を拠り所としつつ、最新の判例や自身の体験を交えながら障害の子をもつ親がいかに大変かを切々と訴えました。僕も足文字を読みながら、新田さんの生活保護法への関心の高さと厳しい経験談には、心を打たれるものがありました。相手の相談員の方も、同じ女性ということで共感するところも多かったのでしょう、この女性の場合は、緊急性が高いと判断され、申請を受けたその日に生活保護の受給が認められ、その日から日割りで保護費が支給されることになりました。窓口相談員の態度の豹変ぶりにあきれるとともに、障害者を取り巻く環境への無理解さに愕然としました。しかしこうした訴えは、やはり嘘のない言葉が相手の心を打って初めて可能となるものです。新田さんに対してのいろいろな噂（「金の亡者」「政治屋」「人の心を金で操る守銭奴」等々）を吹きこまれていた私も、この姿のどこが……と思い、また、事の表面しか見ようともせずに心ない噂を立てている人たちに怒りをさえ感じました。

こうした障害者とその家族、介護者との関係への無理解、無関心は、今も日常的にはずっと続いています。それでもこの「見守り」が制度の表現として盛り込まれた頃、新田さんがポロっと書いたひとことが今もずっと目に焼き付いています。「信じることから始めたいの……」。

今の社会の意識、制度政策や行政の対応の杜撰さ、言語障害がありコミュニケーションが困難であるが故の誤解やすれ違い。あらゆる厳しさがあるなかのこの一言、心に重く深く響きます。

介護関係がお金で割り切った単なる賃労働でしかないような、行政とのやり取りが単なるつまらない形での政治的駆け引きだけで終わっていかないような、真に実りある運動展開を願わずにはいられません。

二　見守りという希望

深田耕一郎（介護者・日本学術振興会特別研究員）

1　介護者にとって見守りとはなにか

新田さんの生活に関わらせてもらって四年がたった。最初、インタビューのためにうかがったとき、新田さんは「きみが介護をしたことがないというのがひっかかる。介護とは肉体を酷使してこそわかるもの。介護を経験してからここに来なさい」と言った。私はその言葉に半ば戸惑いつつ半ば納得し、その場で「介護をします」と答えた。そして、新田さんの介護を始めることになった。それまで全身性の障害をもつ友人と親しくはしていたが、介護をやっていたわけではなく、新田さんのところに行ったのも障害者運動の歴史について話をうかがおうと思ったからだった。ただ、介護をしようと考えていなかったわけではない。どこかに介護を始めようという気があったように思う。けれど、研究者として生きていく決心も福祉の仕事に携わる意志もなかった当時は、先のことが見えないまま、この世界にのめりこんでいくことを躊躇していた。そういうもやもやのなかで、「動いてみないとどうにもならない」と思ったのだろう、身をまかせるように新田さんのところに行った。新田さんはそんな私の心境を見越したように先の言葉を言った。いま考えてみると、四年前の私はどこかでその言葉を待っていたのかもしれない。

介護というものはこんなふうに相互行為として始まっている。それ以来、私は週に一度介護に通わせてもらっている。四年という時間は何かを考えるのにじゅうぶんな時間とは言えないかもしれないが、本稿は介護をとおして私が感じていることを言葉にしておこうという小さな途中報告である。

そんな過程で出会った言葉に「見守り」がある。当初、その意味がなかなかわからないでいた。だが、最近になって見守りの深みが少しずつわかってきたような気がする。その見守りについて新田さんは次のように書いている。

見守り介護の本質は命の保障ということです。障害が重くなれば重くなるほど突発的な事故や発作・急変がおきます。私もいつなんどき、硬直や発作がおきるかわかりません。介護人がいない時間があるということとは、私のような重度障害者にとっては非常に恐ろしい状況なのです。そういう不安を抱え怯えながら生きなければならないのです。見守り介護がないとただ単に不安というより、障害者は実際に一人でいたら死んでしまうのです。見守り介護とは、そういう事態に対しても対応できる介護人が常に脇にいて、障害者はそれによって安心して命を保障されて、初めて生きていけるのです。

（中略）日常生活というのは、手足の動かしたいときに動かして、喉が乾いたときに水を飲んで、会話したいときに会話して、体調が悪いときに対応する、これこそが全身性重度障害者の自立の見守り介護という介護保障なのです。

全身性重度障害者は介護が二四時間必要になるので常に誰かがそばにいることになる。けれど、要介護状態が断続的に訪れるわけではなく、介護が必要になったりそうでない時間があったりと比較的ゆるやかな時間が流れることもある。この時、その人のそばにいて気を配っている状態が「見守り」ということになる。いつなんどき介護が必要になるかわからない全身性重度障害者の生活に見守りは欠かすことができない。

ところで、この見守りの性質を考えてみると、それは身体介護を積極的に行って改善を施していく行為というよりは、日々の暮らしをつつがなく送っていくための態度と呼んだほうがふさわしい。だから、介護を〝する〟というよりもそこに〝いる〟というニュアンスが強く、そこでは介護の技術うんぬんではなく、その人とそこにいることの中身が重要になってくる。

本稿ではこの〝そこにいることの中身〟を考えてみたい。全身性重度障害者の日常生活に見守りが不可欠だということは、そこにいる介護者に見守りが求められているということである。では、介護者にとって見守りとは何だろうか。〝そこにいることの中身〟とはどのようなものだろうか。このことを介護者の立場から考えてみようと思う。

2　二つの見守り

①自立支援としての見守り

はじめに二つの見守りを検討してみようと思う。それらを踏まえて、三つめに新田さんのところで経験している見守りを考えてみたい。まず、次の事例のなかに出てくる「見守り」はどうだろうか。ここで参照するのは高齢者介護のなかに見られる見守りであり、特に自立支援の文脈のなかで使われることが多い。たとえば、厚生労働省老健局老人保健課が二〇〇三年に出している「介護報酬に係るQ&Aについて」のなかには「Q3自立生活支援のための見守り的援助の具体的な内容について」という説明項があり、そこにこんな記述がある。

> 身体介護として区分される「自立生活支援のための見守り的援助」とは自立支援、ADL向上の観点から安全を確保しつつ常時介助できる状態で行う見守りをいう。単なる見守り・声かけは含まない。
>
> 例えば、掃除、洗濯、調理などの日常生活の援助に関連する行為であっても、
>
> ・利用者と一緒に手助けしながら調理を行うとともに、安全確認の声かけや疲労の確認をする
>
> ・洗濯物を一緒に干したりたたんだりすることにより自立支援を促すとともに、転倒防止予防などのための見守り・声かけを行う（中略）
>
> ・移動時、転倒しないようにそばについて歩き、介護は必要時だけで、事故がないように常に見守るという介助サービスは自立支援、ADL向上の観点から身体介護に区分される。そうした要件に該当しない単なる見守り・声かけは訪問介護として算定できない。

ここでは「自立生活支援を目的とした見守り的援助」と「単なる見守り」とが異なるものとして位置付けられており、前者は「自立支援、ADL向上の観点から身体介護に区分され」、後者は「訪問介護として算定できない」とある。自立を支援する見守りは介護として認めるが、そうでなく、ただそこにいるような「単なる見守り」は訪問介護として認めないということのようだ。

すると、この見守りには次のことが前提とされているように思う。第一に、ここで用いられている「自立」の意味は「自分のことは自分でする」という身体的自立を指しており、介護においてはこの意味での「自立」がめざされるべきとされている。第二に、この「自立」を支援する行為が見守りであり、それは「自分のことは自分でしなさい」と相手に促す態度であるということだ。

このように行政文書の中に見られる「見守り」はその人の自立を支援することを目的としている。そうした観点から、その人が自分で自分のことをしているかどうかを観察する態度を見守りと表現しているようだ。この態度は「自立支援としての見守り」と呼ぶことができるだろう。あるいは、ややうがった見方をすると、相手の様

子を神経を尖らせながらうかがっている点で「見張り」と呼ぶこともできる。また、「自立支援としての見守り」は「自分のことは自分でする」ことが目標とされていた。ということは、その人が要支援状態から脱却して、自分自身の力で生活していけることがめざされているということでもある。言い換えると、「自立支援としての見守り」（あるいは「見張り」）は介護が不要になること、つまりは介護をやめてしまうことが最終的な目的とされているのである（注1）。

「自立支援としての見守り」を実践しているアクターにはどんな人がいるだろうか。思い浮かぶのは、介護保険下で介護職に従事する福祉専門職の人たちである。ケアマネジャーという第三者が作成した介護プランに沿って、利用者の様子を観察し自立に導いていく姿は福祉専門職の姿そのものだろう。介護保険のもとで提供されるサービスはこうした性格をもっており、「自立支援としての見守り」は介護保険モデルであるといいかえることもできる（注2）。以上から、「自立支援としての見守り」は相手に専門的知識を提供し身体的自立を促すことによって、生活全体の自立を導いていく態度であると言えるだろう。

②エンパワーメントとしての見守り

次に見る見守りはどうだろうか。「自立支援としての見守り」が専門職としての知識に基づいて相手を自立に導く態度であったとすれば、次に見る見守りはその専門職性を剝ぎとっていく態度である。この態度は一九六〇年代のアメリカにおける公民権運動をとおして用いられるようになった「エンパワーメント」という援助理念に見られる。エンパワーメントとは、ある人が差別や抑圧によって無力な状態に置かれている場合に、そうした状態を改善することによって、その人自身が力をつけていくことをサポートする姿勢である。この過程において、援助者は専門職者としてふるまうのではなく、被援助者本人が回復してゆくことを支える者として向き合うのだという。ソーシャルワーク論を専門とする稲沢公一は次のように述べている。「援助者が理解と受容に向けた努力を重ねていくうちに、援助者の人格は消去され、ついには、クライエントがクライエント自身と出会う瞬間が訪れる」（稲沢二〇〇二：一七八）。こうした位相において援助者は、無人格として自らを隠し消去しようと努力し続ける。そして「クライエントのもつ力をクライエント自身が気づくこと、さらには、クライエント自身がその力をコントロールすること」をめざすのだという。この態度の背景にあるのは「クライエントを癒すのはクライエント自身に内在する力であるという思想」であり、援助者は「クライエントのもっている力をクライエント自身に向けさせる契機にすぎない」とする理解である（稲沢二〇〇二：一七六）。こうした意味での見守りからは、その人の自己回復の過程をじっと待っている態度を想像することができる。これを「エンパワーメントとしての見守り」と呼んでおこう。

本人の力を引き出そうとすることから「エンパワーメントとしての見守り」は「自立支援としての見守り」と似ているようではあるが、次の相違点がある。第一に、「自立支援としての見守り」では援助者が専門的知識を積極的に活用することでその人を自立に導こうとしていたのに対して、「エンパワーメントとしての見守り」では援助者は自らの専門的知識を投げ捨て、その人自身の理解に努めようとしている。この過程において、第二に、援助者は被援助者をコントロールするのではなく、援助者としての自己を消去してゆくことで、その人の変容をひたすら待つ。

「エンパワーメントとしての見守り」を実践しているのはどのような人たちだろうか。これは障害者運動が批判してきたパターナリズムへの反省から導き出された態度でもあることから、障害当事者が介護派遣を実施する事業所において、介護に従事している介護者は「エンパワーメントとしての見守り」を内面化し実践しているように思われる。

二つの見守りを見た。いずれも、相手の状態を確認しながら目的を達成しようとしている点で、確かに見守りと呼べそうな態度である。だが、本稿が探ろうとしている〝そこにいる〟意味での見守りとは少し距離があるように思う。「自立支援としての見守り」も「エンパワーメントとしての見守り」も見守ることで相手を自立に導こうとする意図が感じられるけれど、見守りにはこうした意図が表に出てこない側面があるのではないか。たとえば、新田さんの生活のなかで経験している見守りには、意図をもたない見守りがあるように感じられる。それを次に見てみよう。

3　入浴介護にて

ここでは入浴介護の場面を取り上げ、見守りについて考えてみようと思う。入浴介護には新田さんの生活にあるエッセンスが凝縮されているように感じられるからである。というのも、一般的な介護現場では介護者は服を着て利用者の身体を洗う。風呂に入るのは利用者であり、介護者はあくまで介護をする者である。ところが、新田さんのところは違う。一緒に風呂に入るのだ。特に冬は「外で待っていると寒いだろうから入りな」と私も入れてもらう。すると、こんなことがある。浴槽に向かい合って座る。自分の顔に湯をかけながら「あぁ、いい湯だなぁ」と目を閉じる。ふと目を開けてみると「あっ」と驚くことがある。目の前に新田さんがいたことを思い出すのだ。二人で風呂に入っていることを忘れていて、自分一人で風呂に入っている気になっている。そんなことがよくある。それから、「きみも頭を洗いなよ」ということで私も洗髪させてもらう。泡を立てて髪を洗っていると気がついたら鼻歌を歌っていることがある。そしてまた、湯船にいる新田さんを見て、二人で風呂に入っていたことを思い出す。

これはどういうことだろうか。介護者が〝そこにいる〟という意味では確かに見守りと呼べるのだろうが、これまで確認した二つの見守りとはどうも異なっている。入浴介護は危険ととなり合わせの介護なので、ずいぶん注意を払ってやっている。移乗は介護者二人で行う。もちろん新田さんの身体も洗うし髪も洗う。けれども、この様子はあまり介護をしているように見えない。それに、私が自分の世界に没頭している感じがする。介護をすることを忘れてしまってさえいる。これは不思議なことだが、新田さんのところではわりとよくあるように思う。

この意味での「見守り」をもう少し考えてみよう。そのために、以下では私の感覚の変容過程に沿いながら、この見守りの特徴を拾ってみたい。私は上に見たような態度を最初から身につけていたわけではなく、経験を積むなかで次第にこうなっていった。これまで介護日記をつけているのだが、それをたよりにして、変容の契機にどのような出来事があったのか探ってみよう。

① はじめての入浴介護

介護に入って三度目の日、入浴介護を頼まれた。この日は衝撃的な一日として介護日記に書き留められてある。

この入浴介助が予想以上にたいへん、というか奇妙な体験だった。新田さんを脱がせる。「なるべく首に負担をかけないように」と教わる。下半身の場合は、新田さんに数歩歩いてもらい、左側の壁にもたれさせる。そうして尻が持ちあがったかたちで、ズボン、パンツをおろす。足首までおろしておいて、ふたたび便座に座ってもらう。そして、全部脱がせる。それから、浴室の段になっているところにバスタオルを敷き、そこまで歩いてもらい、座らせる。このとき、新田さんが「きみも」という。「えっ⁉」となる。驚いた表情を出さないでおこうと思ったが、じゅうぶん出ていたと思う。介助者であるぼくも脱衣。全裸になった。浴室に入って新田さんの背後にまわり、全身でもちあげる。浴槽にこしかける体勢に。次に浴槽に入れる。渾身のちからをふりしぼるが、かがんで持ちあげるため思うように力が入らない。Oさんに補助してもらい、なんとかできた。このとき後で考えてみれば、自分のナニが新田さんの背中にあたっていることになるのだが、それはいかがなものなのだろうか。

どういうわけか「入りな」といわれ、新田さんと向かいになって入浴。じつにじつに奇妙な感覚。「いやでいやで仕方がないのにむりにこんなことをしている」というわけでもないが、といって、望んでいっしょに入っているというわけでもない。妙だなぁと思いながら、まぁべつにいいかといった感じ。

（介護日記　二〇〇五年九月十日）

どうして「入りな」と言われるのかわからなかった。相当、面食らった。風呂に入るのは新田さんなのだから、介護者である私がどうして入る必要があるのだろうと思った。風呂の外で見ていることが私の役割であり、そのことが見守りだと思っていた。それに、そもそも一緒に入浴すること自体、新田さんにとって気持ちのいいことではないだろうと想像していた。

② 戸惑いと変化

だが、数回入浴介護を経験するうちに次のような感覚が生じている。

入浴介助で新田さんと身体が最も接近した。嫌悪感を抱くかとも思ったが、そんなこともなかった。むしろ、かわいらしい人だ、とか、おもしろいとかいった感覚がある。じんわりとそんなものを感じる。この人をいとおしむような感情が生じているようにも思う。全力でこちらに身をまかせているような身振りがそう感じさせるのだろうか。

（介護日記　二〇〇五年九月二十四日）

いざ、風呂へ。つかると「あぁ、いい湯だ」といわれる。こんなふうにおっしゃるのははじめてで、今日は調子がいいのかな、と思う。湯船につかって「さ、入りなさい」という新田さんのあいず。「今日はあふれないくらいのちょうどいいお湯の量でしたね」というと「もっと、奥まで」といわれる。なんのことかわからず、ぼくが奥へ行けということなのか、新田さんを奥に座らせろということなのか等々、ききただしていると「首まで」というみぶりをされる。あぁ、ぼくがもっと深くつかれということかとわかり、そうする。そうしたら、湯が溢れ出してしまい笑った。新田さんの髪を洗っていると、今日もなんども顔を上にあげ、気分よさそうにしておられた。こういう姿を見ると、やりがいを感じる。（介護日記　二〇〇五年十月十五日）

自分でもいまだによくわからないが、感覚を変容させていっている。

新田さんが「こうやっていると、どんなことを感じる?」ときく。へぇ、新田さんもそういうことを考えるんだ（あたりまえか）と少し意外に思いながら、「最初のころはびっくりしました。男の人とこうやって近い距離でいっしょにお風呂に入ることがないですから。最初は不思議な感じでしたが、いまは慣れて平気になりました」と答えた。新田さんは「介護っていうのはこういうこと」とおっしゃる。つまり、肉体をさらしあって、深いつきあいをする、ということだろうか。そのあと、なにかおっしゃっていたが、残念にもききとることができなかった。ほんとうに残念に思う。

外に出て、タオルに石鹸をつけ新田さんの身体を洗う。これがここでできるぼくの唯一の仕事だと思い、全身全霊を傾けるつもりで洗う。ただひたすら。入浴をともにして、今日はあまり体調がすぐれないことがわかる。Kさんがそうおっしゃっていたから、感じることなのかもしれないが、微妙にちがうのだ。息づかい、表情の作り方、くちぶり、発声量、そんなものでその日の状態を知ることができる。こちらの思い込みにすぎないのかもしれないが、身体的にそう感覚する。

（介護日記　二〇〇五年十月二十九日）

今日、はじめてともに入浴しながら風呂に入っている気がした。はぁ安らぐなぁと。これまでは新田さんと対面して緊張感のほうが強く、おちおち風呂に入っている気分にはなれなかった。先に身体と髪を洗わせてもらう。

（介護日記　二〇〇五年十二月十日）

「介護とはこういうこと」と新田さんが言い、私はそれに応えるように介護を懸命にやろうとしている。また、身体感覚で理解しようと努めている。一度、なぜ介護者と共に風呂に入るのかと聞くと、新田さんは「健全者の意識は、脳性マヒは気持ち悪いとか怖いとか不気味とかが多い。いっしょに飯を食っていっしょに風呂に入って、障害者と健全者が共に生きるっていうことを追求したい。少なくとも介護者の意識は変えていきたい」と言っていた。

また、この頃まで研修期間ということで二人で介護に入らせてもらっていたのが、研修が終わり私一人で介護に入ることも増えた。

入浴中、「二人の関係がいちばん伸びるよ。結婚するとも思っているよ」……

入浴中、「二人の関係がいちばん伸びるよ。結婚するといいると見えてくることがたくさんある。結婚するともっとある」とおっしゃる。もうこのような言葉をきくだけで感動をしてしまう。いちにち新田さんを前にして身体介助をする、衣服の着脱をする、食事介助をする、足文字を読む、これらのことをしただけで、ずいぶんと関係性が、世界が変わった気がする。なんだろうか。魂の共振というと大げさに過ぎるが、なにかそういった水準で理解がすすんでいくような感覚がある。

（介護日記　二〇〇六年五月六日）

以上を簡単にまとめると、第一に、入浴介護の場面であるから、入浴するのは介護される人であるはずなのに、介護される人が介護者に入浴をすすめ、介護者も入浴している。こうした経験は普通介護現場では見られず、私はそのことに最初、驚き戸惑った。第二に、その戸惑いがしばらくなくならなかったが、感覚の変化が生じてきた。何か肌感覚で理解が進んでいくような変化に合わせて、熱心に介護をしようという気になっている。この時介護される人は介護者にその時の感情をたずねたり、「介護とはこういうこと」と意見を述べたりしている。

4　自己を消去しない見守り

ここで見た入浴介護場面は必ずしも「見守り」それ自体ではなく、介護全般に関わる事柄であったかもしれない。ただ、介護者が入浴介護の経験をとおして〝そこにいる〟態度を形づくっていく過程を確認することができたのではないか。介護者は介護を熱心にしようとする一方で、介護する人の地平から降りて、介護そのものとは別に、なにか〝そこにいる〟態度を模索しているようにも見える。では、この態度と先に見た二つの見守りとを比較してみよう。

第一の「自立支援としての見守り」とははっきり異なっている。というのも、全身性重度障害者に「自分のことは自分でしなさい」とせきたてることは理不尽きわまりない要求であるからだ。そもそも介護をやめていくことを目的としたのではその人の生活を支えていくことにならない。全身性重度障害者の生活は身体的自立がめざされるべき目標ではなく、必要に応じて介護を受けながら成り立つ生活であり、その基調をなしているのが見守りなのである。介護日記で見た見守りは介護を続けながら、なお〝そこにいる〟態度が模索されているのであって、介護をやめてしまう態度ではまったくない。

第二の「エンパワーメントとしての見守り」はどうだろうか。自己を消去し他者の回復を待つ態度は、手足の役割に徹しようとする介護者の姿に近いように思う。第二の見守りでは必ずしも介護をやめてしまうことがめざされているのではなく、〝そこにいる〟ありようとして自己を消去する態度が選ばれている。確かに、介護にはこんな側面があるように思う。その人の生活に寄り添う姿とはこのようなものなのかもしれない。だが、考えてみればこれは不思議な態度である。というのも、「エンパワーメントとしての見守り」は自己を消去していくことによって自己の目的を達成していくという、いわば自己否定的なねじれをもっているからだ。それに、この自己は自己を消去していくことと引き換えに他者が回復していくことによろこびをおぼえるという自己であり、どこか奇妙なものではある。この奇妙な感じから、結局は他者を利用することで自己を充足させようとする援助者の欺瞞性を嗅ぎとることができるのかもしれないし、反対に、どうにも身体がこわばってしまう、いかんともしがたい状況のなかで「わたしにできることは見守ることだけだ」とするような、ぎりぎりの誠実さを見てとることができるのかもしれない。

けれども、「見守ることしかできない」ということの積極的な意味を見出すことができるようにも思う。それは、見守ることしかできないのであれば、ひとすじに見守ることをやってみようというような純粋な見守りである。先に見た「自立支援としての見守り」も「エンパワーメントとしての見守り」も、何かめざされている目的に向かって見守りをしているところがある。〝そこにいる〟意味での見守りとはニュアンスが違っており、二つの態度とも「自立」という目的があるからこその見守りなのである。それに対して、三番目に見た見守りは目的がどこかにいってしまっている。その見守りは目的のための行為ではなく、「見守り」としか呼びようのない態度として現れている。もちろん、この生活に理念としての「自立」は意味をもっているのだが、生活の一場面ににおいてその目的は表に出てこない。目的は消えて、ただ〝そこにいる〟態度として見守りがある。

それに、第三の見守りは「見守ることしかできない」ことを、自己を消去することと引き換えに行っているのではない。「見守ることしかできない」なかにあっても、自己を消去するのではなく自己を表出しようとしている。他の見守りが目的を達成するために自己を消していったのに対して、第三の見守りは目的が消えたなかで自己を出すことを始めている。そして、自己はいつのまにか介護に没頭している。ある場面においては、介護をすることさえ忘れて自己の世界に没頭している。また、介護の過程で他者が安息する姿によろこびをおぼえながら、同時に自己が介護にのめりこんでいく姿にもなにかしらのよろこびをおぼえているところがある。このことが他の見守りと決定的に異なっている。

5　希望としての見守り

最後に、私の感覚に戻ってみたい。新田さんの生活に関わらせてもらった当初、戸惑いが少なくなかった。おそらく、自己のありようが直接に問われ、「自己を消去するな」、「自己を表出せよ」と求められることに身体がこわばってしまったのだと思う。そこから、私は自己を出していく、いつのまにか出ていく、出していかざるを得ない契機があった。そうした変容をたどることになったのは、他でもない新田さん固有の求めがあったからだと思う。それは「〈あなた〉は〈わたし〉に〈あなた〉としていてくれ」という求めであり、同時に「〈わたし〉も〈あなた〉に〈わたし〉としているから」という訴えではなかっただろうか。そこにはまた、「〈あなた〉として〈わたし〉に出会ってほしい」という希いがあるように思う。(注3)当初、私はこのことに困惑したのだった。

だが、いつのまにか介護にのめりこみ、また気がつくと自己の世界に没頭していた。では、〝いつのまにか〟のあいだに何があったのだろう。たとえば入浴介護において、私は自己を問いなおしつつ、また別の自己が現れてくるようなところがあった。そこでは、自立を導くという目的や介護をするという目的も後ろに退いていた。こうした変化の背景には、やはり、新田さんの求めがあったように思う。つまり、〈あなた〉が〈わたし〉といることに没頭していくこと、そのことで〈あなた〉がそれまでの〈あなた〉でなくなっていくこと、そしてそのことが〈あなた〉のよろこびとなっていくこと。このことがまた、希われてもいる。

こう書いてきたとき、ふと思うのは、見守られているのは私のほうかもしれないということだ。この意味で見守りを生き続けているのは新田さんのほうであったりもする。新田さんは私が変わっていくことを見守っている。希いを込めながらじっと見守っている。たぶん、そんな態度に触れたことで、私は、見守りという希いを折り返すように、私もまた、見守りを始めていったのだと思う。するとこの第三の見守りは「希望としての見守り」といえるかもしれない。介護には、〈あなた〉が〈わたし〉を求めているようで、〈わたし〉が〈あなた〉を求めているようなところがある。また、〈わたし〉が〈あなた〉を見守っているようで、〈あなた〉に見守られているのは〈わたし〉のほうであったりするところがある。

さて、介護者にとって見守りとはなんだったろうか。おそらく、介護においては三つの見守りが、ある場面では現れたりある場面では消えたりしながら営まれているのだろう。介護者はその人その場面に応じた見守りを形づくっていくことになる。生活はそうやって続けられていくのであり、なにかの目的のためにあるのではない。生活とは風呂に入るとか、ごはんを食べるとか、そんなことの堆積であるのだが、介護もそんなものの一つになって、介護が生活の中にとけこんでいく瞬間がある。おそらく、そこにあるのは「希望としての見守り」だろう。それは、じつに他愛のないことの中にあって、しかも意識されることのないものなのだろうが、生活が続けられていくときに、〈わたし〉は〈あなた〉に出会いたいという希いを込めた見守りが決定的に大切になる。介護者にとって見守りとは、〈あなた〉と〈わたし〉の出会いを希望することである。

注

1　現代日本の社会政策はこの意味での自立支援を基調にしているところがあり、この流れには注意を払っておく必要がありそうだ。というのも、木下康仁が適切に述べているように「自立支援という響きのよい言葉」が行政府から前面に打ち出されて行くとき、それが「普遍主義を標榜しつつも費用抑制を狙うときに新たな装いによって再度持ち込まれる選別主義」となる危険性が十分にあるからだ（木下二〇〇〇：三一頁）。高齢者や障害者を自立し得ない存在として社会的援助の対象とするより、身体的・経済的自立を促したほうが福祉国家にとってコスト削減が果たされる。現代日本の自立支援政策は「自立」を理念的には標榜しつつ、そこに支援の消去を織り込んだものと見ることが可能なのである。

2　なお、障害者福祉においては障害者自立支援法の中で実施されている重度訪問介護に「見守り」は位置付けられており、訪問介護として算定される。自立支援法施行後「見守り」が公的文書に組み込まれるまで、全国公的介護保障要求者組合が活発な運動を展開した。次の厚生労働省通知「重度訪問介護サービス費の算定について」は全身性重度障害者の介護を詳細に説明したものである。「重度訪問介護は、日常生活全般に常時の支援を要する重度の肢体不自由者に対して、食事や排せつ等の身体介護、調理や洗濯等の家事援助、コミュニケーション支援や家電製品等の操作等の援助、日常生活に生じる様々な介護の事態に対応するための見守り等の支援及び外出時における移動中の介護が、比較的長時間にわたり、総合的かつ断続的に提供されるような支援をいうものである」（厚生労働省社会・援護局障害保健福祉部長二〇〇六）。

3　この点で「自立支援としての見守り」も「エンパワーメントとしての見守り」も自己を表出することをよしとせず、〈あなた〉ではなくむしろ他の誰でもよい関係が求められている。

参考文献

稲沢公一、二〇〇二年「援助者は『友人』たりうるのか——援助関係の非対称性」古川孝順・岩崎晋也・稲沢公一・児島亜紀子『援助するということ——社会福祉実践を支える価値規範を問う』有斐閣、一三五-二〇八頁。

木下康仁、二〇〇〇年「自立支援とセルフケア——転換期の日本の福祉」『教育と医学』四八（一二）、二八-三四頁。

厚生労働省老健局老人保健課、二〇〇三年「介護報酬に係るQ&Aについて」（平成十五年五月三十日付事務連絡）。

厚生労働省社会・援護局障害保健福祉部長、二〇〇六年「障発第一〇三一〇〇一号　障害者自立支援法に基づく指定障害福祉サービス等及び基準該当障害福祉サービスに要する費用の額の算定に関する基準等の制定に伴う実施上の留意事項について」（平成十八年十月三十一日付通知）。

第三部　いのちの保障

第十三章　国家の福祉政策と人間のいのち

一　死の平等、生の不平等

国家は人間がいなければ存在しない。いつの時代でも人間が存在する以上、権力と地位と経済力のある人間に、弱者のいのち、生活は仕切られてしまっている。だけど、権力のある者、地位のある者、経済力のある者も、その死は突然、弱者と同じように平等に訪れてくる。その死は誰も避けることはできない。だけど、ここで平等といっても、違うことは、同じ死でも権力と地位と経済力のある者は延命治療と言って、見守り介護の基本となる手厚い治療や看護の中で命が絶たれていく。だけど、弱者は国の予算がかかるということで、倒れたと同時に延命治療は、そこで呼吸していても、呼吸管をその場で外されて、その場で殺されていく。これが今の福祉予算切り捨てのなかでの国家の国民に対する意向である。格差社会の中で自分自身が殺させられていく現状や、いのち、生活がどんどん絶たれていくということが起こっているということに対して、そこに目を向けて怒ることも闘おうとすることもしないのが、今の日本の国民である。「痛みをともに分かち合う」という国家のまやかしの言葉に乗せられて、一番弱い者に対する保障を福祉予算から切り捨てていく。たくさんの中小企業がつぶれて、その上、医療費のアップや病院や施設のたぐいを廃止して、国民をごまかすような税の仕組みで税金をアップさせて、生活保護の加算や福祉手当を廃止して、障害者のヘルパーの単価の切り下げをやり、その上まだ足りなくて、消費税のアップや労働者の税金を上げようとしています。そのような国家の弱者のいのちや生活を締め付けていく状況に対して、国民は怒りもしません。日本人という国民は一体どうなっているのでしょうか。

二　弱者は死ねばよいのか

さて、人間は悔しさやその痛みのつらさや恨みによって、そこをバネにして強く人間に対して愛情をもつように変わっていく。だけど、悔しさや痛みもつらさも恨みも感じない人間は、愛情をもつような土台はないから、白けきった社会の中では、人間同士が思い合う関係がどんどん欠けてしまっている。

現在の、格差社会は小泉政権によってどんどんつくられてきました。そこで、弱者が小泉に「このような格差社会をつくって弱者を殺していくつもりか」と迫ったところ、そこで小泉は何と言ったかというと、「このように格差社会をつくることで、そのつらさや悔しさや痛みを、弱者がそれをバネにして、国民の力をどんどん増進させて、国家の福祉予算に頼るのでなく、自己責任というところで生きていくようになる。格差社会の中で、『なにくそ』と力が増進できなかった者は、そこで死ぬだけです」というようなことを発言していました。ここにあるのは「常に国家としては弱者の保障については国民から取るだけ取って、弱者の保障についてはしていきません。国民は一人ひとり自己責任で競争社会の中で生きて下さい。その競争社会の中で負けた弱者は、勝手に死んで下さい」という日本の国家の動きと思想であり、日本全体がそのような雰囲気の中でどんどん進んでいます。

そういうところで、障害者のいのちや生活や自立、人権を尊重するという謳い文句で障害者自立支援法がつくられましたが、自立支援法ができたとたんに、障害者のいのちや生活が応益負担によって障害当事者がどのくらい辛い目や苦しい目に遭っているか、障害児（者）を抱えている家族が自殺に追い込まれたりしているか、この日本の中のその出来事を見てもわかると思います。また、障害者自立支援法は、障害者の人間としての尊厳や人間存在というところはまったく剝奪されて、無視された福祉の政策です。まず、この法律から廃止していかない限り、全身性重度障害者の見守りを含めた介護保障は、保障されなくなっていく怖れがあります。

今後の国の意図するところは、全身性重度障害者やALSなどの医療費や介護の予算のかかる障害者を、国家の巧みな仕組みや口実を使って、いかに殺しにかかるかということを模索していると思います。この辺のことを調べたら、八割の病院で医者が単独で呼吸器停止、管を抜き取ってかまわないと考えているというデータが出ています。〔国立病院機構本部中国四国ブロック事務所の田中信一郎医療課長らが行ったアンケートによれば、患者が回復の見込みがない終末期の状態に陥った場合、医師や看護師らの八一％が「患者や家族に延命治療中止を選択肢として説明すべきだ」と考えていることがわかった。（二〇〇七年十一月十日　http://www.arsvi.com/d/et-2007004.htm#111002）」このままいくとどんどん増長してこの行為をするのが、ＡＬＳのような障害者は当たり前、それによって全身性重度障害者のように介護予算のかかる自立障害者までも殺していくような背景がつくられていくと思います。

三　介護保障は障害当事者がつくってきた――社会福祉基礎構造改革批判

はっきり言って障害者の介護保障は、私たち障害者自ら四〇年以上かかって、厚労省と取り組んでつくってきました。そのなかで休む暇もなく全国に走り回って疲れきって、幾人かの死者も出ました。そこに割り込んできたのが福祉学者です。厚労省はその学者の構想を良いこととして国家の福祉予算切り捨て、強い地位のある者が弱者から甘い汁を吸うために、厚労省が私たちに隠して、学者と検討したものを出してきました。

国際障害者年の謳い文句にされた一つが「完全参加と平等」であり、その言葉と同時に、障害者の当事者主体という人権です。地域参加、地域自立、地域生活という人権そのものが謳い文句にされました。ところが、この謳い文句があるにもかかわらず、有識者や学者はその障害当事者の人権や生活権をまったく無視したものをどんどん出してきました。せっかく全身性重度障害者が四〇年近くかけて厚労省や東京都など行政との話し合いのなかで介護制度をつくって、ある程度自立生活につながっていく保障ができたところで、一息つく暇もなく、学者や有識者や厚労省が今後の障害者の福祉の進歩のためと、障害者自身の意見もまったく聞かないで、勝手に隠れてつくってきたものを出してきました。「社会福祉基礎構造改革」という国の方針によって、何もかもそこでひっくり返されました。

「措置から契約へ」の謳い文句の下、支援費制度がつくられ、日常生活支援という身体障害者介護施策を出してきました。そこで障害者団体と詰めていくなかで、まったく国の予想外、見当違いで、予算の見積もりそのものが足りないという杜撰なことが発覚して、そこで障害者の介護時間に上限月一二〇時間以内という締め付けを出してきました。そこで全国の障害者団体と厚労省の闘いとなっていきました。有識者や学者はまったく自分の生活がかかっていないので、出してくるものはその程度なのです。

この日常生活支援の発足と同時に、介護保険のときと同様、障害者についても完全に公務員ヘルパーが廃止となって、ヘルパー派遣については民間事業者に放り投げて、ヘルパー資格が義務付けられました。その挙句に介護料については、障害当事者を通じて介護者に支払うのではなく、行政から事業所、その事業所から介護者の口座に介護をこなした時間だけ落とすというやり方がとられていったのです。障害当事者の主体や生活権をまったく無視したやり方です。こういうやり方こそが、障害当事者の主体や生活権がどんどん締め付けられていく背景をつくっていくということを、有識者にも学者にも厚労省にも「そのぐらいわかれ」と言いたいです。

次に厚労省が出してきたのが、「今後の障害保健福祉施策について～改革のグランドデザイン（案）」です。一見、この言葉を聞くと「厚労省は障害者福祉制度にこんなすばらしい方針を示したのか」というように思いますが、よくよくその案を見ると、いっそう障害当事者の主体を締め付けていくという中身、そこには重度訪問介護の見守り介護が外されて、全身性重度障害者の自立がとうていできないような方針案が示されていました。

その次に出されたのが障害者自立支援法です。「自立支援法」という名称だけ聞けば、「障害者の自立をこの法で守っていきます」というように聞こえますが、とんでもないことなのです。この法律によって全国の障害者が苦しめられ、どんどん殺されていく背景がつくられたり、殺されるということがあちこちで起こっているのです。

四　福祉学者は殺人者であることを自覚せよ
——資格制度という縛り

私がここで言いたいことは、私たちは弱者であればあるほど、有識者や学者、そういう地位のある者の勝手な論理一つで、銃やナイフを使わずに殺されていくのです。はっきり言って力を使わず、目に見えない殺人者によって殺されていくのです。やはり、学者や有識者、地位のある者は、その発言一つで殺人をやっている、やってしまったということを、自分はその殺人の片棒をかついでしまったということを、今の厚労省に関わっている学者や有識者、地位のある者はそのような立場であるということを自覚すべきです。

私は四〇年以上自立して生活してきましたが、その「手足」の介護人にヘルパー資格を義務化されて、自分の身体の一つひとつの動きについて、医者の判定、調査員の認定調査を受け、その上コンピューターにかけられて障害程度区分が決められていきます。さらに障害児者が書けない書類を毎月膨大に渡されてくることなど、まったく許すことのできないことです。医者やケアマネ、介護福祉士の意向によって、もともと動けない手足をいっそう強い締め付ける縄でがんじがらめにされ、生活が締め付けられていったのです。

介護者の離職率が高いといわれていますが、それはより時給の高い業種に行ったとか、ヘルパーの時間単価が低くなったということだけで、どこの施設や事業所でも介護者の人材不足になったというわけではないのです。ヘルパーの人材不足の一番の原因は、有識者が小難しいヘルパー資格の義務付けを行ったからです。さらに、「介護の高度な質」を謳って、介護保険で働くヘルパー全員に一級資格、あるいは介護福祉士資格を持たせようとしているのです。

また、この介護人材不足のなかで、フィリピンやインドネシアから介護士を来させて、低賃金で使っていこうと工作を立てています。しかし、言葉の問題や日本の介護福祉士資格を取る条件があまりにも厳しく義務付けられているため、果たして資格を取れるのか、資格が取れても日本の環境でうまく働いていけるのか、また、そこまでお金をかけて勉強して日本に来て介護をしたいという人は、どれほどいるのでしょうか。

このような有識者のなかでバカげた厳しい枠をつくり、貧困国のアジアの諸国の人を日本に来させて低賃金で使おうなんて、あまりにもひどい話です。「女性の家事に毛が生えた介護の仕事だから身分保障なんてしなくていい、低賃金で抑えておけばいい、あとは動けない高齢者をどんどん家庭の中に戻して、家族に押し付けて女性が介護をやればいい」そういう感性のなかで今の福祉は進んでいるのです。

今のヘルパーの人材不足はヘルパー資格の義務化を廃止して、ヘルパーの資格講習をしている学校を廃止して、動けない者の様々な認定や調査を廃止することから先にやらないかぎり解消されていかないと思います。「高度な介護の質」とは一体なんですかと言いたいのです。本当にこの言葉はうさん臭い。今までの二、三級の資格しか持たないヘルパーたちは全員、鬼のように冷たく高齢者や障害者という弱者を虐待するような介護をやってきたとでも言うのですか？　そういうふうにとれる内容の言葉に過ぎません。弱者を口実として、健全者の都合のよい仕事をつくり、介護という福祉予算を弱者の介護料から吸い取っていく口実に過ぎないのです。高度な介護、ヘルパーの高度な介護の質と言うなら、なぜ高齢者を家族の苦しい状況のなかに戻して、その介護をその家族の女性に押し付けていくのか。家族の女性全員に介護福祉士の資格を取らせるつもりか。高度な介護の質という以上、そこまでやるならわかります。家族に戻せば双方で虐待し合っていくことはわかり切ったことです。家族に戻すということは、訪問介護や訪問看護の医療の質や量を良くしていかないと、家族は苦しみあえぐだけです。

私たち、要求者組合との交渉のなかで、厚労省の役人ははっきりと「介護については資格制度や認定制度をつくっても、介護をやる側もその介護を受ける側も何の意味もありません。ただ、厚労省としてはその介護の予算を財務から引き出すためと、そこで国民を説得してだましていくために、介護に関わるいろいろな資格や認定、また社会的な経済の流れをつくっていくためにこのようなものをつくっていくしかないのです」とはっきりと発言していました。それもそうでしょう。ヘルパー制度ができて三〇年以上、それも公務員という正職ヘルパーと言われながら、この公務の仕事については、一切、資格は問わずにやってきた現実、やれてきた経過にれっきとした証拠があります。その証拠を何もかも無視して、有識者と言われる健全者が甘い汁を吸うために、いろいろと資格制度や認定という枠をつくって、そこに福祉予算をどんどんとつぎ込んでいくという背景がつくられていったのです。

はっきり言って、この資格という縛りを廃止すれば、介護の予算そのものは、かなりの額が減るはずです。福祉予算を厚労省が毎年増額しているようですが、その増額の予算については介護そのものに使われていくのではなく、この縛りのほうにどんどん吸い取られているのです。こんなこともわからずに、仕事しているのかと言いたいのです。

公務員が正職でヘルパーをしていた時代は、その正職の予算が一人当たり年間何もかも含めて七〇〇万円くらいかかっていました。公務員の予算縮小というところで、このヘルパーの仕事を民間業者に委託すれば、ヘルパー一人当たり年間三〇〇万円程度に抑えられていくということで、ヘルパーが民間委託されていきました。このこと自体、弱者の介護保障が切られていくという背景がつくられ、同時にヘルパーの生活・身分保障がなくされていったのです。

その上、今のような縛りがどんどん付けられ、介護をする側もそれを受ける側も生活ができないような縛りの構造が敷かれて、そこに輪をかけて縛りをつくるために、現在四〇歳以上の介護保険料徴収を、障害者も介護保険の対象にして、若者からも保険料を強制的に取っていこうとしています。こうした問題に、今の国民はまったく無関心です。はっきり言って今のヘルパーの人材不足や生活できない状況のなかで、再度ヘルパーを今の二分の一の人数については、公務員の正職として戻すべきという声もヘルパーから上がっています。そうでもしないと、このまま行くとヘルパーはどんどん辞めて、ヘルパーをする人材そのものが出てこないという現実がすでに起きています。このまま行くと高齢者や障害者の、特に大変な介護をやるヘルパーは消えていきます。

五　介護保険、障害者自立支援法の白紙撤回を

はっきり言って、現在の仕組みの縛りの義務付け、事業所という意向、医者の意見書、調査員（ケアマネ）の認定調査、要介護度や障害程度区分、決定の仕組みやそれに関わる膨大な書類のやり取り、その他、これらの義務付けは一切廃止して、一二〜三年前の状態に戻すべきだと思います。そこの義務付けを廃止することで、福祉予算、特にこの介護予算はその廃止した分がきちんとした介護予算として、その方向に行くことが確実です。

一九九六年頃はこのような縛りがまったくなくても、介護そのものが自然な形でやってこれて、介護者も公務員として生活が保障されていました。ヘルパー予算も黒字でした。今も行政がやろうと思えば、特に霞ヶ関の役人や国会議員の方たちが、真剣に日本の福祉を基本において、いのち・生活・人権を重点に置いて、日本の国民を本当に大切にするなら、今の縛りのついた福祉行政の義務付けを廃止して、介護保険、自立支援法のやり方そのものを白紙に戻してそこから見直すべきだと思います。

国民から介護保険料を取るだけ取って、施設や病院にいる高齢者を強制的に自宅に戻して、その厳しい介護を女性に押し付けていく、そういうところでは今問題になっている年金問題と同じです。国民は年を取って、医療も介護もきちんと国にみて欲しいから健康保険料や介護保険料を国に納めていくのです。その国が国民から取るだけ取って、その納めた方たちの年を取ってからの保障がまったくされない、家族の中に強行的に戻されて、ろくな介護もされず、病気になっても医療費は高いし、病院そのものがどんどんつぶれて、かかる医者もない。このような状況のなかでは、国は国民から泥棒をやっているのと同じです。このような状況の介護保険をみれば障害者の福祉制度と介護保険の統合なんてとんでもないし、

ありえないことです。

有識者や学者は自分は痛くもかゆくもないし、低所得の生活をしていないから好き勝手なことを国民に言って、国民をその言葉でだまして、低所得の人や、弱者を殺していく方向性しか出してきません。その先頭に立ったのが小泉であり、小泉政権の方向なのです。国民は小泉の言葉にだまされてきました。その一つの言葉として「国民全体で痛みを分かち合いましょう」、二つ目の言葉として「米百俵」という言葉で国民を徹底的に我慢させて、零細企業をとことんつぶして低所得の国民をつくり、格差社会をつくり、ホロコーストのような弱者抑圧国家の状況をつくった挙句、そのまま自分は国民の血と汗の税金をかすめとって高い退職金を受け取り、そこからいなくなってしまいました。「痛みをともにする」などというのはまったく嘘で、自分だけが良い思いをし、国民はそれにだまされてしまったのです。

また、小泉政権が出てきた背景にはブッシュ政権という裏の思惑があり、イラク戦争への協力では、日本の自衛力、防衛力を盛り立てていかなければならず、そのためにアメリカにとっては小泉政権が必要だったのです。そういうところでは、弱者の福祉予算なんて有識者を使って国民をだますように言葉巧みにそこに乗せていけたわけです。

障害者の介護保障については、今運営している事業所については廃止すべきとは言いませんが、とにかく今の福祉への縛りを廃止していくことからしていかなければなりません。障害者の自立の介護保障、当事者主体の介護生活、人権を基本として、その自立を尊重するということを基本に置くなら、その介護料については障害当事者への直接支給、直接払いにしていくべきです。ダイレクト・ペイメント・システムが基本です。今のようなおんぶに抱っこした介護体系の中では、障害者の自立という尊厳を行政がそっくりそのまま何もかも奪ってしまったのです。ダイレクト・ペイメントにすることによって、障害者の介護にかかる国の予算も半分くらいに減少されて、障害者も介護者もきちんと保障されていくと思います。やはり、福祉に利潤を追求すれば、結局はその福祉予算は弱者にほんのわずかしか行かず、地位のある健全者に福祉予算は吸い取られて、その肥やしとされていくのが弱者たちなのです。弱者を食い物にする縛りをつくるのもいい加減にしろ!

六　国はその責務を果たせ！——生活保護の地方分権化に反対する

①生活保護の地方分権化に反対する

厚労省のお抱えの福祉学者・京極高宣が、『生活保護改革と地方分権化』（ミネルヴァ書房、二〇〇八年）を出版し、さも日本の福祉は自分の手の中で動いているかのようにふるまっています。その本の中では、地方分権という口実で、生活保護の予算を都道府県に肩代わりさせていこうということを書いています。また、この本をもとに各地の大学で講演を行い、生活保護の地方分権化を進める発言をしているということです。本や大学のような公の場で、このような発言をすると、まったく福祉のことを知らない学生たちはどのように思うでしょうか。京極というと福祉の分野では名の知れた学者です。厚労省の審議会の中でも仕事をしています。福祉を学ぼうとして聴いている学生たちは、簡単に京極の発言を鵜呑みにしていきます。

生活保護はそもそも、憲法第二五条で、国の責務として「健康で文化的な最低限度の生活を営む権利」を保障をしなければならないと示されている、その国の責務を実施するための、人間が生活していく、生きていくための最後の保障施策です。その国としての責務を、いくら国の福祉予算が逼迫しているとはいえ、地方分権に持ってくるなんて、とんでもないことです。そもそもこういう発言をすること自体まったくおかしいことです。

第二五条

すべて国民は、健康で文化的な最低限度の生活を営む権利を有する。

二　国は、すべての生活部面について、社会福祉、社会保障及び公衆衛生の向上及び増進に努めなければならない。

地方分権に持っていくには憲法二五条そのものから変えないと地方分権には絶対にできないのです。京極はそこまで自覚して発言しているのか、憲法二五条まで変える力があるのか、このことは全く国民のいのちそのものを無視した発言です。

②　生活保護は国の責務

生活保護の予算の割り振りは国が七五％で、実施主体が二五％です。身元不明者については、そこで倒れた都道府県が全額の予算を持つとされています。前回の京極の発言では、都道府県の予算の持つ枠が少ないから都道府県にもっと予算を持たせて、生活保護の権限を都道府県の責任に持ってきて最終的には国の責務から、都道府県の責務として地方分権を地方に押し付けていこうというものです。こんなことはとんでもないことです。

今は特に地方の都道府県や実施主体、特に高齢者のたくさんいる地方、過疎地は財政が逼迫して苦しんでいます。生活保護の二五％負担にしてもそこの実施主体にとっては、厳しい状況の中で生活保護の申請者については、相当な厳しい締め付けをされて最終的に殺されているという状況がたくさん出ています。

小泉政権の「骨太の方針」の中で福祉見直しということで、福祉予算の伸びを五年間、毎年二二〇〇億円ずつ強行に減らしていくという決定がされて以降、医療費の予算が削減されたり、その他の国民のいのちに関わる重要な政策の施設関係は廃止され、保育所の予算が減らされ、生活保護の老齢加算や母子加算までも廃止されました。格差社会をつくり、またその背景を口実として、最低賃金で働く労働者の所得より生活保護世帯の保護費のほうが上回るという口実で、生活保護が締め付けられています。国家とあろうものがどうして一番弱い者を標的にして、このように弱者の福祉を切り捨てていくという決断をするのか。そこでは弱者が殺されていく光景が後を絶ちません。

それにも飽き足らずに、国民の一番大切ないのちの保障の根幹である生活保護までも、国家の生存権保障の責任を放り投げて、命を絶とうというように、国から都道府県の責務として移そうという厚労省、また京極の発言こそが、国民が殺されていく背景をつくることになるのです。このことだけは、そこの講演会に出席した学生たちは、自覚をもっていく必要があります。

今、どの都道府県や実施主体も予算がなくて、逼迫してつぶれそうになっているところがたくさんあります。この上、国の予算を都道府県に押し付けたら持たない、という都道府県がどんどん出てきます。また地方自治体は、まちまちの予算ですので当然逼迫している都道府県については、そこの住民が生活保護の厳しい締め付けをどんどん受けることになっていくのです。「地方分権」という言葉は簡単に使われていますが、国の責務や責任を、財源もないのに国の代わりに都道府県の意向で責任をもってやってください、ということなのです。そうなると、都道府県の権限で住民が生活保護の厳しい締め付けのなかで殺されても、予算が逼迫しているから、都道府県の方針という一言で片付けられていくのです。地方分権で都道府県や実施主体が国から責任を負えば負うほど、国はそれを良いことにして国の福祉予算を切り捨てていくという構造がつくられて、国民のいのちはおろそかにされて国の責務がなくされていくのです。

生活保護の運用・実施は、法定受託事務といって、生活保護法に基づいて、その事務を国の委託として福祉事務所が請け負うという方式でやっています。ですので、福祉事務所は、厚労省の意向や通知や判断は絶対的にそのとおりにしなければならないのです。すなわち厚労省の意向については、福祉事務所はあくまでも従って仕事をこなしていくのが、福祉事務所の責務であってこれが法定受託事務ということなのです。

③　生活保護切り捨ての惨状

この一番上の責任の通達をはずされたら、国民のいのちはどのようになっていくのでしょうか。そこがはずされたら弱者のいのちはあってないのと同様になっていきます。今まで何度か地方分権に持っていこうという話や、また北九州市での暴力団関係者の脅しによる不正受給の問題に端を発した、生活保護受給を締め付ける「一二三号通達」の問題がありました。その「一二三号通達」が出た直後、荒川区が逼迫する財政のなかで予算締め付けを行い、母子家庭や高齢者世帯に対して区の独自姿勢で生活保護の締め付けをどんどんやって、母子家庭の女性に対して売春まで強要して生活保護を打ち切った事件が過去にありました。高齢者の自殺者も増えて、マスコミでも相当社会問題となって、厚労省もあわてて元の鞘に戻したということがありましたが、それを忘れたのか。地方分権になれば当然このようになることは分かりきっています。

北九州市では、生活保護を辞退させられ（実質的には打ち切られ）て「おにぎり食べたい」とのメモを残した餓死者まで出ました。この問題については北九州だけでなく他の都道府県でも起こっています。この問題にしても、生活保護が国（厚労省）の管轄だからこそ問題にできるのです。また暴力団関係者による病院の通院のための移送費の巨額な不正受給の問題がありました。格差社会が広がり、ホームレスとなった人たちを共同で住まわせ、生活保護を受けさせて保護費を吸い上げる問題など、厚労省はこのような不正受給が発覚するたびに、それを口実として、生活保護の項目を一つずつ廃止したり切ったり締め付けたり、一番弱い生活保護世帯の保護までも厚労省の意向一つによって、切っていきます。このこと自体まったくおかしいことなのです。

④　国民の生存権の保障を

そもそも生活保護を受けて人間が生きていく生存権というのは、憲法二五条によって守られているのです。また生活保護の中の一つひとつの扶助の項目は、二五条という条文の中で定められている生活保護世帯の生存権なのです。そういうところで言えば、たとえ厚労省であっても、その中の項目については勝手に廃止することも切ることもできないはずです。それをやったら憲法二五条の条文そのものを行政官として無視して行ったということになるのです。一つの項目を廃止するのには、その二五条の生存権からその法律そのものを検討しないと廃止まではできないはずです。

さて、生活保護法の保護基準は、その時々の経済の物価上昇率に合わせて、生活保護費も上げていくということになっています。石油が値上がりし、それに伴って電気、ガス、水道、日常生活品が相当上がりました。日常生活の物価は上がっているにもかかわらず、厚労省としては知らん顔、一円も保護費を上げようとしてこないのです。このこと自体憲法二五条の生存権や生活保護法の理念をまったく無視しています。とにかく物価は高騰していますので、生活保護費もそれに伴って即上げていただきたいと思います。今はそこを無視すること自体、厚労省としての責務を放棄しています。これでは弱者は死んでしまいます。

最後に、地方分権という言葉は国の権限を地方の権限でやってくださいという聞こえのいい言葉ですが、地方分権という言葉の意味は、国は国民のいのち、生活、生存の責任を放棄して一切その責任をもちません。それぞれの地方の責任の取り方でやってください、というのが地方分権という意味です。保育所も女性の施設も障害者が入る施設も、国があくまでもいのちの保障をするという責任を放棄して、措置から契約という言葉一つで、ほとんど地方分権にもっていかれました。介護ヘルパーが民間事業所に委託にされて、ヘルパーはきつい労働と低賃金で疲弊していき、その結果悲惨な目に遭うのは介護を受ける高齢者・障害者なのです。これが今の弱者の厳しい状況です。これが地方分権という意味なのです。

第十四章　いのちは生きるためにある
――「尊厳死」など存在しない

一　生きていくことを選ぶことがいのちの重さ

安楽死・尊厳死を法制化しようとする動きがここ数年活発化しています。はっきり言って、「尊厳」死など存在しません。「尊厳」とは健全者が思い込みのなかで障害者に押し付けたい美辞に過ぎないのです。この尊厳死の問題について、危機感をもったのは「重症疾患の診療倫理指針に関する提言書」（重症疾患の診療倫理指針ワーキング・グループ、平成十六年十月）という文書に接したときのことです。そこにこんな内容の文言があります。（七二、七三ページ。ケース一：倫理カンファレンス一（状況一））

「患者に意思決定能力・意思表示能力があり、患者が家族・代理判断者と共に、医療チームと診療方針を話し合う場である。患者と家族・代理判断者が共に希望しかつ患者の最善の利益に適う意思決定（選択）が存在するが、その合法性、医療慣行・社会通念との一致が明らかでないとき、医療従事者はどうするべきか。

四十代男性患者。筋萎縮性側索硬化症（ＡＬＳ）患者で三〇歳の時に人工呼吸器を装着し、在宅で闘病生活を送っていた。また意思伝達装置を使って、闘病記を出版もした。闘病記を出版し終え、様々な反響もあり、応援のファンレターなども自宅に届いたりしており、とても充実した日々を送っている様子だった。しかし三カ月前に、『もう十分、幸せな人生を送らせてもらった。ここでそろそろ自分の人生を終わりにしたい』とワープロを打った。家族とも何度も話し合った結果、『本人の意思を尊重したい』、という結論に達した。往診の担当医に、『呼吸器をはずして欲しい』と依頼があった。しかしＡＬＳ患者からの呼吸器取り外しの合法性は不明である。主治医はジレンマに遭遇した。主治医は人工呼吸治療を中止すべきだろうか。」

この検討は障害者にとってすごく恐ろしい内容です。上記の一例を含めて、現在ＡＬＳ患者のもう一例がこのようなことで死ぬ権利を認めろということで、裁判を起こしているそうです。はっきり言って、「ふざけるな」と言いたいです。親、きょうだい、他人にさんざん世話かけていのちが救われて生き延びて、自分が死にたくなったらその手で殺してくださいなんて、「介護してきた苦労を裏切るのもいいかげんにしろ！」と言いたいです。

私は生まれてまもなく全身性障害者、二四時間介護が必要な重度の障害者となりました。年齢とともにどんどん重度化して呼吸器官も悪く、薬も医療器具も、日常生活をやっていく上で欠かすことはできません。そういうなかで介護者の手を借りて自立していくことは大変厳しいものがあります。ただそこで、自分のせっかくのいのちですので、自分でいのちを殺すというより、いのちがある限り精一杯生きています。人間は誰しもが死と背中合わせです。いつでも自分の意向によってそのいのちを絶つことはできます。しかし、障害が重ければ重いほど、生きていく意向を選んでいくのが私たちのいのちの重さです。自分のいのちを介護者の手を借りたり、医者の手を借りたり、近隣の意向を煽おったなかでいのちを絶つなんてまったく汚いやり方です。

二　尊厳死とは周囲の者による殺人

現在、ＡＬＳ患者を含めて呼吸器を付けている方は何十万といます。また、重度心身障害者療育施設に入っている障害者は大半が呼吸器を付けています。上記のような一、二例の発言によって、厚労省はそこを盾にして、呼吸器を付けて生きている施設の中の障害者たち、また、家族の中で呼吸器を付けて生きている障害者を全員、呼吸器の管を抜き、殺していくのです。このことが国で通ったら、呼吸器の管だけでなく、栄養管をつけて生き延びている障害者も高齢者も、ほとんど管を抜かれて殺されるという方向になるのです。また、大きい事故を起こしてこのような管をつけて生死をさまようなかで、四〜五日経っても目が覚めなかったら、他の人の意向で管を抜かれて殺されていくのです。確かに管を抜くにしても、いろいろな条件がつくと思います。そこで、管を抜く条件は、①自分の死にたいという意向、②介護をする近親者の意向が管を抜くのに一番重要視されていくと思います。①について、自分の意向ということでは重度重症重複障害者の多くは、コミュニケーションはすごく難しく意思疎通、確認のとれない障害者はたくさんいます。②の親、きょうだい、近親者の確認といっても、介護で疲れ切っている場合の本音は自分より一日でも早く死んでほしい、まして、二四時間付きっ切りの介護となると、すぐに殺したい、双方が楽になりたいという行き詰った関係です。そこでは障害者からは確認はとれないから、親きょうだいから確認をとれば、当然管を抜くことに承諾します。それが近親者の意向です。

この検討協議会の会話のなかで国家予算が逼迫しているから、障害者の介護保障については二四時間の青天井のような保障の予算の出し方は認めない、二四時間の介護でないと生きていけない障害者については、管をつけていく予算もかかるし、そういう設備をもった施設も全く足りない。設備もないし、国家予算もない。そういうところでは管を付けている障害者はすごくお金がかかるので、管を抜くというのが国の意向です。国の意向が、お金がかかる障害者は安楽死させるという意向で動いている以上、このことを先に止めないと、介護保険との統合とか二四時間の保障とか言っている時間はないのです。この安楽死・尊厳死の方向が決まったら、ＡＬＳ患者を基本として二四時間の介護が必要な障害者はどんどん殺されていくのです。

三　生きる権利、生かされる権利を

さて、この会合では、ＡＬＳ患者の医療を含めた月にかかる介護の予算の額が示され、七〇万から八〇万と示されています。この表はたぶん入院しているＡＬＳ患者の予算だと思います。全身性障害者で自立している人は、重度訪問介護でその介護料は月々一〇〇万円近い額、それ以上出ているという障害者はたくさんいます。ＡＬＳ患者の七〇～八〇万円も予算がかかりすぎるから、管を抜いて「尊厳死」させていこうという検討がされている以上、一〇〇万円以上かかる全身性障害者の介護予算について、全身性障害者の「尊厳死」ということは間近に迫ってきているのです。そこでは全身性障害者が生きてること自体、批判が飛び交う社会となっていくのです。

ドイツのヒトラーは財政が破綻したなかで、「生きるに値するいのち」と「値しないいのち」を分け、精神障害者や障害者を真っ先に「安楽死・尊厳死」する方向をとったということです。生きる権利、生かされる権利はあるけど、殺す権利、殺されていく権利はないはずです。そこを絶対に認めてはならないのです。

第十五章　今こそ、真の公的介護保障を要求する

一　介護保障の危機の時代

　現在、「ヘルパーを派遣してください」と多くの事業所に当たっても、派遣するヘルパーがいない、介護人を要請してもまったく来ないという時代に入っています。その原因の一つは重度訪問介護の時間単価では時間給が安すぎて、そもそも重度訪問介護を受けてやる事業所がまったくないということです。介護者にとっては、国の重度訪問介護の時間報酬単価があまりにも安く、こんな低い給料では先々の生活の設計が見えない、こんなきつい労働の中でノイローゼや病気になっていく人がたくさん出ても、何の保障もないのです。だから、事業所がヘルパーを求人してもヘルパーは来ない。それが今の現状なのです。その現状を、京都のかりん燈の渡邉琢さんがこう書いています。

「二〇〇七年という年は、介助者が辞めていき、事業所がつぶれ、そして残った介助者にしわ寄せが行き、さらには残った介助者が過重労働の末にストレスがたまりぶっつぶれていくという、そんな年でした。

　ここで、私たちの身近で起こった例を紹介します。四〇歳すぎの男性で、彼も支援費がはじまったとき、知り合いの当事者から誘われ介助の仕事をはじめた方です。二〇〇七年の夏、去年の夏ですが、やはり人手不足の中、週六日勤務であったのが、だれか別の介助者がヘルニアか何かでつぶれ、ついに週七日勤務になりました。その勤務体制も、私たちはほぼ二四時間にわたり介助が必要な重度障害者を相手に仕事をしていますので、朝昼晩泊まりどこにでも対応しなければならないという不規則・不安定な勤務となるので、彼のそのときの状況は、夜勤が三日、これは仮眠のない夜勤です、それに昼の勤務が二日、そして週末の土日は夏の暑い中でのガイドヘルパーの仕事でした。これがまったく休みなく三ヶ月ほど続きました。労働時間は

月二五〇時間をこえ、しかも変則勤務。その結果ストレスがたまり、ついにその年の秋一〇月に心筋梗塞で倒れてしまいました。幸いながら彼は、利用者さんや職場仲間の理解と支えがあり、数ヶ月の入院の末、この一ヶ月前から通常勤務に戻ったと聞いています。

この話を、労務管理の話にするのは簡単です。もし彼が死んでいたら過労死認定がおりたでしょう。けれども、それなら、わたしたちは自分の身を守るために、利用者・障害者の命を犠牲にしなければいけないのでしょうか？　わたしたちの利用者は、重度の障害をもった方がほとんどです。介助者がいなければ、うんこ・おしっこまみれは当然ですが、必ず命の危険が伴います。人がいなければ、必ず誰かがその穴を埋めなければならないのです。その結果過重労働が常態化します。すると、必然的に介助者にストレスはたまり、ある者は辞めていき、ある者は過労死すれすれで仕事をすることになります。今の重度障害者の介護現場は、多かれ少なかれ、どこの地域でもこのような状態です（『重度障害者の地域生活の現場――この先、介護報酬が抑制されたら何が起こるか⁉』二〇〇八年六月五日「私たち抜きに決めないで！　障害者の地域生活確立を！――障害者自立支援法見直しに向けての政党シンポジウム」の発言より）。

このように、重度訪問介護の時間給の安さにもかかわらず大変な労働であるという事実から、ヘルパーを要請しても、ヘルパーをやる人材の申し入れが来ない現実があります。

それに加えて、ここではもう一つの大きな問題があります。それは、厚労省が介護の責任を全面的に民間に放り投げたことです。介護が民間委託される以前は、重度障害者の自立生活の介護というと、その全体の二分の一を自薦ヘルパーでやり、四分の一が民間の家政婦協会などのヘルパー事業所からヘルパーを派遣してもらって、その後の四分の一は行政の公務員ヘルパーで自立生活を立てている障害者がほとんどでした。公務員ヘルパーについてはその介護について色々と枠をはめられて、障害者とこじれていましたが、それでも行政の正職ヘルパーとしては、この日この時間に来るということを契約すれば絶対に休まずに来ていました。すごい喧嘩をして「来るな」と言っても行政の責任として、その仕事について は派遣されて来て仕事をやって帰っていきました。また、障害者からのヘルパー派遣の依頼については、「今は人手がないから派遣ができない」ということは行政責任として、そんなことはなかったはずです。

しかし、現在は民間に一切を投げて、ほとんどの事業所ではやっかいで手の焼ける介護のきつい重度障害者については「人手がない」とか「このような医療行為をやるヘルパーがいない」という理由から、面倒のかかる大変な障害者については現在の民間ヘルパー事業所からは相手にもされず、断られている状況です。

全身性障害者の自立生活というと、健全者と違った生き方をさせられてきた障害者や、障害が重度で介護の大変な意思疎通の難しい障害者が相手ですので、よほど人間関係を基本としたヘルパー派遣の事業所をつくっていかなければならないはずです。だけど、その人間関係をまったく抜きにして、使う‐使われるという両者の意識のなかで、介護は一般社会の利潤を上げていく労働の対象物とされています。労働の対価としてこの介護の仕事をお客さま業、接待業、サービス業、ヘルパーは金で雇うもの、金で使うもの、介護者は障害者のしもべ、という両者の意識がつくられていきました。こうした行政の仕組みに障害者もあぐらをかいて、介護者と合わなかったり気に食わなかったりすると事業所にクレームをつけて、人間関係そっちのけでどんどん使い捨てていったこと、このことが一番の問題なのです。

なかには、ＣＩＬの事業所であっても、まったくヘルパーの人材がいないということで派遣を断っている状況があると聞いています。ＣＩＬという事業所の基本的な理念は、重度で介護が大変な障害者、健全者とうまく対応ができなくて、介護者を探していけず、自立生活を続けていけない障害者がいるから、その障害者の自立生活の介護を保障していくのを目的に、私たちがその介護人の派遣センターをつくっていく中でＣＩＬという事業所もできていったはずです。やっかいで大変な、介護者との対応ができない障害者や緊急措置に対応できない障害者がヘルパー派遣を申し込んでも対応できないなら、ＣＩＬという事業所をやっている資格はないと思います。

現在、各地の重度訪問介護関連の新聞記事は、障害が重度であればあるほど、ましてそこに気管支切開で痰の吸引や何らかの原因で医療行為の必要な障害者のヘルパー派遣の申し込みについては、何十件と事業所にヘルパーの派遣を申し込みをしても一件も受け入れてくれるところはないと報じるものがほとんどです。まして、基準該当適用で自分で介護者を探してやってきた障害者は、何十万円と広告費を使ってヘルパーの求人広告を出しても一名も来ないという現状です。また、いくつかの事業所では重度訪問介護のヘルパー研修もやっていますが、その重度訪問介護の研修を受けたら、ほとんど、その事業所での採用という枠がつけられています。ここでもやはり基準該当でやっている障害者は、ヘルパー資格が条件となっているため、介護をやる人がいても介護者としては頼めないという状況があります。やはり、研修を受けて修了したらその事業所で働かなければならないという枠付けによって、この重度障害者の介護をやろうと思っても、そのような介護者の意向も私たちが自ら閉ざしてしまっているのです。

本来、介護は国が保障をしなければならないはずです。この重度障害者の自立生活に介護人がいないという緊急事態について、こうした政策をつくってきてしまった責任をどうとっていくのか、私自身も含めて、はっきりとした形で示さないかぎり、今の自立をしている重度障害者の生活は、どんどんつぶれていくでしょう。

二　介護に節度は必要か

さて、私たちの団体の内輪でこんな会話がありました。自分のところでヘルパー派遣を行っていても、人材不足のため介護者の足りないところは他の事業所からヘルパーに来てもらって、長年やってきた。ところが、その頼んできたヘルパー事業所が人材不足でヘルパーも疲労してしまいうつ病にかかって、ついには「閉鎖するので来れません」という通告がされたといいます。今の厳しい状況のなかでそれに代わって頼める事業所はまったくありません。その障害者は重度です。困ってしまい、もう一人のヘルパー派遣業をやってる仲間に、「そちらの事業所はどのようなやり方をしてヘルパーが継続しているのか」と聞いたところ、「確かに若いヘルパーについてはまったく入って来ないし、たまに来るのは年配者です。もう一つには、少しくらい介護者として介護がなってなくても、絶対こっちから辞めさせないということで、長く続いている人が多いです」ということでした。この辺少し問題があるけれど、簡単にいうと、介護に問題がある介護者については大目に見て、人間関係というところで障害者のほうで我慢して生活していけばいいという事業所のやり方であるといえます。

私はどっちが我慢しろというつもりはないけれど、仕事という以上、別に低姿勢やそういう気持ちでやれというのではないけれど、どういう仕事にしてもその仕事に合わせていくのが仕事と思います。たとえば、障害者と健全者の関係においては松葉杖の障害者と健全者とが一緒に歩けば、松葉杖の障害者が遅れるのは当然です。その遅れに合わせて歩くほうが健全者でなければならないはずです。

　私が疑問に思うのは、確かにこの介護の仕事は介護者と障害者の温かい優しい思いやりを基本に置いた人間関係という気持ちや、双方の人間の成長を育てて双方がそこを毎日勉強させていただいているという気持ちで接していかないかぎり、この介護という仕事の関係においては絶対に長くは続きません。しかし、使う－使われるという上下関係のなかで、特に現在は介護者不足のなかで、介護者は毎日変わらずに健康で元気で来ないといけないということではないけれど、重度障害者の介護人のなかには、健康管理がめちゃくちゃの日々を送っていて、その結果、介護者として仕事に来ているという意識をもっていない男の人が意外とたくさんいます。この介護人不足のなかで、健康管理のできない人が介護に来て、酒臭くてろくすっぽ介護もやらない人もいるのです。そういう介護者に対して人間関係だからといって、その介護者に辞めてくれとも言えなくて、その健全者に合わせて我慢して暮らしている障害者もいると思います。

　やはり、どういう仕事においても仕事という名のついた仕事に就く以上、健康管理は基本だし、まして仕事中に酒を飲むなんて、どういう仕事であっても絶対にそれだけは許されてはならない問題です（その介護者に対して障害者が飲んでもよいと言うなら別です）。人手がないから、障害者の日常生活において障害者の介護に不利益が生じてもかまわない、介護中に障害者に何も言わずに酒を飲んで介護をするというのでは、その辺やはり私たちのいのちを預かる介護者としては絶対にしてはならないまずいことです。そういうところで、この介護の仕事を長く続けているといっても、そこでは障害者自身が相当、その健全者のすることに対して我慢しているから長く続けていけるのです。良い人間関係で長く続けているわけではないのです。

　はっきりいって、自立する障害者は今の社会の仕組みの中では、その社会の枠から外れ、ワガママだからこそ自立生活をするのです。今の施設や病院の看護師不足のなかでは、手足が動かず、ベッドで寝かされたままで、どんなに鼻がかゆくても看護師を呼ぶブザーも押せないでいる、そのかゆさのつらさ、苦しみを我慢せざるを得ないのです。また、施設ではおしっこが出ることを教える機能はもっていても、おしっこの世話は大変、面倒くさいということで、ベッドに寝かされておむつをして寝かされたまま置かれてしまう。自立した障害者はそういう苦しみがつらくて、それが一生続くのがたまらないと思うからこそ、少しでも地域で自立して解消した生活が送りたくてみんな自立していると思います。

確かに、介護者も人間ですから、障害者介護については障害者のほうが節度を保つべきだという考え方はありますが、介護者が少ないなら少ないなりに介護の節度としてオムツでも我慢するべきという言葉を、誰であろうと吐くべきではないと思います。そこを助け合って何とかオムツをしないように協力し合ったり、オムツをしなくて済むような介護保障を勝ち取っていくのが障害者の介護運動なのです。介護者は人間だから、三〇分おきに叩き起こされて使われては参っていくというけれど、この言葉を障害者に言ったら、介護をやっている意味なんてまったくないはずです。障害の疾病によっては二〇分でも三〇分おきでも介護者を叩き起こさなければいのちがなくなる障害疾病の障害者もいます。私たちの自立生活においてはいつ何どきでも、介護者を必要なときに頼んでいけるために見守りといういのちの保障をつくったはずです。介護者がいなければ介護を自分で節度をもって、オムツで我慢しろというのはすごい暴言だと思います。

やはり、その辺のことを、気軽に吐く言葉を一つとっても、男性と女性とはその苦痛の感じ方は天と地の差があると思います。今なお施設では職員の人手が足りず、介護が大変というところで、女性障害者に対して、お風呂やトイレやオムツ交換を男性の介護職員がやっているところはたくさんあると思います。家庭の中にいる女性障害者にしても、お父さんにオムツの交換をやってもらっている現実なのです。やはり、男性の目の前に股間をさらすことは特に若い女性にとってはどんなに苦痛か。介護者がいない、人手がないから男性でもオムツでも我慢して介護の節度を持ちなさい、とひとことで片付けられる問題でしょうか。そのような苦痛を一つひとつ解消した生活を望んでいるからこそ、自立生活をしていると思います。私たちの自立生活において、このような現状だから介護に節度を持つことも仕方がないとくくったら、まったく私たちの自立生活の人権が吹っ飛んで守れなくなるのです。

三　介護保障は国家の責任

障害者同士がなぜ対立するような雰囲気になってしまうかということについては、やはり国が全部、介護の責任を全面的に民間事業所に放り投げたことが、障害者同士の対立を引き起こしていると思います。私の個人的な意見や四〇年間の自立生活の経過のなかで介護保障を分析すると、重度障害者、重度心身障害者の介護については、行政が民間に全面的に放り投げて行く仕組みはまったく機能しないと思います。行政が介護の責任を全面的にもっていく仕組みをとりながら、介護の足りないところで、補充として民間でフォローする形をとらないかぎり、今の重度障害者の自立生活の介護人不足は、絶対に解消されないと思います。なぜなら、民間でやる以上は、利潤を追求してなるべく過重な労働の介護は絶対に受け付けない、断るというのが利潤を追求する原理であるからです。

重度重症心身障害者の介護を全面的に民間事業所に放り投げるのはまったく不可能なのです。ある程度、措置という形で施設は残されているけれど、自立生活という在宅介護のなかではまったく措置という形からはずされています。このことはＣＩＬのヘルパー派遣事業所でさえも、ヘルパー不足から重度重症心身障害者のヘルパー派遣となるとまったく手に負えないという状況があちこちでたくさん出ています。

支援費制度が始まる前は、厚労省が民間委託という方向を打ち出しても、都道府県や市区町村の判断と状況で、重度重症心身障害者の介護ヘルパーについては民間事業所に託すことは無理、不可能というところで、公務員ヘルパーや、独自の予算を付けて区からのヘルパー派遣という仕組みをつくって、重度重症心身障害者の介護の責任は、そこの市区町村でやっていました。けれど、障害者への介護派遣については、市区町村が一般のヘルパー派遣事業所に頼んで、そこからヘルパーを派遣する形をとっていました。公務員ヘルパーや区独自のヘルパー派遣の時間は、午前中に交通時間を入れて一回が二～二・五時間、だいたい九時三十分～十二時、午後は一時三十分～四時ぐらいまででした。四時に戻ってその日の介護の日誌を書く、または介護時間内に介護が終わらないときは、三〇分～一時間の時間的ゆとりをもっていました。介護に入るのはだいたい一日に二件とされていますが、緊急時においては三件もったり、または介護においては公平平等に当たるということで、一年交代制で、交代のときは必ず一カ月は旧担当者と新しい人が二人で入って教えて、それで交代していく。公務員時代の障害者のヘルパーについてはこれほどゆとりある介護を、責任をもってやっていました。

行政がヘルパーの人材を要請すればたくさんのヘルパーが来るということは、公務員として生活が確実に保障されるから、ヘルパーの人材もすぐ集まって障害者の介護も責任をもってかかわっていけるのです。やはり、福祉に対して責任をもってかかわるためには、国がきちんとした保障の責任をもたないと無理なのです。現在の仕組みはその柱がまったく欠けているからこそ、こんなにもヘルパーの人材不足になって、自立もできないような状況がどんどん起こっているのです。やはり、重度重症心身障害者の介護については国が措置的な責任をもっていく介護保障の形態をつくらないかぎり、重度重症者の自立生活は不可能なのです。そこの責任をしっかりとるなかで、その補充として足りないところを民間事業所に協力させていくことが絶対に必要なのです。

このままでは高齢者と同じように、障害者が死んでも誰も来ないなかで、死んで一カ月、半年経ってはじめて発見される孤独死も増えてくると思います。東京都の全身性障害者介護人派遣事業時代は重度障害者でも、知的障害者でも、難病の障害者でも、筋ジスやALSの障害者でも、精神障害者、その家族の苦しい状況に合わせて、そこに実施主体の判断で大変な障害者の介護については、ヘルパーが二人ついて障害者に差別なく、ヘルパーの仕事をこなしていました。これがヘルパーの業務というものと思います。

確かに、公務員ヘルパーについては介護の制約や時間の制約、その他、いろいろの問題はあるけれど、絶対に来るという責任をもつことで、そこではいのちの危機を救うこともできたのです。このことはいのちという人間を見ていく仕事である以上、一番、大切なことです。特に国が責任をもっていかなければならないはずです。やはり、介護の保障や責任というものは国が二分の一を持って、都道府県と市区町村と民間事業所が残りの半分をフォローするという形が、弱者の、特に重度障害者の介護を保障する形として一番大切です。やはり、障害者の介護についてはただ民間に放り投げていくだけでは、絶対にフォローし切れないのは当然です。国が半分責任を持ってこそ、民間もフォローしていけるのです。

四　福祉予算は逼迫などしていない

福祉の世界では行政用語で、よく平等、公平という言葉が使われていますが、この平等、公平という言葉ほど、行政にとって都合のいい言葉はないのです。平等、公平という言葉は福祉を切り下げていく口実なのです。障害、疾病については、個々千差万別です。絶対に平等、公平というサービスの一律化では障害者のいのち、生活、その生存権を守ることは不可能なのです。

さて、この二〇年あまりの福祉制度の改定や廃止という動きは、目にあまるすさまじいものがあり、そのなかで弱者の福祉の保障や、せっかくつくり上げてきた福祉保障は切られて、変わっていきました。この廃止や切られていった福祉予算についてはまったく不透明で国民の前には、なんら明らかにされていません。

高齢者の介護保険制度が二〇〇〇年に発足してから、高齢者の介護を受ける人がうなぎのぼりに増えて、今ではその国家予算は一〇兆円を超えて何年か後には二〇兆円を超えていくと言われています。この「一〇兆円」とか「二〇兆円」とかの金額だけが国民の中で独り歩きをして、弱者が大量に国家予算を使っているようにアピールされて、大げさに語られていますが、ところが、実際はこの二〇年のあいだに、さまざまな福祉制度が廃止されて打ち切りになった予算のほうが多く、その予算は国が吸い取ってしまっているのです。

まず、生活保護で病院時の付き添い介護加算が廃止されました。この加算については、重病人や病院に入院している高齢者がたくさん受けていました。ここでも国家は病院の不正を口実として廃止しました。

この頃から、高齢者の長期入院が社会的入院などと批判され、病院から自宅へ戻された高齢者が増え、何年後に国民の何割に増えていく、そうすると今の公務員のヘルパーの数では追いつかなくなる、また、公務員ヘルパーをそれだけ入れていくには国家予算がパンクする、そういうところで、厚労省の鶴の一声でヘルパーを民間事業所に任せたほうが地域密着型の手に届く手厚い優しい介護ができると、このように国民をうまくだましていく巧みな言葉を使っていったのです。最初は「区市町村ヘルパーについてはそのヘルパーが退職したり、何かの都合で辞めたときは、そのヘルパーのいない穴埋めを公務員として採用してもかまわない、だけど、それ以外のヘルパーの足りないところは区市町村で考えて、それができないなら民間事業所にヘルパーの派遣を頼んでください。だけど、厚労省としては民間ヘルパーの賃金については、事業所は時間給一四二〇円しか出せませんのでそれでやってください」ということでした。そういうところから民間委託されて事業所の経費はまったく出ないという現実になっていきました。

そういうところで、ヘルパーの時間単価については、「この介護の仕事を職業として、まずは国民に説得できるものをつくっていかないとならない」と、ヘルパーの資格がいろいろと義務化されていったのです。介護保険では介護給付の時間単価が四〇〇〇円以上にもなって、そこでヘルパーの一、二級の資格を持っていないと事業所でヘルパーもやれなくされていったのです。

その次として、何十年と経験のある公務員ヘルパーについて、ヘルパーの資格を強制していって資格の取れないヘルパーはヘルパーがやれなくなって、公務員の事務の受付や区の図書館の受付に配置転換されていったのです。四分の三以上のヘルパーが職を奪われていったともいわれています。その辺のことについても、公務員ヘルパーを廃止した以上、そこで国家予算は相当浮いたはずです。ここでも、退職していった公務員のヘルパーの数は減少し、公務員の新規採用も相当減らされたのです。

また、全国の国立病院そのものが国家予算縮小、医療費削減ということでいくつもの国立病院、それ以上の病院が廃止されて、老人病院や老人施設が廃止され、そこから高齢者はどんどん家族や身内の中に戻されて、家族介護に押し付けられていったのです。国立病院を一つ廃止すれば、何十億円という国家予算は浮くし、そのなかの医療費や医者、看護師の数も削減できるし、公務員としての国家予算も縮小できます。このように縮小された予算については、まったくどのようになっているのか不明のままです。

また、生活保護の老齢加算や母子加算、児童扶養手当を廃止すること自体、このことはいったいなんですか、と問いたいです。厚労省は、老齢加算や母子加算が国家としての弱者に対する必要な保障だと思ったからこそ、この加算はつくったわけです。たんなる一部の業者や市民の声を口実として、この加算や手当を廃止するなんて、弱者の生活やいのちや生存権をいったいどのように思っているのか。この廃止について少し調べたら、検討会のなかでは誰も「切れ」とか「廃止しろ」とか厚労省には言っていない、その会議では「検討する余地はあるといっているだけです」とある学者は答えています。このことは弱者の苦しい悲鳴もまったく無視して、厚労省が勝手に一方的に切って廃止してしまったのです。弱者を人とも思わないやり方が国民のいのちをあずかる厚労省ですか。

一つの制度にはたくさんの国民のいのちや生活や生存権がかかっています。厚労省はそこを保障していくためにつくったはずです。それを厚労省の気まぐれで一方的に打ち切るなんて、いくら国の財政が逼迫しているからといっても、打ち切られた者はそこでいのちがなくなるのです。国家予算が逼迫すれば、とたんに弱者の福祉制度の予算から廃止されて縮小されていく。このことはまったくおかしいことです。

逆に、保障は手厚くしないとならないはずです。特に、保障制度については弱者一人ひとりの生存権がかかっています。そこでは、切っていいものと絶対に切ってはいけないものがあります。厚労省の役人である以上、そのくらいの判断はつくと思います。やはり、今の厚労省の役人は勝手に弱者の福祉制度を切ったり変更したりいじくりすぎます。そこでは、弱者の生活も生存権もないに等しいのです。

今回の自立支援法にしても、障害者の施設や知的障害者の施設からの「地域移行」という言葉によって、そこから出された知的障害者のなかには住まいも奪われてしまった人がたくさんいます。あえて、悪いことをして警察に捕まって、刑務所に入れられてそこで寝るところと食べ物を与えられて一息ついて、「外にいるより良かった」と喜んでいる知的障害者もいます。このような背景をつくったのは自立支援法という制度そのものの欠陥のせいです。「地域移行」といっても不可能な障害者がいるのです。そういうところでは、「自立」という概念についてもう一度議論を交わす必要があると思います。「地域移行」というきれいな言葉で、行政が責任を放棄しているだけなのです。

「地域移行」をするなら、地域に障害者の生活や親の生活をフォローする制度をつくるべきです。そこが欠けているなかでは、苦しむのは親であり、虐待や心中が待っているだけです。施設がいいか、在宅がいいかという確実な答えはないし、私には言えません。すべての障害者が保障されて地域で暮らすだけの、社会の意識もまったくできていないのです。いずれにしても、そのためには、どのような環境でも障害者が生活していける保障を行政がきちんとしなければならないはずです。

このように高齢者のいのちや生存権の保障、その上、子どもの保障を打ち切り、そこでは何十万人の高齢者が身内や家族に戻りました。にもかかわらず、介護保険の国家予算が年々増えて、今年度は一〇兆円、何年後には二〇兆円という、国で使う予算だけが国民の前に、さも国家予算が破裂しそうに、国民に対して「使うな」というように縛りをかけてアピールされていく。上記の文章の中で厚労省が福祉の制度や保障を切ったことをいくつか挙げたのは、厚労省が切ったなかでも氷山の一角です。高齢者の介護保険に何兆円かかるといっても、今まで厚労省が切った福祉制度や医療費などの予算と比べたら、まったくたいした額ではないのです。介護保険の予算のほうが厚労省としてたくさんおつりが来るのです。

このように弱者の保障の政策はどんどん打ち切られて、

それに輪をかけたのが小泉政権のなかで、「痛みをともなう」という言葉を国民が呑んでしまったことです。それを国民が呑んだおかげで、それまでつくってきた国家の福祉そのものが根元から崩されました。その一つとして障害者自立支援法があると思います。

五　今こそ、真の公的介護保障を要求する

さて、この障害者自立支援法は障害者の人権や尊厳をまったく無視した制度です。厚労省ともあろうものが、高齢者の介護保険と同様の障害区分認定のための調査をかけて、障害者の心の中や生活の奥底まで土足で入って、かき回して、縛り上げて、そこを通らないと支給はしない。このこと自体、行政として行きすぎだと思います。

ここから見ても、障害者の人権や尊厳を無視した障害者自立支援法は即廃止すべきだと思います。「措置から契約」と、さも障害者の人権を尊重したかのように、謳い文句にしてつくったはずですが、それならなぜ、介護料の支払いを行政→事業所→ヘルパーへと障害者の目にも触れず、処理されていく仕組みをつくったのか。このことは障害者のいのちや自立生活の尊厳を無視した行政の法則に過ぎません。介護料という保障は、障害者自身のその手足を動かして生活していく保障イコール介護者の生活保障です。それなのになぜ、介護料だけが障害者の目の届かないやり方で、障害者の目の前を素通りするような仕組みなのか。このことは介護保険でも言えることです。介護を行政や事業所で決めた枠しか、ヘルパーが来てもやれない仕組みこそがそもそも間違っているのです。誰が生活していくのですか。動きの取れない障害者なのです。そこがまったく制度の趣旨からはずれて、行政の原則だけでやられた障害者はたまったものではありません。

今の障害者自立支援法は廃止して、以前の介護人派遣事業のように介護者の自薦登録を可能な形にし、それを国家の責任で保障する制度にすべきです。だいたい、全身性障害者のような動けない障害者に対して、応益負担をかけるなんてとんでもないことです。（応益負担を応能負担に見直す障害者自立支援法の改正案は、第一七一国会に提出されましたが、二〇〇九年七月二十一日の衆議院解散で審議未了のまま決定は先送りされました。）そこから見ても、この障害者自立支援法はめちゃくちゃな制度であり、弱者を殺していく制度です。

発足と同時に、単価の低い重度訪問介護の時間単価を切り下げていくことで、ヘルパーが辞めていくことぐら

いわかっていたはずです。単価を切り下げれば、全身性重度障害者のその自立は、ヘルパーの人材不足で全滅していく。このことは誰でもわかっていることです。それでも時間単価が下がった障害者自立支援法を通してしまった問題はとんでもなく大きいのです。

国家経済、利潤、労働を基本とする制度でなく、どんな重度の障害者であっても、地域で共に生きることのできるノーマライゼーションに重点を置いた福祉を。障害者のいのち、生活、自立、人間としての尊厳を基本とする制度政策を実現するよう求めます。そのために、重度障害当事者の意見と意向を聞き、協議する場を。そして、その障害者当事者の意向に沿って国家が生活を保障することを要求します。

なお、多くの障害者団体はこの自立支援法の中身の改善を求めていますが、全国公的介護保障要求者組合としては、この障害者自立支援法の廃止を求めます。

◇要求項目

一．現在の障害者自立支援法のなかで多くの障害者が苦しめられて殺されています。この制度は廃止してください。

二．障害者自立支援法の施行以前に全国の自治体が実施していた全身性障害者介護人派遣事業をモデルとした国家制度を創設してください。

三．法律施行から三年後には福祉制度の再検討をするという時期に入りますが、そこにおいては高齢者と障害者の介護制度の統合は絶対に反対です。統合された時点で、全身性重度障害者の自立生活そのものが全滅していくのは確実です。その時は、死をもって厚労省に集団自殺しに行きますので、そのつもりでいてください。

四．障害者の介護について、その判定や調査によって、生活の奥までさらけ出させるような制度は絶対に反対です。やめてください。

五．介護者の資格の縛りはつけないでください。

六．介護料が障害者を素通りするような制度はやめてください。やはり、パーソナル・アシスタンス／ダイレクト・ペイメント方式で行くべきだと思います。

七．介護者の時間単価を、介護者が生活できる生活保障、イコール社会保険、身分保障が確保された時間単価にしてください。二〇〇九年四月の改定で報酬単価がアップしましたが、これは切り下げられた分の「回復」であって、介護者が生活していけるだけの額にはまだまだほど遠いのです。

八．生活保護の予算については国民の生存権の保障として、国家の責任としてその国家財政として国家の義務として国家予算で負担すること。絶対に地方分権というところに国として依存しないこと。

補論　障害者自立支援法の「条件付き廃止」を求める

二〇〇九年十月一日、自立支援法の廃止に対する状況報告、ならびに全国公的介護保障要求者組合（以下、要求者組合）として自立支援法の「廃止」ではなく「条件付き廃止」を民主党政権また厚生労働省に要求します。

一　自立支援法の「廃止」にともなう危険性

二〇〇九年九月十九日の夜、長妻厚生労働大臣からマスメディアを通して、国民に対して自立支援法を廃止し、新制度の設計に着手すると発表されました。この問題については、障害者、とくに全身性重度障害者の自立、いのち、生活にかかわる問題ですので、大変な発表だということがわかったうえで言っているのかと問いただしたいです。

この問題の経過を振り返ると、衆議院議員選挙が行われる半年ほど前から、自・公政権から民主党政権に替われば、現在の障害者自立支援法が障害者の要望に沿って廃止か一部改正される、という声が出ていました。そして、現実に政権が替わったとたんに障害者自立支援法が廃止になるという声が各地の実施主体の中で強く飛びかうようになりました。

確かに、民主党のマニフェスト（政権公約）には、

「障害者自立支援法」を廃止して、障がい者福祉制度を抜本的に見直す。

【政策目的】

○障がい者等が当たり前に地域で暮らし、地域の一員としてともに生活できる社会をつくる。

【具体策】

○「障害者自立支援法」は廃止し、「制度の谷間」がなく、サービスの利用者負担を応能負担とする障がい者総合福祉法（仮称）を制定する。

○わが国の障がい者施策を総合的かつ集中的に改革し、「国連障害者権利条約」の批准に必要な国内

法の整備を行うために、内閣に「障がい者制度改革推進本部」を設置する。

【所要額】四〇〇億円程度

と書かれています。

そもそも自立支援法は、支援費制度の財源問題に端を発し短期間につくられました。その背景には介護保険との統合も視野に入れられ、私たち重度の障害者にとっては到底受け入れられる制度ではありませんでした。要求者組合としても自立支援法の施行に反対してきましたが、施行後は重度訪問介護の「見守り」を認めさせる等、厚労省に働きかけてきました。しかし、自立支援法になって利用時間数の上限が決められ、応益負担になった人の中には利用抑制が起きるなど、自立支援法の問題点について実施主体とあまり話がうまくいかずに、裁判所に訴えて法廷闘争を行う障害者もいます。

このように厚労省がつくる制度には常に問題があって、法廷闘争はつきものです。しかし、一方で私たちは三年間かかって、苦しい思いをしながら自立支援法の問題点を半分くらい障害者の自立にそって変えてきました。これから障害者の自立の本格的な保障としていこうというときに、自立支援法を廃止して一からつくっていこうというのでは、何のために私たちが命懸けで今まで変えてきたのかわかりません。

全身性重度障害者にとって自立支援法が廃止となることは、重度障害者の自立生活そのものが全くできない介護施策となる危険性はすごく高いと思います。廃止された後に、現在の重度障害者の介護施策と同じ保障の確立に持っていくという方向や確実性はありません。行政や国会の政党の中でも、その確実性がないなかで自立支援法が大変問題があるからといって、それを単に廃止すると、一気に介護保険との統合という方向にもっていかれる危険性が非常に強いのです。

また、自立支援法が発足して三年以上経過したなかでいろいろな問題を解決して、実施主体でもある程度根付いてきました。そういうところでは、三年間実施してきたものを単に廃止にしたら、実施主体も大変な混乱になります。大体、自立支援法施行以降、社会保障審議会を何十回とやって、ここで廃止となるなら何のためにやってきたのか。

やはり厚労省の考えや方針は私たちの考えより常に能力があります。そのやり方はすごく曲者です。私たちの活動は常にそれに乗せられてあたふたと動いてきました。介護保険とは統合しないと確認されていても、社会保障審議会の中では「統合していくべきだ」という声が未だに出たり、政党の中でも、まして厚労省の中では半数の役人が介護保険との統合に沿って考えています。厚労省のお抱え学者はいろいろな集会の中で介護保険と統合すべきとあっちこっちで語っています。

自立支援法の発足当初は、この自立支援法の問題点については、私たち団体と厚労省との話し合いの中で一年間かけて問題点については改善するという確認でした。それが発足して三年近くたっても、未だに解決していない問題が山積みされています。厚労省は私たち団体が問題を提起すれば話し合いを拒否して、この一年間は逃げ回っていました。社保審の会議についても、会話に時間のかかる全身性重度障害者は一切その会議からはずされてきました。

新政権でもこういうやり方が続くなら、自立支援法が問題だらけだとしても、自立支援法をただ廃止したところで結果は目に見えています。良くなるというより、廃止したら悪くなる、全身性重度障害者は自立ができなくされていく要素のほうが強いのです。

二　介護保障制度は当事者がつくる

障害者自立支援法が廃止となったらどうなっていくのか。そのとたんに障害者の介護保障が見直しとされて、全身性重度障害者の介護保障そのものもなくなって、重度訪問介護もその中の見守り介護も廃止されていく危険性があります。

さて、東京都の全身性障害者介護人派遣事業から国の障害者の介護保障として支援費制度に移行する時点で、厚労省と一年以上の事務折衝を重ねて、東京都の全身性障害者介護人派遣事業の理念をそっくり国の支援費制度に移行させました。そして、支援費制度の項目の中にはっきりと、身体介護と全身性障害者の介護保障としての見守り介護を基本とした日常生活支援という項目を組み入れさせました。ここまで身体介護と日常生活支援の項目を分けてもってくるのはすごく大変でしたが、それが支援費制度が発足するかしないかのなかで、予算の立て方の大きなズレが発覚して、厚労省のほうから介護時間の上限が出されました。そこで全国の障害者団体が厚労省に結集して、厚労省との話し合いの中で介護の上限については区分間流用という合意に落ち着きました（第二章二節参照）。

しかし、支援費制度については実施主体と私たちの間の中で進んだかと思う間もなく、そこに厚労省から障害者の介護保障の方向案として「改革のグランドデザイン案」が示されました。支援費制度が発足して一年で見直しの方針が出されて、そこで戸惑うのは実施主体と私たちでした。その厚労省から出された「グランドデザイン案」の資料の中には、全身性重度障害者の介護保障の理念や見守り介護もはずされて、一切その項目はなく、その他のたくさんの問題がありました。そして、「グランドデザイン案」の中かから出されてきたのが今の障害者自立支援法です。

この自立支援法の当初は、全身性重度障害者の介護保障の項目は一切外されて、支援費制度のときに大変な苦労をして付けさせた日常生活支援も見守り介護も外されていました。その後、自立支援法の中で重度訪問介護や見守り介護の項目を付けるまで、何十回と厚労省と事務折衝をやって、重度訪問介護の見守り介護を通知に書き込むというところで収まったのです（第二章二節参照）。

やはり、制度というものはその制度の当事者がつくらないかぎり、弱者の保障とはなりません。厚労省は当事者でないから国民の「平等・公平」というところを基本にして制度をつくります。そういうところでは、障害が重ければ重いほどその制度からはじき出されて突き落とされて殺されていくのです。制度を改めるのなら、厚労省に対してその制度を私たちのいのち、生活の保障として泣いて叫び、そのような話し合いや突き上げによって、私たちのいのちの保障として厚労省に理解させていってこそ、その制度が私たちのいのちの保障となっていくのです。自立支援法に問題があるからといっても、ただ廃止しただけでは私たちの保障が今より良くなるとは思えません。

また、自立支援法の発足以降、その制度の改善の話し合いについては厚労省と重度障害者の中では幾度か話し合いは持ってきましたが、その他厚労省が行う社保審の会議やその他の勉強会や意見交換の会議や話し合いの中では、全身性重度障害者については、会話やコミュニケーションに大変な時間がかかるからというところで、そのような場からはほとんど外されてきました。そのようななかで、政権交代によって新政府から一方的に自立支援法の廃止が謳われても、同様の方法で新制度がつくられるのであれば、まったくおかしく、とんでもないことです。

私たちは全身性重度障害者の団体として、全身性重度障害者のいのち、生活を基本とした、福祉学者や施設長を一切入れない、厚労省としての社会保障審議会を月一の割合で設立していくことを要望します。そのなかの議題として、まずは自立支援法のそのものの問題点を一つずつ話し合って解決にもっていくことをしない限り、全身性重度障害者のいのち、生活を守っていくことは絶対に不可能です。

三 「平等・公平」という切り捨て

民主党は自立支援法を廃止したうえで「障がい者総合福祉法」（仮称）を制定するとマニフェストに書いています。この「総合福祉」という文言によって、「平等・公平」という国民の全体の福祉というところにもっていかれて、国家はその国民を味方にして現在の全身性重度障害者に出ている高額の介護料や長時間の介護保障について締め付けにかかってくると思います。自立支援法の廃止と同時に、「総合福祉」という協議のなかで全身性重度障害者の介護保障も見守り介護という二四時間の介護保障については廃止されて、身体介護の八時間、総合福祉法の「平等・公平」というところで介護保険と同等に障害者の介護保障も四時間とされていく。生活保護の介護加算も廃止されていくかもしれない。自立支援法が廃止と同時に、このように進んでいく危険性がおおいにあると危惧します。

また、「総合福祉」という文脈で、高齢者の介護保障である介護保険との統合が浮かんできます。しかし、高齢者の介護と障害者の介護では、理念も趣旨も制度の観点も何もかもまったく違います。すでに介護保険との統合問題については、二章、八章、十三章で訴えてきましたのでこれ以上繰り返しませんが、私はすでに高齢者ですが、高齢者介護（介護保険）との統合は絶対反対です。障害者には個別個別に様々な疾病があって、「平等・公平」という制度の一本化にまとめて適用するものではないのです。そういうやり方をすればするほど、その制度の仕組みから落ちこぼれていく人はたくさん出て、また障害が重ければ重いほど突き落とされて殺されていくのです。

「総合」というと、イコール福祉制度の「平等・公平」というところで重度障害者の手厚い項目について、知的、精神、難病という項目の制度の内容に総合的におしなべて、「平等・公平」にもっていこうということが考えられます。

この辺の予算の出し方の仕組みについても、すごく怖いです。福祉予算というところで、実施主体に一括に落とされて、あとはその予算の使い方は実施主体で責任をもってやりなさいということになったら、それこそ実施主体に格差が出ていきます。すでに自立支援法になったとたんに、地域生活支援事業というところで、国の日常生活用具また補装具の制度などの、様々な障害者の身近な保障についてその予算が実施主体に一括におりて、日常生活用具もその中に組み込まれました。日常生活用具または補装具についても、「やる・やらない」はその実施主体の判断に任されました。この新しい介護制度もそういうことがありえるのです。

まして、「平等・公平」というところで総合福祉法になったとたんに、国民の「平等・公平」という声を逆手に取り、現在の障害者の介護保障が三分の一くらいにされていくことは確実と思います。

国民の多くは現在、自立重度障害者に対して高額な介護保障が出ているということを知らないと思います。まして、高齢者の介護保険の保障より高くて、そのうえ税金も納めていないし、働いてもいないのに高額な介護料が出ていると国民に印象付けられたら、今の生活保護の問題と同じように、障害者の介護料は出しすぎているという国民の声が高くなって、あとは行政が締め付けてくる。このことは自立支援法の廃止と同時に総合福祉法に必ずからんで出てくる問題と自覚して、考えたほうがよいと思います。

廃止していくなかで、全身性重度障害者の重度訪問介護や見守り介護の介護保障、二四時間の介護保障が確実に担保できるのか。そういう確実な担保ができているなら自立支援法を廃止し、新しい制度としていく意味がありますが、その担保のないなかでは、全身性重度障害者の自立そのものが破壊されていくのです。

四　全身性重度障害者の介護保障を継続・確立するよう要求する

九月二十五日に放送された報道番組のインタビューの中で、長妻厚生労働大臣は新しい制度の骨格について、「利用者の応能負担を基本とする総合的な制度というふうに申し上げておりまして、当事者の方のご意見も十分聞きながら、本当に拙速にやるんではなくて、十分ご意見を聞いて、日本としても本当に誇るべき制度をつくっていきたいと思います」と述べていました。課題となってくる財政問題については、「当然、財政という制約ももちろんあります。あるいは国民の皆さんにどれだけ負担いただくかと、こういう部分ももちろん逃げてはいけませんので、あらゆる社会保障の制度も含めたそういう考え方というのを、つくる必要があるのではないかと……」と話していました。

この発言の中の「総合的な制度」や「あらゆる社会保障の制度も含めた」という文言に気をつけなければならないと思います。こうした言葉に動かされて、介護保険との統合を前提とした制度がつくられていく危険性が大いにあるのです。

私たちはこの四〇年間、全身性重度障害者の二四時間の介護保障について厚労省と取り組んできました。四〇年間のこの活動のなかで、五回ぐらい制度の編成に沿ってその制度の名前も変わってきました。しかし、制度の編成や名称が変わっても、私たちのいのちの保障として従来保障させてきたその保障は、制度編成する前に行政からその担保の確認を取ってから編成を了解してきました。

けれども、今回の自立支援法の廃止という言葉の中では、何一つ私たちのいのちの保障としての継続の担保についてはは行政と交わしていません。今回の廃止ということについては、そこが全く欠け落ちていると思います。これから検討に入るといってもまったく道のわからない検討です。このような国民のいのちを脅かす行為をすること自体、行政として本当に間違っていると思います。

私たちは要求者組合として、これから検討に入ることについては、ここまで来た以上仕方ないと考えています。また、自立支援法の「廃止」と長妻大臣が言ってしまった以上、その言葉を白紙に戻すことはできないと思います。

私たち要求者組合は、総合福祉法を厚労省や民主党また障害者団体の関係の中で新制度の検討に入る前に、民主党政権と厚労省に対して、私たちの自立生活、いのちの保障をきちんと継続していくよう要求します。以下の六項目を約束するよう求めます。


一．介護保険との統合はしません。

二．障害当事者の自立生活に応じて、その障害当事者の要望に沿って、必要な介護時間を認めていくこと。

三．二四時間介護保障を認めていくこと。

四．全身性重度障害者の介護の項目の上、必要な時間に対しては見守り介護として認めていくこと。

五．全身性重度障害者の入院時に対しては付き添いヘルパーを認めていくこと。

六．最低全身性重度障害者の介護時間については、現在保障している時間数はきちんと認めて保障していくこと。

これらを担保することを確認したうえで新制度の検討に入ってください。この六項目を確認しないまま検討に入るのは、あまりにも全身性重度障害者の生活、いのちを無視しています。厚労省がこの六項目を確認しない事態が生じれば、全身性重度障害者は切り捨てられるという新制度案も出てきます。今回の廃止については恐ろしい予測もぬぐいきれません。このように、いのちを消されていくという不信感はたくさんの障害者が怯えて自立生活をしていますので、検討に入る前にこの六項目をきちんと厚労省から確認をとったうえで検討に入ってください。以上のことを民主党政権ならびに厚労省に強く要望します。

二〇〇九年十月一日　付記

資料　社会福祉と公的介護保障要求運動の年表

（田中恵美子　作成）

年月日	社会福祉関係（国・都）	介護保障運動関係
1945.8.15	終戦	
1946.3	社会保険制度調査会設置→12月「社会保険制度の整備・改善に関する答申」	
1947.4.17	地方自治法施行	
1947.5.3	日本国憲法施行	
1947.12.12	児童福祉法制定	
1948.12.23	社会保障制度審議会設置	
1949.4	ドッジライン（超緊縮財政）８月 シャウプ勧告（税制改正）	
1949.5.31	厚生省設置法	
1949.12.26	身体障害者福祉法制定	
1950.5.1	精神衛生法制定	
1950.5.4	生活保護法制定	
1950.6.25	朝鮮戦争始まる	
1950.10.16	社会保障制度審議会「社会保障制度に関する勧告」	
1951.3.29	社会福祉事業法制定→福祉事務所発足	
1951.3.31	結核予防法制定	
1951.5.5	児童憲章制定宣言	
1951.9.8	平和条約・日米安保条約調印	
1952.4.30	戦傷病者戦没者遺族等援護法制定	

1953.8.1	恩給法改正（軍人恩給復活）	
1953.8.15	らい予防法公布	
1953.12.10	社会保障制度審議会「年金制度整備に関する勧告」	
1954.3.31	児童福祉法改正（育成医療給付の創設）	
3.31	身体障害者福祉法改正（更生医療給付制度の創設）	
1954.5.19	厚生年金保険法全面改正	
1955.7	世帯更生資金貸付制度発足	
1955.12	「経済自立５ヵ年計画」 鳩山内閣	
1956.4	長野県13市で家庭養護婦派遣事業実施（ホームヘルプ制度）	
1956.6	生活保護基準に勤労控除創設	
1956	経済白書「もはや戦後ではない」⇔厚生白書「果たして戦後は終わったか」	
1956.11.18	社会保障制度審議会 『医療保障制度のに関する勧告について』	
1957	生活保護基準第14次改定	
1957.3.31	原子爆弾被害者の医療等に関する法律制定	8.12 朝日訴訟（生活保護費の水準をめぐる違憲訴訟）
		11.3 東京大田区で「青い芝の会」結成。札幌、福岡、広島に支部誕生
		更友会（国立身体障害者更生指導所［現・国立リハビリテーションセンター］修了生の同窓会）結成
1957.12	「新長期経済計画」 岸内閣	
1958.3.31	身体障害者福祉法改正（社会福祉法人施設への施設収容委託制度開始）	
1958.4	大阪市、臨時家政婦派遣制度創設。翌年、「家庭奉仕員派遣制度」と名称変更	

1958.5.2	身体障害者職業訓練校設置	
1958.5.14	社会保障制度審議会　『国民年金制度に関する基本方策について（答申）』	
1958.12.27	国民健康保険法（全文改正）公布	
1959.4.16	国民年金法制定（障害福祉年金）　無拠出制の老齢・障害・遺児・寡婦等の国民年金法施行	
1960.3.31	精神薄弱者福祉法制定	
1960.7	身体障害者雇用促進法公布	
1960.12	「国民所得倍増計画」　池田内閣	
1961.4.1	拠出制国民年金正式発足（国民皆保険・皆年金） 東京都家庭奉仕員派遣制度発足（都社協への委託事業）	
1961.11.29	児童扶養手当法公布	
1962.4	厚生省老人家庭奉仕員の設置予算化（250人分）	
1962.8.22	社会保障制度審議会「社会保障制度の総合調整に関する基本方策についての答申及び社会保障制度の推進に関する勧告」	10月　国立身体障害者更生指導所入所者、当局の更生手術縮小方針に反対しストライキ
1963.7.11	老人福祉法制定（特別養護老人ホームの制度化）	
1963	身体障害者福祉法改正（重度身体障害者更生援護施設の創設）	
1964	重度授産施設の創設	1月　脳性マヒ者の生活共同体閑居山コロニー開設（主宰・大仏空）。後の青い芝の会の中心メンバー集まる。
1964.7.1	母子福祉法公布	
1964.7.2	特別児童扶養手当法公布（重度精神薄弱児対象）	
1964.10	東京オリンピック	
1964	都、老人家庭奉仕員を都直営事業として行う	

1965.1	「中期経済計画」　佐藤内閣	３月　更友会、国立身体障害者センターの更生手術縮小の方針に反対し座り込み
1965.4.1	都事業の特別区移管	
1965.4.1	都内、市町村でヘルパー事業開始	
1965.6.29	理学療法士及び作業療法士法	
1965.8.18	母子保健法公布	
1966.11.24	身体障害者福祉審議会　「身体障害者福祉法の改正その他身体障害者福祉行政推進の為の総合的方策（答申）」	
1966.7.15	特別児童扶養手当の対象に重度身体障害児追加	
1966	重症心身障害児（者）への訪問指導開始	
1966.4	都、心身障害者（児）家庭奉仕員派遣事業開始	
1967.3	「経済社会発展計画」　佐藤内閣	
1967.4.15	美濃部都知事誕生	
	都、在宅重症心身障害者訪問指導事業	
1967.8	身体障害者福祉法改正：障害の拡大（心臓・呼吸器障害を加える）　内部障害者更生施設、身体障害者施設の通所制度、施設の入所年齢引き下げ（15歳）　身体障害者相談員制度、身体障害者家庭奉仕員制度創設	8.1　全国障害者問題研究会（全障研）結成
1967.12.5		障害者の生活と権利を守る全国協議会（障全協）結成
1968.4	東京都中期計画（シビルミニマム） 府中療育センター開設	
1968.4	都、ヘルパー市区町村常勤職員化	
1968.7.3	重度精神薄弱児収容棟設備及び運営について	
1969	重度者への日常生活用具給付制度創設	

1969.4	寝たきり老人訪問健康診査事業開始	4月「青い芝の会」神奈川県連合会結成
	都社福審答申「都におけるコミュニティケアの進展について」	
1969.9.29	国民生活審議会 「コミュニティ－生活の場における人間性の回復－」	
1969.12.1	東京都老人医療費無料化実施	
1969.12	公害にかかる健康被害の救済に関する特別措置法制定	
1970.4	重度心身障害児家庭への家庭奉仕員派遣制度開始	
1970.5.21	心身障害者対策基本法（心身障害児家庭奉仕員派遣事業予算化） 厚生行政の長期構想	
1970.8.13	身体障害者福祉審議会 「身体障害者福祉施策の推進に関する答申」（リハビリテーション、施設拡充、重度対策）	
1970.7	老人家庭奉仕員事業運営要綱改正（対象を低所得家庭から「ねたきり老人」のいる家庭に拡大）	「青い芝の会」神奈川県連、横浜の障害児殺し事件に厳正裁判要求の意見書
1970.10	社会福祉施設整備緊急５ヵ年計画	
1970.11		府中療育センター在所生４名、職員の勤務異動に抗議しハンスト
1970.12	東京都、府中療育センターに入所中の重度身体障害者、重度知的障害児・者を別に新設する施設に移し、同センターは重度心身障害者専用施設として運用すると発表	
1971.4	都　老人介護人派遣事業開始	
1971.5.27	児童手当法制定	
1971.6	厚生省一人暮らし老人実態調査（全国で54万人）	
1971.9.13	社会保障制度審議会 「医療保険制度の改革について（答申）」	
1971.12	中央社福答申「コミュニティ形成と社会福祉」	

1972.4		「青い芝の会」10周年記念大会、『さようならCP』上映会
1972.6	「日本列島改造論」 田中角栄	
1972.7	身体障害者福祉法改正：療護施設の設置、重度身体障害者への日常生活用具給付事業開始	
1972.9.20	神戸地裁、掘木訴訟判決（障害年金と児童扶養手当の併給禁止は違憲。）	9.18 府中療育センター移転反対闘争で都庁前テント闘争（1年9カ月におよぶ）
1972.12.	中央心身障害者対策協議会 「総合的な心身障害者の対策の推進について」	『さようならCP』関西上映実行委員会の運動から自立障害者集団「グループ・リボン」、健全者友人組織「グループ・ゴリラ」が生まれる
1973	障害福祉年金18000円 福祉元年宣言 オイルショック	
1973	身体障害者介護人派遣制度（国）創設	
1973.2	「経済社会基本計画」 田中内閣	
1973.4.1		「在宅障害者の保障を考える会」（在障会）結成
1973.6.23	老人医療費公費負担制度の創設 年金のスライド制導入	
1973.6	都、重度心身障害者手当制度創設（10000円）→加算調整5000円	
1973.9		「在障会」、都に対して介護料要求を開始 9.27 府中療育センター移転問題で在所生有志が都知事と交渉（強制移転中止を確認）
1973.10	都、老人家庭家事援助者雇用費用助成事業開始（家庭奉仕員＝生保・低所得、所得税42000円以下の世帯対象 家政婦）	日本脳性マヒ者協会・全国青い芝の会総連合会結成 「在障会」、都と「重度脳性マヒ者介護人派遣事業」の制度化を確認
1973.10.5	公害健康被害補償法制定	
1974.4	施設整備計画改定（収容偏重の脱皮）	
1974.6.5		府中療育センター移転問題でのテント闘争終結
1974.10	都、「重度脳性マヒ者介護人派遣事業」開始	

1974.11	中央児童福祉審議会 「今後推進すべき児童福祉対策について」	
1975	ライフサイクル計画、「福祉見直し論」	
1975.2.24	社保35号（１日４時間以上の要介護者は施設へ）が厚生省より出される	
1975.4	生活保護他人介護加算特別基準支給開始、１日４時間48000円	
1975.8.12	社会保障長期計画懇談会「今後の社会保障のあり方について」	
		全社協　社会福祉懇談会「低成長化における社会福祉のあり方」報告
1975.10	母子家庭介護人派遣事業開始	障害者の生活保障を要求する連絡会議（障害連）結成
1975.12.1	社会保障制度審議会「今後の老齢化社会に対応する社会保障のあり方について」建議	
1975.12.23	財政制度審議会「福祉政策」について　51年度予算のあり方で、社会保険に受益者負担の原則導入	
1976.4.1	東京都、ねたきり老人対策として訪問看護事業を実施	
1976.4.30	厚生省、手当26500円のうち10000円を慰謝激励分16500円を収入認定（加算調整）すると通達＝10000円のみ手当	
1976.5	身体障害者雇用促進法改正（雇用義務化、納付金制度の創設）重度身体障害者のダブルカウント	
1976.5	「昭和50年代前期経済計画－安定した社会を目指して－」 三木内閣	
1976.5.21	厚生省社会局長「在宅老人福祉対策事業の実施及び推進について」（通知　在宅対策初の通知）	
1976.6.24		「在障会」、厚生省と交渉　7月1日段階で加算は調整しない
1976.8.10		全国障害者解放運動連絡会議（全障連）結成大会開催（大阪）

1976.8.21		代行受領方式に関して、厚生省より「やむをえないものと容認」
1976.11.7	厚相「当面の社会保障の基本構想」発表	
1976.12.16	国連　1981年を国際障害者年とすると宣言	
1977.4.3	社会経済国民会議「高齢化社会の年金制度―生涯資産の確立を目指して」提言発表	
1977.5.18		重度手当収入認定粉砕総決起集会（東大医学部図書館３階）
1977.5.24		厚生大臣へ面会要請書　実態調査阻止（全都・練馬）、北・新宿在障会
1977.7.17		全障連関東ブロック総決起集会
1977.8.13		全障連第２回大会（自立生活保障の厚生省交渉を方針化）
1977.9		全社協　在宅福祉サービス研究委員会「在宅福祉サービスに関する提言」発表
1977.11.21	中央社会福祉審議会　老人専門分科会「今後の老人ホームのあり方について」提出（施設の類型と施設の社会化）	
1977.12.19	社会保障制度審議会　「皆年金下の新年金体系の提言」	
1978.8.12		全障連第3回大会　生活小委員会の結成
1978.11.1	社会経済国民会議「日本型福祉社会の提唱」発表	
1979.2	実態調査に関し、厚生省より各障害者団体に協力要請	
1979.4.1	養護学校義務制施行	全社協「在宅福祉サービスの戦略」発表
1979.6.12	福祉手当制度創設（在宅の重度障害者が対象）	
1979.7.20		身体障害者実態調査に関する障害者団体と厚生省との第１回交渉　全国「青い芝」 10月実施を延期
1979.8.11		全障連第４回大会「心身障害児（者）実態調査」阻止決議

1979.8.16	「新経済社会7ヵ年計画－新しい日本型福祉社会の実現」大平内閣	
1979.9.3		厚生省と第2回交渉（実態調査）
1979.10.18	社会保障制度審議会　「高齢者の就業と社会保険年金－続・皆年金下の新年金体系－」	
1980.1.23		全障連　全国身体障害者実態調査強行実施に対する抗議声明
1980.3	脳性マヒ者等全身性障害者問題研究会〔厚生省社会局厚生課長（板山）委嘱〕	
1980.4	政府、国際障害者年推進本部を設置（本部長内閣総理大臣、事務局総理府） 東京都心身障害者福祉センター、自立生活プログラム開始（～89.3）	4.19　国際障害者年日本推進協議会（1993年、日本障害者協議会＝JDに改称）結成
1980.7	厚生省　老人ホームの費用徴収制度改定	
1980.8.2		全障連第5回大会で特別基準要求者連絡会確認→1981年に30名でまず関東から立ち上げる構想　介護料プール化案あり
1980.9.10		「在障会」、都と介護人派遣事業についての交渉
1980.11		全国所得保障確立連絡会結成
1980.12.19	財政制度審議会、老人医療の有料化、福祉年金などの所得制度強化等を内容とした建議	
1981.3.16	第二次臨時行政調査会発足（「増税なき財政再建」）	
1981.4.25	社会保障制度審議会　「老人保健法の制定について（答申）」	
1981.7	第二臨調第一次答申	東京都八王子自立ホーム（ケア付き住宅）開設
1981.8.1		全障連第6回大会「介護料要求者組合」の提起→実現には至らず
1981.12.4	厚生省社会局老人福祉課「家庭奉仕員派遣事業の拡充強化」	

1981.12.10	中央社会福祉審議会「当面の在宅老人福祉対策のあり方について」意見具申	
1982.1.23	中央社会福祉審議会「生活扶助基準における男女差について」意見具申	
1982.3.29	身体障害者福祉審議会「今後における身体障害者福祉を進めるための総合的方策」について答申	
1982.3.23	総理府障害者対策本部「障害者対策に関する長期計画」	
1982.4	脳性マヒ者等全身性障害者問題研究会、報告書をまとめる	
1982.6.24		「家庭奉仕員派遣事業」の改訂について（厚生大臣宛） 障害者の生活と権利を守る全国連絡会議
1982.8.17	老人保健法施行（一部負担金導入　外来１カ月400円、入院１日300円２カ月限定）	
1982.8.24	厚生省、地方自治体の上乗せ福祉の見直しを要請	
1982.9.8	厚生省社会局長より各都道府県知事・指定都市市長宛「身体障害者福祉法による身体障害者家庭奉仕員派遣事業について」	
	10月１日より「身体障害者家庭奉仕員派遣事業運営要綱」による→S.42.8.1「身体障害者福祉法による身体障害者家庭奉仕員派遣事業について」及びS.48.4.7「身体障害者介護人派遣事業の実施について」は9.30を持って廃止。	
1983.3.14	第二臨調第５次（最終）答申	
1983.5.23	臨時行政改革推進審議会設置	
1983.6.7		全障連関東ブロック「他人介護料特別基準について」厚生省保護課と交渉
1983.8	「1980年代経済社会の展望と指針」　中曽根内閣	
1983.11.28	厚生省、厚生年金と国民年金の一元化・基礎年金等に関する年金制度改革案を二つの審議会に諮問	

1984.2.6		全国障碍者自立生活確立連絡会（自立連）結成
1984.7	社会経済国民会議「社会保障の財政計画と費用負担―高齢化、低成長への対応」発表	
1984.8.2	身体障害者福祉法の一部改正①第２条（理念規定）「更生の努力」を「自立の努力」に変更②人工膀胱・肛門の身体障害者適用　③障害認定方法の見直し等	
1984.8.12		介護保障研究会発足
1985.1.24	社会保障制度審議会　「老人福祉のあり方について」建議（中間施設の制度化、民間活力、有料制など）	
1985.5.18	補助金一律削減臨時特例法公布（国庫負担率８割→７割に引き下げ）	
1985.5.27	補助金問題閣僚会議設置→12/10補助金のあり方決定	
1985.7		「創る会」特別基準を巡り厚生省交渉へ参加
1985.7.26-28		全障連第10回大会〔「創る会」全障連大会（生活分科会）へ会員一名を代理派遣〕
1985.9.25	三審議会で、中・長期的に社会福祉のあり方について見直し作業開始	
1985.12.20	「地方行政大綱」決定	
1986.1.7	都、老人福祉手当の大幅増額を決定（10月実施）	
1986.3		DPI 日本会議発足
1986.3～7		施設利用者及び扶養義務者「費用徴収」制度導入と措置費の国庫補助率削減に対する反対運動
1986.4.1	国民年金等の一部を改正する法律施行　障害福祉年金→基礎年金（国100％→労働者負担増　国軽減）。特別障害児・者手当制度	大阪。全身性障害者介護人派遣事業開始

1986.5.8	「国の補助金等の臨時特例等に関する法律」公布施行（社会福祉施設の措置費に対する国の負担割合を1／2に、生活保護・公費負担医療等への国庫補助割合を7／10とする（86～88年の暫定措置）	
1986.6	臨時行政改革推進審議会　最終答申（「今後の行財政改革の基本方向」）	八王子ヒューマンケア協会設立
1986.12.19	老人保健法改正（老人保健施設の導入）	
1986.12.23		都、介護人派遣事業31日保障する方向で努力すると発言
1987.1.1	老人保健法改正施行　外来１月400→800円　入院300→400円限度撤廃	
1987.4.1		都、介護人派遣事業改正（1987.4.1 実施） ①対象者拡大「全身性で真に他人介護が必要なもの」 ②派遣回数　他人13回　従来の対象で上記に該当しないもの12回 ③要綱の名称変更　④様式の整備 全身性障害者の定義：脳性マヒ、頸椎損傷、筋疾患等による肢体不自由者で、四肢体幹等全身にわたり障害を有しているもの 真に介護が必要なもの：障害者世帯　同居家族が高齢　同居家族が就学または就学以下　同居家族が疾病・出産等 家族：同居している親、子、兄弟、配偶者
1987.4.20	第二次臨時行政改革推進審議会　設置	
1987.5.26	社会福祉士及び介護福祉士法成立	
1987.7.31-8.2		全障連　11回大会生活分科会にて都内7団体を中心に介護組織結成の呼びかけ
1987.12.7	福祉関係三審議会合同企画分科会「社会福祉施設（入所）における費用徴収基準の当面の在り方について」「今後のシルバーサービスの在り方について」意見具申	
1987.12.10		介護要求者組合結成に向けた全国合宿開催（都内８団体＋かたつむりの家）
1988.1.29	「東京における福祉の街づくりの整備指針」決定（→12区作成５区準備）	

1988.3.29		全国介護要求者組合準備会　厚生省交渉
1988.4	社会福祉士・介護福祉士資格制度制定	福岡市でコムスン設立、全国初の夜間巡回介護サービスを開始（8月）
1988.5	「世界とともに生きる日本－経済運営5カ年計画－」竹下内閣	
1988.9.15		全国介護保障要求者組合結成大会　中野サンプラザ　200名
1988.9.16	厚生省「民間事業者による在宅介護サービス及び在宅入浴サービスのガイビラインについて」（通知）	全国介護保障要求者組合　厚生省交渉
1988.10.25	厚生・労働省、「長寿福祉社会を実現するための方策の基本的考え方と目標について」発表（数値目標もり込む）	
1988.10.24		都交渉（50人）　5カ年計画の31日介護保障（現14回）に向けての計画が発表される　64年度は3回増
1989.3.12		障害者の年金確立を求める全国共闘会議結成
1989.3.30	三審議会「今後の社会福祉のあり方について」意見具申	
1989.4.17		厚生省交渉　公的介護保障要求者組合で3回目　80名
1989.5	老人家庭奉仕員派遣事業運営要綱が大幅改訂	
1989.9		第一回自立生活問題研究会全国集会開催
1989.12.14	介護対策検討会「報告書」発表	
1989.12.21	厚生省「高齢者保健福祉推進10カ年戦略（ゴールドプラン）」発表	
1990.4.	臨時行政改革推進審議会　最終答申	
1990.6.29	老人福祉法等（社会福祉関係8法）の一部改正する法律公布（福祉サービス行政の市町村への一元化）	
1990.7.1	厚生省、ホームヘルパーの派遣時間の制限撤廃を通知	

1990.8	厚生省「ホームヘルパー等在宅介護マンパワー研修計画に関する研究班報告書」	
1990.10	東京都「東京都における福祉マンパワー対策について」（中間まとめ）	
1990.10.14		全国公的介護保障要求者組合　第三回総会
1991.6.3		アドルフ・ラツカ氏（スウェーデン）を招いて集会（ヒューマンケア協会、CIL 立川、要求者組合）
1991.10.20		全国公的介護保障要求者組合　第四回総会
1991.11.22		全国自立生活センター協議会（ＪＩＬ）　結成
1991	「東京都におけるホームヘルパー等訪問サービスのあり方について」（最終報告）ホームヘルパー等訪問サービスのあり方検討委員会	
1991	老人保健法改正（老人訪問看護制度の創設）	他人介護加算大幅アップ　一般基準40500→63000円、知事承認（新設）94500円大臣承認108,400→162,600円
1992.6	「生活大国5ヵ年計画－地球社会との共存を目指して－」宮沢内閣	
1992.6.3	障害者雇用促進法改正（重度知的障害者のダブルカウント）	
1992.7.1	厚生省　社会・援護局を新設	
1993.3	総理府障害者対策本部「障害者に関する新長期計画－全員参加の社会づくりを目指して－」を策定	
1993.12.3	障害者基本法公布	
1994	厚生省、社会援護局主管課長会議指示事項にて、自薦登録ヘルパーについて言及	
1994.7.14	社会保障制度審議会社会保障将来像委員会　公的介護保険制度の導入を提言	
1994.9.8	新ゴールドプラン策定	

1994.12.5	総理府　「障害者白書」発表	
1995.6.21	厚生省、24時間対応ヘルパー（巡回型）創設	
1995.7.4	社会保障制度審議会　『社会保障制度の再構築（勧告）－安心して暮らせる21世紀の社会を目指して』	
1995.12		知的障害当事者による「ピープルファーストはなしあおう会（東京）」結成
1995.12	「構造改革のための経済社会計画－活力ある経済・安心できるくらし－」　村山内閣	
1995.12.18	障害者対策推進本部「障害者プラン－ノーマライゼーション７ヵ年戦略－」策定	
1996.4.1	らい予防法廃止	
1996.6.26	優生保護法改正（母体保護法に）	
1996.10	市町村障害者生活支援事業開始（CIL も事業受託）	要求者組合分裂、「全国障害者介護保障協議会」（交渉団体）「障害者自立生活・介護制度相談センター」（サービス機関）発足
1997.11.18		DPI 日本会議、介護保険制度について厚生省交渉（第１回）
1997.11.25	厚生省　社会福祉事業等の在り方に関する検討会「社会福祉の基礎構造改革について（主要な論点）」	
1997.12.17	介護保険法制定	
1998.3.19	NPO 法成立	
1998.6.17	中央社会福祉審議会社会福祉構造改革分科会「社会福祉基礎構造改革について（中間まとめ）」	
1999	自民党　介護保険第一号被保険者の保険料を18カ月減免	
1999.6.11	金沢地裁、親の死亡後に支払われる障害者扶養共済年金を収入認定して生活保護費を減額するのは違憲と判決（高訴訟）	
1999.7	「経済社会のあるべき姿と経済新生の政策方針」　小渕内閣	

1999.9.17	石原慎太郎都知事　府中療育センター視察後、重度者の人格否定発言	
1999.12.19	「ゴールドプラン21」発表	
2000.4.1	介護保険法実施、地方分権一括法施行、成年後見制度実施、改正精神保健法施行	
2000.6.7	社会福祉法（社会福祉事業法等の一部を改正する法律）施行	
2001.1.6	行政機構改革で厚生労働省発足	
2002.7.31	ホームレス自立支援法成立	
2002.10.15		DPI 世界会議札幌大会（～18日）
2002.12.24	障害者施策推進本部「障害者基本計画」「重点施策実施５カ年計画」（新障害者プラン）策定	
2003.1	厚生労働省 支援費制度におけるホームヘルプサービスに上限設定	支援費上限問題で障害者団体等が厚労省前抗議行動
2003.4.1	支援費制度実施	
2003.5.26	障害者の地域生活支援のあり方に関する検討会（社会援護局長の私的検討会）開催	
2003.8.6	社会保障審議会福祉部会「生活保護制度の在り方などに関する専門委員会」設置（保護基準の見直し、自立支援の在り方等の制度の抜本的見直しに向け検討始める）	
2004.1.8	厚労省、介護制度改革本部設置	
2004.1.16	厚労省、障害者福祉と介護保険の統合問題で障害関係７団体に検討会の参加を要請	
2004.6.9		「障害者の地域生活確立の実現を求める全国大行動」結成
2004.6.18	社保審障害者部会、支援費・介護保険統合問題で障害者関係８団体にヒアリング	

2004.10.12	厚労省「今後の障害保健福祉施策について（改革のグランドデザイン案）」公表（①３障害への総合的サービス、②サービス体系の見直し、③応益負担の導入）	
2004.10.20		「10.20 障害者の地域生活確立の実現を求める全国大行動」に2000名参加
2004.12.10		障害者関係８団体、「改革のグランドデザイン案」に対する緊急要望書提出
2005	2.10　障害者自立支援法案閣議決定	2-10月　全国大行動　自立支援法に対する国会前連続行動
2005.6	改正介護保険法成立	
2005.10.31	障害者自立支援法成立	
2006.4.1	障害者自立支援法一部施行	
2006.10.1	障害者自立支援法全面施行	
2006.10.31		全国大行動 「出直してよ！障害者自立支援法10・31大フォーラム」
2007.5	有識者会議「介護保険制度の被保険者・受給者範囲に関する中間報告」	
2007.12	与党プロジェクトチーム「障害者自立支援法の抜本的見直し（報告書）」提出	

参考資料・文献

練馬区在宅「障害者」の保障を考える会、他障害者団体発行の資料、パンフ
東京青い芝の会『東京青い芝の会43年の歩み』（2000年）
杉本章著『障害者はどう生きてきたか——戦前・戦後障害者運動史』（現代書館、2008年）
全国自立生活センター協議会編『自立生活運動と障害文化』（現代書館、2001年）
村田文世著『福祉多元化における障害当事者組織と「委託関係」』（ミネルヴァ書房、2009年）
「DPI日本会議」「生存学」のホームページ等。

あとがき

さて、これからの介護保障のあり方について何度も繰り返し述べておく必要があるので、この本の最後にもう一度提起します。

現在、介護をとりまく環境が悲惨な状況にありながら、国民全体が、利潤を基本とする国の介護政策の思想や方向にすっかりだまされてのせられてしまっていると思います。

今年は二〇〇九年です。その一二年前に四〇歳以上の国民が保険料を負担する介護保険法が制定されました。この制定にあたっては、一部の福祉学者や、それをとりまく女性の働く権利を主張する団体とその他の者が厚労省を動かして、「何年後に高齢者はこのように増えていく」というところで、デンマークやドイツの高齢者の介護保険のやり方をまねてつくりました。

つくったのはいいけれど、この事業はもうかるということで、たくさんのヘルパー事業所が新しく参入し、ヘルパーの人材も増えていき、国の介護予算もどんどん膨らんでいきました。そのために、国は予算を縮小する方針を立て、ヘルパー事業所をつぶしにかかりました。一つに要介護認定の判定をすごく厳しくして、高齢者の要介護度をどんどん軽くして、受給資格もはずしていきました。その次にやったのがコムスンのような違反する事業所をつぶすことです。また、質の良い介護、高度な質の介護という言葉で資格を強制することによって、ヘルパーの人材そのものが欠乏するような状況に仕向けていきました。そのうえ、細かい事務作業を義務化して、ヘルパー事業所が事務作業に経費や時間がとられて経営をやっていけなくさせて、事業所つぶしをやってきた結果が今の悲惨なヘルパーの人材不足なのです。そして、必要な介護を受けられない高齢者とその家族に残酷な現実を突きつけているのです。

介護保険が発足する前は、ヘルパーをする側も介護を受ける側も考え方がゆるやかでした。それが、介護保険ができてから以降は、いろいろな縛りや締め付けが義務化されて、ヘルパーをやる側もそれを受ける側も追い詰められ、貧困家庭などは死ぬように仕向けられていきました。特に介護疲れで高齢者を殺してしまう家族の悲惨な状況が報道されています。この辺、介護保険ができる前とできてからの状況とで、どこが悪いのか、再度考えて見直す必要があると思います。この状況は、決して高齢者がたくさん増えたからというだけの問題ではないと思います。

また、この高齢者の悲惨な状況が自立支援法による障害者介護政策に対してもどんどん波のように押し寄せています。報道は常に国家のかける福祉予算が足りない、ヘルパーの所得が低すぎるというひと言で片付けています。それも一理ありますが、そのことより、この介護保険や自立支援法の制度、政策の根幹から変えていかない限り、国の予算を増額しても国民の保険料を高くしても、この状況はいくらたっても変わらないと思います。

福祉というのは予算を増やせば絶対に良くなるというものではないのです。福祉予算が高くつけば高くつくほど状況は悪くなるのです。だからといって低い予算で良くなるというものではなく、その辺すごく難しいですが、この制度の根幹が問題だというのは、社会の経済の流れやそこで利潤をあげることが制度の基本におかれているからです。その利潤の流れをつくるために、国から出て来る介護料の大部分が介護の人件費にではなく、他の事務経費として社会的利潤のために使われていきます。

その主な項目を言うと、一つに、要介護の判定という仕組みがあります。そこでは、審査会、医者の意見書、ケアマネの判定調査等、無駄なものばかりです。審査会では医者の意見書とケアマネの調査とが照らし合わされて、そこにズレがあればケアマネが呼び付けられて幾度も説明に行く。なぜ私たちに必要な介護の中身が第三者によって決められなければならないのかまったく理解できません。二つに、ヘルパー事業所については認定の通った高齢者や障害者の介護プランの作成や介護に入った実績記録簿、また毎日替わるヘルパーの派遣の調整等にかかる事務経費があります。その事務をやる事務員や会計士を最低五〜六人置かないと経営はできません。さらに、事務所の家賃や電気、ガス、水道、コンピューター関係の経費を国から出て来る介護報酬の中で負担しないとならないのです。簡単に言えば、このような形式を全部なくせば、介護保険に国が出す予算は三分の一ですむのです。また、国民が介護保険の保険料を納めなくても、国のヘルパー予算はすごく残るし黒字になると思います。

介護保険ができる前はヘルパーも介護の時間も柔軟に対応して、そのヘルパーもきちんと所得保障も身分保障もされて、しかもヘルパー資格というものもなく、三五年間くらいやり続けてきました。どこのバカ連中の福祉学者や大学教授が今の介護保険の仕組みを立てたのか分からないけれど、この制度の根本から切って捨てていかない限り、このまま国の予算が増額しても今の悲惨な状況は変わらないし、利潤をあげるという流れの中では、国が介護報酬単価を上げれば、事業所は事業所の取り分を取りに走るだけだと思います。

やはり、この悲惨な状況については、介護保険や自立支援法を制度そのものの根幹から廃止していかない限り、状況は変わらないと思います。また、その制度の根幹を現在の失業対策や雇用対策として、事務経費のための予算をつくって、国がその雇用の責任をもって保障する。そして、今の制度のやり方を何もかも取っ払ったなかで、そのヘルパーの人件費のための予算を組み、正規ヘルパーとして国家がそのヘルパーを抱えていく。そのようなやり方をしていくことによって、ヘルパーの人材も増えて、介護そのものに差別なく対応されていくと思います。スウェーデンでは、この介護の仕事につく人は国家の正職として保障され、自薦ヘルパーも認めていると言われています。

介護保険と自立支援法の単価の安いところではまったくヘルパーの人材が来ないし、そうした人材不足というところで、介護の派遣を申し込んでも、多くの事業所は受け付けません。今も介護は3Kの仕事としてしか理解されておらず、身分保障が低いなかでは、ヘルパー資格を強行すればするほど若者はほとんど入ってこないのです。今のヘルパーの年齢層は中高年の女性がほとんどです。このようななかで、私の団体の仲間も介護者が集まらないことに大変苦しんでいます。

ここで少し彼女の状況を紹介します。彼女の話によると、二〇〇九年四月に自立支援法の報酬単価がアップしたと言うけれど、事業所のヘルパーの賃金は上がっていないと言います。ヘルパーの所得保障がされていないために、求人を出してもヘルパーとして働きたいという人はほとんど来ないし、定着しない。二四時間介護が必要な彼女は、一つの事業所ではみられないということで、他に事業所を二つ使って計三つの事業所を使っていますが、それでも足りない。辞めていく人の穴埋めができず、介護に穴があくという状況が続いています。彼女は一人でいると寝返りができないのですが、仕方なく、一人で我慢しているときがあると言います。入浴介護も二人の女性にお願いしているが、二人とも五十代で、若い人が来ない状況では入浴もままならない。ヘルパーが休んだ場合には、誰も穴埋めができず、今いるヘルパーはいっそう使命感にかられて自分たちを追い込んでいるようで怖いと言っています。この状況を変えていくためには、障害当事者がもっと声を上げて、すべての人が必要な介護を受けられるように、現状を市民に訴えていかなければならないと話していました。

この緊急の問題について、私たち全国公的介護保障要求者組合は厚生労働省と何度も話し合いをもってきました。二〇〇九年七月二十一日にも、厚生労働省社会・援護局障害保健福祉部障害福祉課と事務折衝を行いました。そこでは、

一　今回の報酬単価のアップに際して、増額分が事業所のもうけに使われるのではなく、ヘルパーの賃金に活かされるよう事業所に働きかけること。

二　そのためにどのような対策を考えているか、資格の強化は考えていないか。

三　六五歳以上の障害者について介護保険優先ではなく重度訪問介護が利用できるようにすること。

について議論を交わしました。

厚労省としては重度訪問介護に関しては、「従事者の確保を考え、報酬アップ、加算、基金の設置によって重度訪問介護の担い手を増やしたいと思っている。資格強化は考えていない」と答えました。しかし、「各事業所に（報酬単価について）給与として使いなさい」とは指導できないので、二段階方式として、事業所の実態調査と基金で給与アップに向けた取り組みを進めていくと話しています。その実態調査については「障害者等サービス従事者処遇状況調査」を九月に実施、二月に報告書を提出するといっています。基金については各都道府県に設けられている「障害者自立支援対策人事特例交付金」を今年の十月から各事業所が利用してくれれば、この制度は報酬単価とは別に出される交付金なので、給与の引き上げに反映することができると思っていると答えています。重度訪問介護のヘルパー研修については二〇時間を基本としており、資格強化は考えていないと明言しました。

また、六五歳以上の障害者が介護保険を強制される介護保険と自立支援法の適用関係の問題については、この三年ぐらい厚労省とやりあってきましたが、根本的な解決にはいたっていません。重度障害者として生きてきた人が六五歳になったとたん、介護保険の短時間の切り売りされた介護を強制されていく。この問題についての厚労省の言い分は、四〇歳以上の人は介護保険料を一律に払っているので、公平性の観点から介護保険優先となる

と答えています。ただし、六五歳から突然、介護保険にすると不都合が生じるということで、自治体の判断で介護保険だけでまかなえない分は自立支援法における介護給付を適用することができるという通知を出しています（「障企発第〇三二八〇〇二号」「障障発第〇三二八〇〇二号」）。しかし、それは通知にとどまっており、その通知どおりに重度訪問介護の優先利用を認める自治体はありません。なぜなら、自治体は税負担の問題として介護保険の負担は低いが、重度訪問介護の負担は高いので重度訪問介護を認めたがらず、一つでもその「例外」をつくることを嫌っているからです。だから、このような介護保険と自立支援法を根本から変えない限り、この適用関係問題は解決していかないと私たちは考えています。六五歳以上の障害者については、すでに介護保険に「統合」されているのと同じことであり、このままでは障害者の介護保障すべてが介護保険にのみ込まれていくという問題意識をもって、強力な抗議行動をしていくべきです。

さて、介護保障の制度をどのようにして良いものにしていくかを述べました。しかし、全身性重度障害者の介護保障は制度の保障だけでは成り立ちません。社会全体がお互いを助け合うという発想をもたない限り、本当の意味での介護保障は達成されないのです。だから、ヘルパーの人材を確保するためにヘルパーの所得保障、身分保障は不可欠であり、介護を職業として確立しなければならないことはもちろんですが、それだけではなく、介護を受ける者と介護をする者がお互いの人間関係を育てていかなければ、本当の意味での介護保障は成り立ちません。

この一〇年くらい障害者の運動は、障害者と健全者の人間づくりをまったく抜きにして事業所づくりだけに動いてきたように思います。健全者が事業所に来ても介護者として育てていかないから、どんどん辞めていく背景ができてしまったのです。このことが一番大きな問題であり、事業所づくりとその経営だけに奔走するやり方は、重度障害者の自立の介護保障としては、すでに限界がきていると思います。社会の人間関係そのものが欠落して、事業所づくりのためだけに動いてきた結末が、今の現実ではないでしょうか。この介護の問題については、お金で割り切った介護の時間ごとの輪切りより、人間関係から取り戻していかないと、絶対に全身性重度障害者の自立なんて滅ぼされていきます。同時に3Kの仕事としてではなく、ヘルパーのきちんとした身分保障を国家として責任をもっていくことを要求していかなければなりません。介護を受ける者と介護をする者がお互いの「いのち」を大切にする関係を育てていくことこそが、全身性重度障害者の本当の意味での介護保障へとつながっていくのです。

最後に、いのちを大切にする関係を制度のかたちにまで実現してきた、ある日本の村を紹介してこの本を閉じようと思います。

——いのちはなにものにも優先する。これは「生命尊重行政」と謳われた岩手県沢内村の村長、深沢晟雄《ふかさわまさお》が残した言葉です。私がこの本をとおして訴えたかったことはこの言葉に尽きます。いのちを保障するはずの福祉がどんどんと切り捨てられていく現在、沢内村が取り組んできたことからはいくつも学ぶことがあります。

一九六〇年代、地方ではまだ赤ちゃんがたやすく死んでいく時代でした。当時、沢内村では一〇〇人生まれたうちの七人が、一歳を迎える前に亡くなるほど深刻な乳児死亡率でした。冬になると豪雪が道を遮断して病院に通えず、また病院に信頼できる医師もいませんでした。村にまん延していたのは「赤ちゃんは死んでも仕方がない」というあきらめの心。深沢はそんな状況を一つずつ打開し、徐々に村人の意識を変えていきました。そして、法律違反を覚悟した乳児医療費の無料化を手がけました。この時深沢はこう語ったといいます。

「国民健康保険法に違反するかもしれないが、憲法違反にはなりませんよ。憲法が保障している健康で文化的な生活すらできない国民がたくさんいる。訴えるならそれも結構、最高裁まで争います。本来国民の生命を守るのは国の責任です。しかし国がやらないのなら私がやりましょう。国は後からついてきますよ。」

深沢は一九六〇年、乳児医療費無料化と同時に、高齢者医療費の無料化も実現しました。全国にさきがけて行ったこの施策は、一九七一年に東京都が実施、さらに一九七三年からは全国に拡大されました。深沢が言ったとおり、沢内村の生命尊重行政は国をも動かしたのです。

行政の責任と国家の役割について、深沢は次のような言葉を残しています。

「保健行政というものは生命が問題なだけに、非常な重点を払わなければいけない。住民諸君の健康には我々が責任を持つ。諸君はこれにあまり心配しなくてもいいんだというふうな、そこまで持って行くことが福祉国家の当然の帰結でなくてはならない。」

乳児死亡率ゼロを実現した一九六三年、年頭の挨拶で深沢はこう述べました。

「ややも致しまするると、現実的な生活の厳しさから、〝いのち〟あっての物種ではなく物種あっての〝いのち〟というふうに考えやすいのでありますが、物がいのちよりも大事だということになりましたのでは、これは極めて危険な、恐ろしい考え方だと申すほかございません。このすがすがしい希望の躍動する新春にあたりまして、みなさまとともに、あらためて政治の中心が生命の尊厳尊重にあるということを再確認いたしたいのでございます。」

国民のいのちは国の責任で保障されなければならない。そこでは国家予算が問題となるのではないのです。今の福祉に求められているのは、「〝いのち〟はなにものにも優先する」という信念にほかなりません。

この本を出版するにあたって尽力くださった現代書館の菊地泰博社長、編集の小林律子さんに心より感謝いたします。ありがとうございました。

そして、何より最後までこの本を読んでくださったみなさん、どうもありがとうございました。この本に続けて、私の「自伝」をホームページやブログで発表していく予定です。どうぞご期待ください。

二〇〇九年十月

新田　勲

■寄稿者紹介

橋本　操（はしもと・みさお）
一九五三年、千葉県生まれ。一九八五年、ALS（筋萎縮性側索硬化症）を発症。日本ALS協会前会長。現在、NPO法人ALS／MNDサポートセンターさくら会理事長。

益留俊樹（ますどめ・としき）
一九六一年、宮崎県生まれ。一七歳のときラグビーの練習中に首の骨を折り頸椎を損傷、四肢麻痺の障害者になる。一九八一年、田無市で自立生活を始める。一九八三年、在宅障害者の保障を考える会を結成。要求者組合の設立に参加、一九九一年書記長に就任。翌年、自立生活企画を設立。一九九四年、二四時間介護制度を実現。

横山晃久（よこやま・てるひさ）
一九五四年、大阪府生まれ。一九六〇年、光明養護学校に入学。一九七二年、同校卒業。以来、駅スロープ設置運動、介護保障要求運動に取り組む。新田勲とは行動をともにしてきている。一九九〇年、HANDS（ハンズ）世田谷を設立。現在、同事務局長。全国障害者介護保障協議会代表。

立岩真也（たていわ・しんや）
一九六〇年、佐渡島生まれ。東京大学社会学研究科博士課程単位取得退学。専攻は社会学。現在、立命館大学大学院先端総合学術研究科教授。著書に『私的所有論』（勁草書房、一九九七年）、『弱くある自由へ』（青土社、二〇〇〇年）、『自由の平等』（岩波書店、二〇〇四年）、『ALS』（医学書院、二〇〇四年）、『希望について』（青土社、二〇〇六年）、『良い死』（筑摩書房、二〇〇八年）、『唯の生』（筑摩書房、二〇〇九年）、共著に『生の技法』（藤原書店、一九九〇年、一九九五年）、『所有と国家のゆくえ』（日本放送出版協会、二〇〇六年）、『流儀』（生活書院、二〇〇八年）、『生存権』（同成社、二〇〇九年）、『税を直す』（青土社、二〇〇九年）。

大坪寧樹（おおつぼ・やすき）
一九六八年、神奈川県生まれ。介護福祉士。学生時代に世紀末、バブル崩壊と浮き世の儚さを痛感。何を信じ、どう生きるかを模索するなか、重度障害者の新田勲と出会い専従介護者となる。その圧倒的な存在感、生き様に衝撃を受けアッという間に一〇年以上の月日が過ぎた……。

深田耕一郎（ふかだ・こういちろう）
一九八一年、兵庫県生まれ。日本学術振興会特別研究員、立教大学社会学研究科博士後期課程在学中。二〇〇五年八月から新田勲の介護者。論文に「介護というコミュニケーション――関係の非対称性をめぐって」（『福祉社会学会研究』六号、二〇〇九年）、「贈与を要求する――公的介護保障要求運動とは何か」（『障害学研究』五号、二〇〇九年）。

■資料提供

渡辺　琢（かりん燈——万人の所得保障をめざす介助者の会）

田中恵美子（東京家政大学人文学部教育福祉学科講師）

❖新田　勲（にった・いさお）
1940年、東京都生まれ。2歳のとき百日咳がもとで脳性まひに。19歳まで家族とともに過ごす。1968年の開設と同時に入所した府中療育センターの管理体制に抗議の声をあげ、「医療の場から生活の場へ」の改善を求めたハンスト闘争、その後センター移転反対の都庁前座り込み行動を行う。1973年、地域で自立生活開始。以来、公的介護保障の運動に取り組み、自立生活を支える諸制度を築き上げてきた。現在、「全国公的介護保障要求者組合」委員長、「全都在宅障害者の保障を考える会」代表。

足文字は叫ぶ！――全身性重度障害者のいのちの保障を

2009年11月10日　第1版第1刷発行

編著者	新田　勲	
発行者	菊地泰博	
組版	日之出印刷	
印刷	平河工業社	（本文）
	東光印刷所	（カバー）
製本	越後堂製本	

発行所　株式会社　現代書館
〒102-0072　東京都千代田区飯田橋3-2-5
電　話　03(3221)1321　FAX　03(3262)5906
振替　00120-3-83725　http://www.gendaishokan.co.jp/

校正協力・迎田睦子
 ISBN978-4-7684-3486-4

杉本 章 著

〔増補改訂版〕障害者はどう生きてきたか

——戦前・戦後障害者運動史

従来の障害者福祉史の中で抜け落ちていた、障害当事者の生活実態や差別・排除に対する闘いに焦点を当て、膨大な資料を基に障害者運動、障害者福祉政策・法制度を綴る。障害者政策を無から築き上げてきたのは障害者自身であることを明らかにした、障害者福祉史の基本文献。詳細な年表付き。　３３００円＋税

全国自立生活センター協議会 編

自立生活運動と障害文化

——当事者からの福祉論

親許や施設でしか生きられない、保護と哀れみの対象とされてきた障害者が、地域生活の中で差別を告発し、社会の障害観、福祉制度のあり方を変えてきた。一九六〇～九〇年代の障害者解放運動、自立生活運動を担ってきた一六団体、三〇個人の軌跡を綴る。障害学の基本文献。　３５００円＋税

ＤＰＩ日本会議 ＋２００２年第６回ＤＰＩ世界会議札幌大会組織委員会 編

世界の障害者 われら自身の声

——第６回ＤＰＩ世界会議札幌大会報告集

二〇〇二年十月、一一二の国と地域、三千人以上の参加者が熱く議論したＤＰＩ世界会議札幌大会の全体会・記念講演・シンポジウム、障害者の権利条約・人権・自立生活・生命倫理・アクセス・労働・教育・開発等、全四〇分科会の報告集。国際・国内障害者運動の最前線の記録。　３０００円＋税

田中耕一郎 著

障害者運動と価値形成

——日英の比較から

障害者運動は健常者文化に何をもたらしたのか。戦後から現在までの日英の当事者運動の変遷をたどり、運動の課題・スタイル、障害概念の再構築、障害のアイデンティティ、障害文化、統合と異化の問題等に焦点を当て、日英の共通性と共時性を解明。**二〇〇六年度日本社会福祉学会賞受賞。**　３２００円＋税

花田春兆 著

一九八一年の黒船

——ＪＤと障害者運動の四半世紀

一九八一年（国際障害者年）から二〇〇六年（国連・障害者権利条約採択）までの障害者運動二五年間を、国際障害者年推進日本協議会（現・ＪＤ）副代表の著者が、障害当事者団体、政（永田町）・官（霞ヶ関）・学（福祉系教員）・文（障害者文化や芸能の担い手）などの人間関係を交えて記す。　１７００円＋税

花田春兆 編

支援費風雲録

——ストップ・ザ・介護保険統合

財源不足から介護保険と障害者の支援費制とを統合して二十歳以上から保険料徴収し、二十歳以上の介護の必要な人すべてに保険給付する案が出現、制度統合の地均しのために支援費制度は短命に終わった。特養利用者で介護保険を使っている著者自身の体験及び様々な論点から統合案を検証。　２０００円＋税

横田弘 対談集

否定されるいのちからの問い

——脳性マヒ者として生きて

ＣＰ（脳性マヒ）として、健全者文明に対し鮮烈な自己主張を展開した「青い芝の会」のリーダーの一人である横田弘が、地域社会とは（原田正樹）、自己決定とは（立岩真也）、優生思想と女性運動（米津智子）、障害者の表現（金満里）、共に学ぶ教育（長谷川律子）についての対談と自己史を綴る。　２２００円＋税

（定価は二〇〇九年十一月一日現在のものです。）